Oeldorf/Olfert
Kompakt-Training
Materialwirtschaft

umweltfreundlich
... weil auf chlor- und säurefrei
gefertigtem Papier gedruckt

Sie finden uns im Internet unter: www.kiehl.de

Kompakt-Training
Praktische Betriebswirtschaft

Herausgeber Prof. Dipl.-Kfm. Klaus Olfert

Kompakt-Training

Materialwirtschaft

von

Prof. Gerhard Oeldorf
Prof. Dipl.-Kfm. Klaus Olfert

3., verbesserte und erweiterte Auflage

kiehl

Herausgeber:

Prof. Dipl.-Kfm. Klaus Olfert
Postfach 13 26
69141 Neckargemünd

ISBN 978-3-470-**53343**-8 · 3., erweiterte und verbesserte Auflage · 2009
© Friedrich Kiehl Verlag GmbH, Ludwigshafen (Rhein) 2004
Druck: Druckpartner Rübelmann, Hemsbach – wa

Kompakt-Training
Praktische Betriebswirtschaft

Das *Kompakt-Training Praktische Betriebswirtschaft* ist aus der Notwendigkeit entstanden, dass Wissen immer häufiger unter erheblichem Zeit- und Erfolgsdruck erworben oder reaktiviert werden muss. Den vielfältigen betriebswirtschaftlichen Fakten und Zusammenhängen, die aufzunehmen sind, stehen eng begrenzte Zeitbudgets gegenüber.

Die vorliegende Fachbuchreihe ist darauf ausgerichtet, die Leser darin zu unterstützen, rasch und fundiert in die verschiedenen betriebswirtschaftlichen Themenbereiche einzudringen sowie diese aufzufrischen. Sie eignet sich in besonderer Weise für:

❑ Studierende an Fachhochschulen, Akademien und Universitäten
❑ Fortzubildende an öffentlichen und privaten Bildungsinstitutionen
❑ Fach- und Führungskräfte in Unternehmen und sonstigen Organisationen.

Das *Kompakt-Training Praktische Betriebswirtschaft* ist auch zum Selbststudium sehr gut geeignet, nicht zuletzt wegen seiner herausragenden Gestaltungsmerkmale. Jeder einzelne Band der Fachbuchreihe zeichnet sich u. a. aus durch:

❑ Kompakte und praxisbezogene Darstellung
❑ Systematischen und lernfreundlichen Aufbau
❑ Viele einprägsame Beispiele, Tabellen, Abbildungen
❑ 50 praxisbezogene Übungen mit Lösungen
❑ MiniLex mit 150 - 200 Stichworten.

Für Anregungen, die der weiteren Verbesserung dieses Lernkonzeptes dienen, bin ich dankbar.

Prof. Klaus Olfert
Herausgeber

Vorwort zur 3. Auflage

Im vorliegenden Buch werden die Maßnahmen der Planung, Durchführung und Kontrolle der Materialbeschaffung, Materiallagerung, Materialverteilung und Materialentsorgung in kompakter Weise praxisnah dargestellt.

Die Neuauflage wurde in allen Kapiteln verbessert, aktualisiert und erweitert, z. B. um Betriebsprozesse, Wertschöpfungsketten, strategisches und operatives Materialmanagement und Werkzeuge bzw. Tools in Kapitel A.

Gerne haben wir Anregungen der Leserinnen und Leser in der Neuauflage aufgegriffen. Dafür danken wir herzlich. Hinweise, die der Verbesserung des Buches dienen, sind auch künftig willkommen.

Heidelberg/Neckargemünd, im Februar 2009 *Prof. Klaus Olfert*
Prof. Gerhard Oeldorf

Inhaltsverzeichnis

B. Materialbedarf 55

C. Materialbestand 75

D. Materialbeschaffung 103

E. Materiallagerung

A. Grundlagen

Unternehmen werden zu dem Zwecke betrieben, Leistungen zu erstellen. Dies geschieht durch die Kombination der elementaren Produktionsfaktoren Betriebsmittel, Werkstoffe und menschliche Arbeit im Rahmen eines **güterwirtschaftlichen Prozesses**, der es notwendig macht, die Produktionsfaktoren zu beschaffen und planvoll einzusetzen. Die Zeitdauer dieses Prozesses kann erheblich sein.

Um die Bereitstellung der für den güterwirtschaftlichen Prozess erforderlichen Güter nach Art, Menge und Zeit sorgen sich die entsprechenden Abteilungen des Unternehmens, z. B.:

❑ Die **Materialwirtschaft**, die Rohstoffe, Hilfsstoffe, Betriebsstoffe, Zulieferteile, Baukästen, Module, Erzeugnisse, Waren und Verschleißwerkzeuge beschafft, lagert, verteilt und entsorgt.

❑ Die **Fertigungswirtschaft**, die sich mit den Betriebsmitteln wie Maschinen, maschinellen Anlagen, Werkzeugen – außer Verschleißwerkzeugen – und Vorrichtungen befasst.

Die Beschaffung der Produktionsfaktoren und der Absatz der betrieblichen Leistungen sind aber nicht nur Elemente eines güterwirtschaftlichen Prozesses, sondern erfordern ebenso einen **finanzwirtschaftlichen Prozess**, denn für die zu beschaffenden Produktionsfaktoren fallen Auszahlungen an, die betrieblichen Leistungen führen zu Einzahlungen.

Die **Materialwirtschaft** umfasst alle unternehmenspolitischen Maßnahmen der Planung, Durchführung und Kontrolle der Materialbeschaffung, Materiallagerung, Materialverteilung und Materialentsorgung. Ihre Aktivitäten lassen sich – vereinfacht – darstellen, wobei unterschiedliche Arten von **Materialien** (M) fließen:

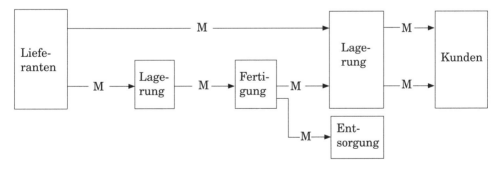

Damit ist die Materialwirtschaft in zweifacher Weise mit anderen Wirtschaftseinheiten verbunden:

❑ Am **Beschaffungsmarkt** als Nachfrager nach Materialien.

❑ Am **Absatzmarkt** als Anbieter von Erzeugnissen und Waren.

Der Materialwirtschaft obliegt nicht nur eine passive, registrierende Rolle, z. B. der routinemäßigen Abwicklung von Bestellungen. Sie hat auch aktiv dazu beizutragen, die benötigten Materialien nach Art, Menge und Zeit kostenoptimal bereitzustellen.

Als materialwirtschaftliche Grundlagen sollen behandelt werden:

Grundlagen	Material
	Aufgaben
	Organisation
	Konzepte
	Logistik
	Leistungsprozess

1. Material

Zunächst sollen die Gegenstände, mit denen sich die Materialwirtschaft befasst, dargestellt werden. Dabei geht es um:

Standardisierung, Analyse und Nummerung des Materials werden der **Material-rationalisierung** zugerechnet.

1.1 Arten

Die Arten des Materials, mit denen die Materialwirtschaft zu arbeiten hat, sind:

❑ **Rohstoffe** als Stoffe, die unmittelbar in das zu fertigende Erzeugnis eingehen und dessen Hauptbestandteil bilden. Das Erzeugnis eines Unternehmens kann als Rohstoff für ein nachgeschaltetes Unternehmen dienen, wenn dieses eine Weiterbearbeitung des Erzeugnisses vornimmt.

   Beispiele: Tuche in der Bekleidungsindustrie, Bleche in der Automobilindustrie.

❑ **Hilfsstoffe**, die ebenfalls unmittelbar in das zu fertigende Erzeugnis eingehen, aber im Vergleich zu den Rohstoffen lediglich eine Hilfsfunktion erfüllen, da ihr mengen- und wertmäßiger Anteil gering ist. Eine auf das einzelne Stück bezogene kostenmäßige Erfassung der Hilfsstoffe findet aus Gründen der Wirtschaftlichkeit nicht statt.

Beispiele: Leim, Schrauben, Lack bei der Möbelherstellung.

Den Hilfsstoffen werden meist auch Verpackungsmaterialien – Kartons, Packpapier usw. – zugerechnet.

❑ **Betriebsstoffe**, die selbst keinen Bestandteil des fertigen Erzeugnisses bilden, sondern mittelbar oder unmittelbar bei der Herstellung des Erzeugnisses verbraucht werden. Zu den Betriebsstoffen rechnen alle Güter, die den Leistungsprozess ermöglichen und in Gang halten.

Beispiele: Energiestoffe, Schmierstoffe, Büromaterialien, Betriebsmaterialien.

Roh-, Hilfs- und Betriebsstoffe werden zusammen als **Werkstoffe** bezeichnet:

Werkstoffe		
Rohstoffe	Hilfsstoffe	Betriebsstoffe

❑ **Zulieferteile** als Güter, die einen hohen Reifegrad aufweisen und in die zu fertigenden Erzeugnisse eingehen. Sie können auch den **Rohstoffen** zugerechnet werden, was in der Praxis häufig der Fall ist.

Beispiele: Motoren in der Automobilindustrie, Aggregate für Kühlschränke.

❑ **Baukästen**, die eine Gesamtheit an hoch standardisierten Baugruppen und Teilen darstellen sowie **Module** als einzelne standardisierte Bauteile, welche in unterschiedlichen Kombinationen zu einem neuen Gesamtsystem führen. Durch sie wird die Menge an Teilen und Varianten reduziert.

Module haben in den vergangenen Jahren immer größere Bedeutung erlangt. Sie sind für alle Fertigungsstufen beschaffbar. Dies geschieht inzwischen auf speziellen Märkten und kann erfolgen als:

Single Sourcing	Hier wird auf einen Lieferanten zurückgegriffen, der hohe Qualität sowie Kostenvorteile bietet, was allerdings zu Abhängigkeiten und Abfluss von Know-how führen kann.
Dual Sourcing	Hier wird für einfache Produkte jeweils der günstigste Anbieter gewählt, was die Abhängigkeit des beschaffenden Unternehmens verringert.
Multiple Sourcing	Es erfolgt eine ständige Suche nach Anbietern, die günstigere Beschaffungspreise ermöglichen.
Modular Sourcing	Hier werden keine Einzelteile mehr beschafft, sondern Module, deren Lieferanten die Verantwortung für die Lieferzeit, die Qualität und den Service übernehmen. Sie wiederum haben Vorlieferanten. Durch Modular Sourcing ist es möglich, die Anzahl der Lieferanten um 50 % bis 70 % zu senken.
Global Sourcing	Bei ihm wird auf die Weltmärkte zurückgegriffen, wobei meist niedrigen Lohnkosten der Vorzug gegeben wird und eine Verlagerung von Prozessen mit geringer Wertschöpfung erfolgt.

❑ **Erzeugnisse**, zu denen alle vom Unternehmen selbst gefertigten Vorräte an
Gütern gerechnet werden. Sie können sein:

Fertig-erzeugnisse	Sie sind vom Unternehmen selbst gefertigte Vorräte, die versand-fertig sind. Es wird auch lediglich von Erzeugnissen bzw. von Enderzeugnissen gesprochen.
Unfertige Erzeugnisse	Sie umfassen alle Vorräte an Erzeugnissen, die noch nicht ver-kaufsfähig sind, für die aber im Unternehmen bereits Kosten entstanden sind.

❑ **Waren** als gekaufte Vorräte, die das Produktionsprogramm ergänzen und neben
den selbst gefertigten Gütern – den Erzeugnissen – im Verkaufsprogramm des
Unternehmens enthalten sind. Sie werden im Unternehmen weder bearbeitet
noch verarbeitet. Waren verlassen das Unternehmen demnach im gleichen Zustand, wie sie beschafft worden sind.

❑ **Verschleißwerkzeuge** als Werkzeuge, die nicht der ständigen Betriebsbereit-
schaft zuzurechnen sind. Es handelt sich um Verbrauchsteile, die ähnlich den
Betriebsstoffen ständig neu zu ergänzen sind oder um Werkzeuge, die speziell
für einen Auftrag angefertigt oder angeschafft und anschließend verschrottet
werden.

1.2 Standardisierung

Die Standardisierung des Materials dient der **Steigerung der Wirtschaftlichkeit**
des Unternehmens. Sie ist besonders bedeutsam, weil in der Materialwirtschaft
erhebliche finanzielle Mittel gebunden sind, die es zu minimieren gilt.

Bei der Standardisierung des Materials handelt es sich um die **Vereinheitlichung
von Gütern**, die sich auf bestimmte Eigenschaften und/oder Mengen bezieht. Dabei
sind zu unterscheiden:

❑ Die **Normung**, die eine Vereinheitlichung von Einzelteilen durch das Festlegen von Größe, Abmessung, Form, Farbe, Qualität. Sie schränkt die Vielzahl denkbarer Problemlösungen ein, wodurch die Beschaffung von Materialien vereinfacht, beschleunigt und verbilligt werden kann. Ebenso lassen sich durch Normung der Materialeingang, die Lagerhaltung und die Distribution vereinfachen.

Grundsätzlich sind Normen als **Empfehlungen** anzusehen. Sie erhalten aber zwingenden Charakter, wenn sie sich auf Lieferverträge, Gesetze oder Verordnungen beziehen.

Normen können nach ihrem Geltungsbereich sein:

○ Internationale Normen (ISO-Normen)	○ Verbandsnormen (VDI, VDE, VDA)
○ Deutsche Normen (DIN-Normen)	○ Werksnormen

❑ Im Gegensatz zur Normung stellt die **Typung** die Vereinheitlichung ganzer Erzeugnisse oder Aggregate dar, z. B. hinsichtlich Art, Größe, Ausführungsform. Mit ihrer Hilfe können die Rentabilität gesteigert, Kosten eingespart, Investitionen verringert und die Verwaltung vereinfacht werden.

Die Typung kann **überbetrieblich** erfolgen, z. B. indem branchengleiche Unternehmen kooperieren, Verbände zusammenarbeiten, Großabnehmer sie fordern oder der Staat typisierende Vorschriften erlässt. Es ist aber auch möglich, dass einzelne Unternehmen **innerbetrieblich** mit der Typung eine Standardisierung ihrer Erzeugnisse vornehmen, die z. B. erfolgen kann mithilfe von:

> ○ **Baukästen**, die ein Ordnungsprinzip darstellen, das den Aufbau einer Zahl verschiedener Dinge aus einer Sammlung genormter Bausteine ermöglicht.
>
> ○ **Modularisierung**, bei der ein System (z.B. Videoplayer) in Teilsysteme gegliedert wird. Diese bilden eigenständige Leistungskomponenten und gehen in das Endprodukt ein.
>
> ○ **Sonstige Typenbeschränkungen**, z. B. die Abstufung von aufeinander abgestimmten Typenreihen, die Schaffung von Mehrzweckerzeugnissen, die Vermehrung von Varianten, die auf einem Grundtyp aufbauen.

❑ Schließlich kann die Standardisierung eine **Mengenstandardisierung** sein. Bei ihr handelt es sich um die »Normung« des Materialverbrauches, indem der Materialbedarf sorgfältig ermittelt und die prognostizierte Menge nach Beendigung des Leistungsprozesses mit der tatsächlich benötigten Menge verglichen wird.

Eine darauf folgende **Abweichungsanalyse** soll offen legen, weshalb ein Mehr- oder Minderverbrauch eingetreten ist, und Wege aufzeigen, die Abweichungen künftig auszuschließen. Auf diese Weise wird es möglich, Schwächen in der Materialwirtschaft, aber auch der Fertigungswirtschaft zu beheben.

1.3 Analyse

Die Analyse des Materials stellt einen weiteren Schritt zur Steigerung der Wirtschaftlichkeit des Unternehmens dar. Dabei lassen sich als traditionelle Verfahren unterscheiden:

❑ Die **ABC-Analyse**, die ein Instrument ist, das dazu dient, die Materialien im Unternehmen nach der Verteilung ihrer Werthäufigkeit in A-Güter, B-Güter und C-Güter zu klassifizieren. Für industrielle Unternehmen gilt:

Das Bild zeigt:

Güter	Mengenanteil	Wertanteil
A-Güter	ca. 15 %	ca. 80 %
B-Güter	ca. 35 %	ca. 15 %
C-Güter	ca. 50 %	ca. 5 %

Die **Klassifizierung** erfolgt in vier Schritten:

○ **Erfassung der Jahresbedarfswerte** für jede Materialart durch Multiplikation der jeweiligen Mengen und Preise

○ **Sortierung der einzelnen Jahresbedarfswerte** vom höchsten Bedarfswert (Rang 1) bis zum niedrigsten Bedarfswert (Rang n)

○ **Ermittlung der Prozentanteile** der einzelnen Jahresbedarfswerte im Verhältnis zum gesamten Jahresbedarf

○ **Festlegung der Wertgruppen** (A, B, C) auf der Grundlage der kumulierten Prozentanteile

Das Unternehmen kann umso wirtschaftlicher arbeiten, je mehr Anstrengungen es bei A-Gütern unternimmt. Bei C-Gütern werden hohe Anstrengungen dagegen nur einen kostenmäßig geringen Nutzen bringen.

❑ Die **Wertanalyse**, deren Zielsetzung es ist, den vom Kunden erwarteten Nutzen kostenminimal zu stiften. Mit ihr sollen Kostensenkungspotenziale beim Produkt bzw. dessen einzelnen Funktionen herausgefunden werden, ohne dass der angestrebte Nutzen vermindert wird. Sie geschieht in **Wertanalyse-Teams**, die sich aus Mitgliedern der einzelnen Unternehmensbereiche sowie gegebenenfalls auch aus externen Spezialisten und/oder Lieferanten zusammensetzen.

Der **Ablauf** der Wertanalyse erfolgt in mehreren festgelegten Schritten – siehe DIN 69910:

Ermittlung des Ist-Zustandes	Dabei wird eine Beschreibung des Erzeugnisses und seiner Funktionen sowie der Funktionsträger als funktionsausübende Teile eines Erzeugnisses vorgenommen. Außerdem erfolgt die Ermittlung der Funktionskosten.
Prüfung des Ist-Zustandes	Sie umfasst die Prüfung der Funktionserfüllung auf der Grundlage der Funktionsbeschreibung, wobei auf unnötige bzw. nicht zweckentsprechende Funktionen zu achten ist. Daraufhin sind die Funktionskosten im Hinblick auf ihre Angemessenheit zu beurteilen.
Ermittlung von Lösungen	Das Wertanalyse-Team bedient sich dabei vielfach der Kreativitätstechniken, z. B. des Brainstorming, der Methode 635, der morphologischen Methode – siehe *Olfert / Rahn, Olfert.*
Prüfung der Lösungen	Sie bezieht sich insbesondere auf die wirtschaftliche Vorteilhaftigkeit und die technische Durchführbarkeit der zuvor ermittelten Lösungsvorschläge.
Vorschlag und Einführung	Der vorteilhafteste Lösungsvorschlag wird ausgewählt und der Unternehmensleitung zur Realisierung vorgeschlagen, die – bei Zustimmung – dessen Einführung verlasst.

Die Wertanalyse kann sich auf bereits im Produktionsprogramm vorhandene oder erst in das Produktionsprogramm aufzunehmende Erzeugnisse beziehen.

Weitere Verfahren zur Analyse des Materials werden von *Oeldorf / Olfert* beschrieben.

1.4 Nummerung

Neben der Standardisierung und der Analyse des Materials – und in Verbindung mit beiden – ist die Nummerung des Materials ein weiteres Instrument, die Wirtschaftlichkeit des Unternehmens positiv zu beeinflussen.

Die Nummerung wird auch **Verschlüsselung** genannt und hat die Aufgabe, Gegenstände einem einheitlichen Ordnungsprinzip zu unterwerfen, die sachlich zusammengehören. Sie dient folgenden **Zwecken**:

❑ **Identifikation** des Materials, wobei eine bestimmte Nummer einer Sache zugeordnet wird. Sie ist absolut eindeutig, da keine Nummer doppelt oder mehrere Nummern für die gleiche Sache vergeben werden dürfen.

❑ **Klassifizierung** des Materials, wobei einer Nummer bestimmte Merkmale zugeordnet werden, z. B. Formen, Eigenschaften.

❑ **Information** über das Material, wobei aus der Schlüsselnummer durch Angabe sinnvoll geordneter und sprechender Abkürzungen je Materialart weitgehende Hinweise z. B. über Art, Größe, Hersteller gegeben werden.

Dazu werden verschiedene **Arten** bzw. **Systeme von Nummernschlüsseln** genutzt, bei denen Elemente identifizierender, klassifizierender und informierender Art miteinander verbunden werden, als:

❑ **Systematische Nummernschlüssel**, deren Ordnungsprinzip auf einer strengen Logik beruht. Zu unterscheiden sind:

Klassifizierende Nummernschlüssel	Bei ihnen hängen die Klassifizierungsmerkmale hierarchisch voneinander ab. Jeder Gegenstand lässt sich aufgrund der aneinander gereihten Klassifizierungsschlüssel und Informationsschlüssel eindeutig erkennen bzw. benennen. Sie werden auch als **sprechende Nummernschlüssel** bezeichnet.
Verbundschlüssel	Hier werden Informationsschlüssel und/oder Klassifizierungsschlüssel mit dem Identifizierungsschlüssel verschmolzen. Die Auswahlmöglichkeiten werden dadurch auf eine einzige Ordnungsdimension eingeengt. Sie stellen **halbsprechende Nummernschlüssel** dar.

❑ **Systemfreie Nummernschlüssel**, bei denen jedem Gegenstand eine systemfreie Zähl-Nummer oder Ident-Nummer zugeteilt und die Klassifizierungsmerkmale in einem ergänzenden, nebengeordneten Klassifizierungsschlüssel erfasst werden.

Die Nummerung ist nicht nur für die Materialwirtschaft bedeutsam, z. B. im Rahmen der Beschaffung und Lagerung, sondern auch in Verbindung mit anderen Unternehmensbereichen, z. B. dem Fertigungsbereich, dem Absatzbereich sowie dem Finanz- und Rechnungswesen.

02

Ein Unternehmen benötigt zehn verschiedene Materialien.

Teile-nummer	Verbrauchsmenge in Stück	Wert in € pro Stück
1174	2.000	10
1175	1.000	8
1176	2.000	4
1177	500	60
1178	5.000	3
1179	500	10
1180	1.200	75
1181	12.000	10
1182	500	6
1183	1.000	1

(1) Ermitteln Sie

- die prozentuale Verteilung der Mengen und Werte
- die Rangfolge der Materialien
- A-, B-, C-Güter

(2) Stellen Sie das Ergebnis grafisch dar!

(3) Worin bestehen grundsätzlich die Vorteile einer ABC-Analyse für die Unternehmen?

(4) Geben Sie Beispiele, wie C-Güter in Unternehmen behandelt werden sollten!

Seite 183

2. Aufgaben

Die Aufgaben, die sich der Materialwirtschaft stellen, sollen kurz umrissen werden.

Sie werden in den später folgenden Hauptkapiteln des Buches näher beschrieben.

2.1 Materialbeschaffung

Die Materialbeschaffung hat die für die Fertigung erforderlichen Materialien und zum Verkauf bestimmten Waren im Unternehmen zur Verfügung zu stellen. Dabei muss sie zwei **Erfordernissen** gerecht werden:

❑ Die Materialien sind in der erforderlichen **Menge**, **Art** und **Qualität** zum richtigen Termin zu beschaffen.

❑ Die Materialien sind unter Beachtung des Prinzips der Wirtschaftlichkeit – und damit **kostenoptimal** – zu beschaffen.

Um die Materialbeschaffung in geeigneter Weise durchführen zu können, ist es notwendig, dem Beschaffungsvorgang voranzustellen:

❑ Die **Ermittlung des erforderlichen Materialbedarfes**, die Ausgangspunkt aller Aktivitäten im Rahmen der Materialwirtschaft ist. Dabei wird unterschieden:

Primär-bedarf	Das ist der Bedarf des Marktes an Erzeugnissen, verkaufsfähigen Gruppenteilen, Ersatzteilen, Modulen und Waren. Er ist unter der Voraussetzung bestimmbar, dass konkrete **Kundenaufträge** vorliegen, wobei zwischen Auftragseingang und Liefertermin alle zur Auftragserfüllung notwendigen Tätigkeiten vorzunehmen sind.
	Sind konkrete Kundenaufträge nicht gegeben, da für einen anonymen Markt produziert wird, erfolgt die industrielle Leistungserstellung aufgrund von **Lageraufträgen**. Der Primärbedarf wird deshalb mithilfe mathematisch-statistischer Verfahren vorausgesagt, z. B. dem Mittelwert-Verfahren.
Sekundär-bedarf	Dabei handelt es sich um den zur Festlegung der Erzeugnisse und Ersatzteile benötigten Bedarf an Rohstoffen, Einzelteilen und Baugruppen. Kann der Sekundärbedarf von einem gegebenen Fertigungsplan abgeleitet werden, bedient man sich der **Stücklisten** bzw. der **Verwendungsnachweise** zu seiner Ermittlung.
	Mathematisch-statistische Verfahren sind einzusezen, wenn eine Bedarfsermittlung auf diese Weise nicht möglich ist, weil: ○ kein Fertigungsplan vorliegt ○ die Abgänge vom Fertigungsplan her nicht planbar sind ○ wegen geringer Bedarfswerte nicht geplant wird.
Tertiär-bedarf	Das ist der bei der Fertigung für die Erfüllung des Fertigungsplanes notwendige Bedarf an Hilfsstoffen, Betriebsstoffen und Verschleißwerkzeugen.
	Bei der Ermittlung des Tertiärbedarfs wird nur in wenigen Fällen von einem Plan ausgegangen. Seine Ermittlung erfolgt aufgrund von Nachfragestatistiken oder technologischen Kennziffern, z. B. dem Verbrauch pro Maschine und Stunde.

❑ Die **Ermittlung des vorhandenen Materialbestandes**, die mithilfe der Lagerbuchhaltung möglich ist. Sie erfasst die Lagerbewegungen als:

Abgänge	Sie resultieren aus der Verringerung von Werkstattbeständen im Rahmen der Auftragserfüllung bzw. von Erzeugnisbeständen im Rahmen der Verkaufsabrechnung.
Zugänge	Sie ergeben sich aus Lieferungen von Materialien bzw. Erzeugnissen und aus Auftragsfertigmeldungen.

Als Ergebnis der Bestandsführung ergeben sich **Lagerstatistiken**, die als Bestandsstatistiken Auskunft über den Materialbestand geben und als Bewegungsstatistiken offenlegen, welche Bewegungen seit der letzten Bestandslistung erfolgt sind und warum.

Die **Festlegung der Materialbeschaffungsmenge** erfolgt sodann unter drei Gesichtspunkten:

❑ Aufgrund des Vergleiches von Materialbedarf und Materialbestand, woraus sich die **technische Losgröße** ergibt.

❑ Unter Berücksichtigung der anfallenden Kosten, die zur **wirtschaftlichen Losgröße** führt.

❑ Unter Beachtung von **Risikoüberlegungen**, um die Verfügbarkeit des Materials zu gewährleisten.

03

(1) Ordnen Sie folgende Materialien in die Gruppen Rohstoffe, Hilfsstoffe bzw. Betriebsstoffe ein:
  ○ Bekleidungsindustrie: Textilballen, Nähfaden, Putzmittel
  ○ Automobilbau: Karosserie, Motor, Getriebe
  ○ Möbelproduktion: Spanplatten, Scharniere, Lacke
(2) Welche Güter werden als Primärbedarf bezeichnet?
(3) Welche Stoffe sind Sekundärbedarf?

Seite 184

2.2 Materiallagerung

Die Materiallagerung hat sich mit den beschafften Materialien vom Zeitpunkt des Zuganges im Unternehmen bis zum Zeitpunkt des Abganges aus dem Unternehmen zu befassen. Dabei sind zu unterscheiden:

❑ **Materialeingang**, der in mehreren Schritten erfolgt:

Annahme des Materials im Eingangslager	Identifizierung des Materials	Art- und Mengenprüfung des Materials	Qualitätsprüfung des Materials	Rechnungsprüfung des Materials	Erstellung der Materialeingangspapiere

❑ Die **Materiallagerung**, die sich vorrangig auf die materiellen Prozesse bezieht, da die physische Handhabung der Materialien besonders bedeutsam ist, z. B.:

> ○ Die **Einlagerung** als Zuführung des Materials zum Ort der Lagerung
> ○ Die **Umlagerung** als Wechsel des Lagerortes
> ○ Die **Auslagerung** als Entnahme des Materials vom Lagerort
> ○ Die **Bereitstellung** des gelagerten Materials für die Produktion

Die materiellen Prozesse bedürfen der **Disposition** und **Dokumentation**. Dazu zählen die Registrierung des Materials, Zu- und Abbuchungen, Umterminierungen sowie Vormerkungen, die auch als Reservierungen bezeichnet werden.

Läger sind Einrichtungen, die Materialien aufbewahren und verfügbar halten.

❑ Der **Materialabgang** schließt den Prozess der Materiallagerung ab. Er erfolgt aufgrund von Anforderungen, die von unterschiedlichen Bereichen des Unternehmens an das Lager gegeben werden.

Als materieller Prozess erfolgt eine **Auslagerung** des angeforderten Materials. Er macht die Erfassung dieser Lagerbewegung erforderlich, die meist auf der Grundlage von Materialentnahmescheinen bzw. Materialanforderungsscheinen vorgenommen wird, bei Lieferungen an Kunden sind das Lieferscheine.

Viele Tätigkeiten werden heute durch IT unterstützt. Dennoch sind weiterhin die physischen Prozesse zu realisieren.

(1) Welche Schritte (Prozesse) der Materialverwaltung werden überwiegend manuell abgewickelt?

(2) Eine Bestellung wurde über IT beim Lieferanten veranlasst. Dadurch stehen eine Reihe von Informationen beim Lieferanten fest. Welche Arbeitsschritte (z. B. beim Buchkauf über Amazon) werden dadurch erleichtert, verkürzt oder entfallen völlig?

Seite 184

2.3 Materialverteilung

Die Materialverteilung hat die erstellten Güter oder Waren den Kunden zuzuführen. Dies muss in enger Zusammenarbeit mit dem Absatzbereich erfolgen. Ihre **Problemstellungen** sind vor allem:

❑ Festlegung der Liefermöglichkeit
❑ Festlegung der Verteilung
❑ Errichtung von Außenlägern
❑ Festlegung der Außenverpackung.

Mit der Optimierung der Materialverteilung befasst sich heute vielfach die betriebliche **Logistik** als der Summe aller Tätigkeiten, die sich mit der Planung, Steuerung und Kontrolle des gesamten Flusses innerhalb und zwischen Wirtschaftseinheiten befasst.

Im Rahmen der Materialverteilung lassen sich besonders als **Tätigkeiten** nennen:

❑ Die **Auftragsbearbeitung**, die alle Auftragsdaten verwaltet, von der Angebotserstellung über den Auftrag und die Auftragsdurchführung bis zur Auslieferung der fertig gestellten Erzeugnisse.

❑ Die **Einleitung des Versandes**, die erfolgt, sobald die Aufträge fertig gestellt sind. Sie werden im Auslieferungslager bereit gestellt, wobei gegebenenfalls Lieferanweisungen zu beachten sind, die bei der Auftragsannahme vereinbart wurden.

❑ Der **Transport**, der für die versandfertigen Aufträge bewirkt werden muss. Dabei geht es um Lagertätigkeiten, Verpackungstätigkeiten und Transporttätigkeiten.

Neben den dargestellten Maßnahmen ist auf eine aussagekräftige **Lagerführung** zu achten, denn die Erfüllung der Distributionsfunktion setzt ausreichende Lagerbestände voraus.

Die Materialverteilung hat vor allem für einen reibungslosen Materialfluss zu sorgen. Dabei gilt es die gesamte Materialflusskette – vom Lieferanten bis zum Kunden – aufeinander abzustimmen. Die Distributionsfunktion sorgt insbesondere für die auftragsspezifische Zusammenstellung der einzelnen Artikel- oder Materialpositionen im Rahmen der Kommissionierung.

(1) Nennen Sie Vorgänge, die heute IT-gestützt ablaufen!

(2) Nennen Sie Einrichtungen und Lagershilfsmittel, die die Tätigkeiten im Lager unterstützen!

Seite 184

2.4 Materialentsorgung

Mit der Bereitstellung der Materialien ist es dem Unternehmen möglich, seine Leistungserstellung zu bewirken. Wenn die Materialien in vollem Umfang in die Erzeugnisse eingegangen sind, ist der materialwirtschaftliche Prozess abgeschlossen.

Es ist aber auch möglich, dass Materialien nicht oder nicht in vollem Umfang zu Bestandteilen der Erzeugnisse geworden sind, und deshalb eine weitere material-wirtschaftliche Maßnahme notwendig wird, die Materialentsorgung.

Im Interesse eines möglichst umfassenden Umweltschutzes hat der Gesetzgeber in den vergangenen Jahren vielfältige **Rechtsvorschriften** erlassen, die in Gesetzen und Verordnungen ihren Niederschlag finden.

Die Materialentsorgung erfolgt im Rahmen der **Abfallwirtschaft**. Darunter ist die Gesamtheit der planmäßigen Aktionen und die Organisation zu verstehen, die der Vermeidung und Verringerung von Abfallstoffen sowie der Behandlung von Abfall-stoffen unter besonderer Berücksichtigung der Wirtschaftlichkeit der angestrebten Verfahren dienen (*Bloech*).

An erster Stelle sollte für die Abfallwirtschaft immer die Vermeidung und Verrin-gerung der Abfallstoffe stehen, die unvermeidliche Behandlung von Abfallstoffen sollte so umweltgerecht wie möglich erfolgen. Zu unterscheiden sind:

❑ Die **Abfallbegrenzung**, die der beste Weg ist, eine umweltgerechte Unterneh-menspolitik zu betreiben. Damit wird das Problem der Abfallbehandlung mini-miert.

❑ Die **Abfallbehandlung**, die notwendig wird, wenn sich die Abfälle nicht ver-meiden lassen. Sie müssen entsorgt und mithilfe geeigneter und rechtmäßig zugelassener Verfahren behandelt werden.

Die Abfallbeseitigung ist mitunter als besonders problematisch anzusehen, da die Verfahren ökologisch nicht immer völlig sicher sind und der Deponieraum nicht mit den Abfallmengen wächst.

Zur Einhaltung der Forderungen des Umweltschutzes setzen die Unternehmen Umweltbeauftragte ein. Diese kontrollieren die Einhaltung gesetzlicher und sonstiger Auflagen und wirken auf die Einhaltung der Umweltbelange im Unternehmen ein. Das Tätig-keitsfeld umschließt somit die gesamte Kette im Materialfluss.

(1) Welche Gesetze in der Abfallwirtschaft bilden die Grundlage für die Tätigkeit?

(2) Welche Aufgaben kommen auf einen Beauftragten zu?

Seite 184

3. Organisation

Die Organisation ist die dauerhaft gültige Ordnung bzw. Struktur eines zielorientier-ten sozio-technischen Systems, also eines Unternehmens. Als Arten der Organisation lassen sich unterscheiden – siehe ausführlich *Olfert, Olfert / Rahn*:

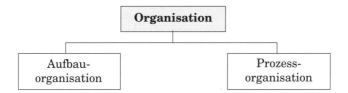

3.1 Aufbauorganisation

Durch die Aufbauorganisation wird ein Unternehmen in arbeitsteilige Einheiten gegliedert. Sie ist die auf Dauer ausgerichtete Gestaltung des Unternehmens unter hierarchischen Gesichtspunkten und kann sich auf das gesamte Unternehmen beziehen, in das die Materialwirtschaft eingeordnet ist, oder auf den Aufbau der Materialwirtschaft. Dementsprechend sind zu betrachten:

• **Unternehmen**

• **Materialwirtschaft**.

3.1.1 Unternehmen

Der Unternemensaufbau kann sehr unterschiedlich sein. Dabei hat die Unternehmensgröße insbesondere Einfluss auf die Aufbauorganisation:

❑ In **Klein- und Mittelunternehmen** kann die Materialwirtschaft unterschiedlich eingeordnet sein. Es bieten sich an:

Zentrale Organisation	Bei ihr ist die Materialwirtschaft der Unternehmensleitung als selbstständiger Funktionsbereich unterstellt. Damit besteht die Möglichkeit, sämtliche materialwirtschaftlichen Problemstellungen gesamtheitlich zu lösen.
Dezentrale Organisation	Die Materialbeschaffung und Materialverteilung sind meist der kaufmännischen Leitung, die Materiallagerung und Materialentsorgung der technischen Leitung unterstellt.

Die **Organisationsform** ist bei Klein- und Mittelbetrieben demnach üblicherweise die Sektoralorganisation oder Funktionalorganisation.

❑ Bei **Großunternehmen** gestaltet sich die Strukturierung der Aufbauorganisation erheblich schwieriger als in Klein- und Mittelunternehmen, insbesondere wenn verschiedene Werke und heterogene Produktionsprogramme gegeben sind. Auch hier sind möglich:

Zentrale Organisation	Dabei werden die materialwirtschaftlichen Aufgaben von einer einzigen Abteilung wahrgenommen. Das hat den **Vorteil**, dass diese Aufgaben planerisch, organisatorisch und personell optimal erfüllt werden können.

Dezentrale Organisation	Sie bietet sich an, wenn sämtliche Funktionsbereiche – z. B. einer Erzeugnisgruppe – einem Werk unterstellt sind. Die Folge ist eine stärkere Spezialisierung, die zu einer größeren Verselbstständigung der Werke führt.

Als **Organisationsformen** sollen unterschieden werden:

Stab-Linien-Organisation	Bei ihr wird das Liniensystem mit dem Stabsprinzip verbunden. Dabei lässt sich die Unternehmensleitung von Fachkräften unterstützen, die als Stäbe tätig sind. Obgleich Stäbe grundsätzlich kein unmittelbares Weisungsrecht haben, wird ihnen in der Materialwirtschaft häufig ein **begrenztes funktionales Weisungsrecht** übertragen, um z. B. folgende Einzelaufgaben bewältigen zu können:
	o Beschaffungsmarketing
	o Qualitätswesen
	o Festlegung von Beschaffungsstrategien
	o Losgrößenrechnung
Sparten-Organisation	Sie findet sich hauptsächlich in Großunternehmen mit völlig verschiedenartigen Erzeugnissen oder Erzeugnisgruppen. Für diese werden selbstständige Unternehmensbereiche – die Sparten oder Divisions – gebildet, die in eigener Verantwortung die Funktionen des Unternehmens wahrnehmen.
	Voraussetzung für die Bildung von Divisions ist die sachliche, oft auch geografische Trennung der Lager-, Fertigungs- und Vertriebseinheiten. Bedingt durch andersartige Produktionsprogramme bzw. unterschiedliche Branchen werden in den verschiedenen Divisions abweichende Material- und Lagerhaltungspolitiken verfolgt.
	Trotz der Aufteilung in relativ selbstständige Unternehmensbereiche werden die Funktionen, die das Gesamtunternehmen betreffen, meist zentral geführt, während die übrigen Funktionen in die Divisions eingegliedert sind. Dabei operieren die zentralen Bereiche als Stabsstellen mit funktionalem Weisungsrecht, welche zentrale Vorgaben an die Division richten, die dort zu realisieren sind.
	Die Spartenorganisation wird auch **Divisionalorganisation** genannt.
Matrix-Organisation	Bei ihr werden die verschiedenen Funktionen eines Unternehmens in einer zweidimensionalen Anordnung vertikal und horizontal gegeneinander angeordnet und miteinander verbunden. Dabei werden die einzelnen Abteilungen eines Unternehmens,
	o Materialwirtschaft o Absatzwirtschaft/Marketing
	o Forschung/Entwicklung o Finanz-/Rechnungswesen
	o Fertigungswirtschaft
	horizontal angeordnet, während vertikal die Funktionen aufgetragen werden, die zentral von der Unternehmensleitung ausgeübt und häufig mit Richtlinienkompetenzen ausgestattet werden, z. B. Planung, Organisation, Controlling.

Einflussfaktoren der Aufbauorganisation lassen sich in **interne Faktoren**, z. B. Leistungsprogramm, Unternehmensgröße, Fertigungs- und Informationstechnologie, Rechtsform und **externe Faktoren**, z. B. Arbeitsmarkt, Kunden, Lieferanten, Kapitalgeber, Gesetzgeber und Gesellschaft unterscheiden.

Die weltweite Zusammenarbeit von Unternehmen erfordert geeignete Instrumente zur Bewältigung der materialwirtschaftlichen Aufgaben. Eine **Verknüpfung** der gesamten Lieferantenkette erweist sich als notwendig. Sie ist nur mithilfe der IT-Technologie realisierbar, bei der die Informationen aller Beteiligten der Kette verfügbar sind. Auf diese Weise ist es möglich, über die Grenzen der einzelnen Unternehmen hinauszugehen und somit **übergreifend** zu erreichen:

❑ Programmplanung der einzelnen Unternehmen
❑ Fertigungssteuerung der einzelnen Unternehmen
❑ Steuerung der Materialversorgung entlang der Kette
❑ Optimierung der Wertschöpfung über die gesamte Wertkette.

SCOR als *Supply Chain Operation Reference Model* beschreibt sämtliche Geschäftsprozesse, um Lieferantenaktivitäten zu analysieren und zu verbessern:

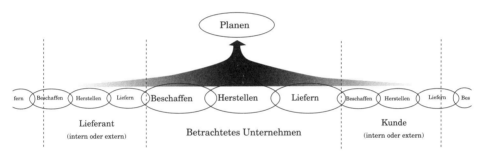

Die einzelnen Ketten sind so auszurichten, dass eine ganzheitliche Gestaltung der Prozesse von den Vorlieferanten bis zum Endkunden abgebildet wird. Dazu ist ein übergeordnetes Planungssystem erforderlich.

Traditionelle Systeme waren dadurch gekennzeichnet, dass die einzelnen Unternehmen unabhängig voneinander ihre Bedarfe ermittelten und ein Informationsaustausch zwischen den Stufen nicht stattfand. Es kann zu einem **Aufschaukelungseffekt** bzw. **Bullwhip-Effekt** kommen. Diese Schwankungen können durch eine **Integration in Supply Chains** vermieden werden. Durch die hohe Aktualität sowie die zeitnahe Ermittlung des Materialflusses und Liefertermins sind möglich:

❑ Verbesserung von Service und Termintreue
❑ Reduzierung der Auftragsdurchlaufzeiten
❑ Reduzierung von Beständen in der Supply Chain
❑ Flexibilität der integrierten Ketten.

Unternehmen verfügen heute über Programme, die einen zentralen Zugriff auf die Daten über eine Datenbank ermöglichen. Hierdurch kann ein schneller Informationsfluss, aber auch eine zentrale Steuerung der Einkaufspolitik realisiert werden. Der zentrale Zugriff auf die Datenbank erlaubt aber auch den Fachabteilungen eine dezentrale Verfügbarkeit.

(1) Nennen Sie betriebliche und außerbetriebliche Einflussfaktoren auf die Gestaltung der Organisation in der Materialwirtschaft!

(2) Welche Aufgaben bei Großunternehmen und Holdings sollten zentral in einer Stabsstelle bzw. dezentral in den Unternehmen durchgeführt werden?

Seite 185

3.1.2 Materialwirtschaft

Die Materialwirtschaft kann aufbauorganisatorisch als Funktionsbereiche umfassen:

Dabei kann die **Eingliederung** der materialwirtschaftlichen Funktionsbereiche verschieden erfolgen:

❑ Bei einer **zentralen Eingliederung** der materialwirtschaftlichen Funktionsbereiche werden sämtliche von ihnen wahrzunehmenden Aufgaben von jeweils einer einzelnen Organisationseinheit bewältigt, z. B. als zentraler Beschaffungsbereich für sämtliche Materialien.

❑ Liegt eine **dezentrale Eingliederung** der einzelnen materialwirtschaftlichen Funktionsbereiche vor, gibt es bei ihnen jeweils mehrere Organisationseinheiten, die ihre Aufgaben durchführen, z. B. als Beschaffungsbereich für bestimmte Materialien bzw. verschiedene Werke.

Der Aufbau der materialwirtschaftlichen Funktionsbereiche kann sich an zwei **Prinzipien** orientieren. Das sind:

❑ Das **Verrichtungsprinzip**, bei dem die einzelnen Einheiten in den Funktionsbereichen nach dem organisatorischen Ablauf bzw. Prozess gegliedert werden, im Beschaffungsbereich z. B. als Angebotsbearbeitung, Bestellwesen, Terminkontrolle, Qualitätskontrolle, Rechnungsprüfung.

❏ Das **Objektprinzip**, das durch eine Gliederung gekennzeichnet ist, die sich an den Materialgruppen bzw. Erzeugnisgruppen orientiert, z. B. Rohstoffen, Hilfsstoffen, Betriebsstoffen bzw. Waschmaschinen, Kühlschränken.

Eine **Kombination** von Verrichtungsprinzip und Objektprinzip ist möglich.

Es gibt verschiedene Möglichkeiten der Gliederung in Unternehmen. In unserem Fall gilt eine Gliederung nach dem Objektprinzip im Einkauf, wobei für jede Produktgruppe folgende Tätigkeiten durchzuführen sind: Beschaffungsinformationen besorgen, Bestellen und Einkaufen, Wareneingang überwachen und Rechnungsprüfung.

(1) Wie könnte eine Gliederung nach dem Verrichtungsprinzip aussehen?

(2) Welche anderen Gliederungsprinzipien sind auch denkbar?

Seite 185

3.2 Prozessorganisation

Die Prozessorganisation befasst sich mit der Strukturierung der Ablaufprozesse. Das bedeutet, dass die zu untersuchenden Prozesse in ihre elementaren Aufgaben gegliedert werden und daraus – unter Beachtung von Raum und Zeit – Regelungen von Arbeitsgängen zur Aufgabenerfüllung getroffen werden. Zu unterscheiden sind:

• **Prozesse**

• **Ablauf**.

3.2.1 Prozesse

Als Prozesse, welche die materialwirtschaftlichen Problemkreise betreffen, sind zu nennen:

❏ **Unternehmensbezogene Prozesse**, die inzwischen stark computerorientiert sind. Ein gesamtheitliches Konzept, das die Prozesse industrieller Unternehmen ordnet, ist das CIM-Konzept. Es stellt die bisherigen Insellösungen in geschlossener Weise dar.

❏ **MPRP bzw. MRP I** (= **Material Requirements Planning**), bei dem ein Auftrag startet, wenn das erforderliche Material zur Verarbeitung bereitsteht. Durch Stücklistenauflösung wird der periodengenaue Nettobedarf ermittelt. Eine Verfügbarkeit der erforderlichen Produktionsmittel (Maschinen) wird nicht geprüft.

❏ **MRP II** (= **Manufactoring Resources Planning**), bei dem zusätzlich zu den ermittelten Nettobedarfen auch die Produktionsmittel in ihrer zeitlichen Verfügbarkeit
geplant werden. Die Komplexität der Planung bedingt oft eine mehrmalige Durchführung der Einplanung der Ressourcen.

❏ **ERP** (= **Enterprise Resources Planning**), welches das gesamte Unternehmen als
integrierte Lösung in die Verarbeitung mit einbezieht, z. B. werden Materialkosten
gleichzeitig als Verbindlichkeiten verbucht. Zur Erfüllung der betrieblichen Anforderungen werden Software-Lösungen angeboten (siehe *SAP*).

❏ **Push-Pull-Systeme** als Systeme der Fertigungssteuerung sind so gestaltet,
dass die Ressourcen wie Beschaffung, Fertigung und Auftragsabschluss optimal
abgestimmt sind.

Push-Systeme	Bei ihnen erfolgt der Anstoß mit der Auftragsdurchführung und durchläuft die einzelnen Produktionsstufen. Der Auftrag wird durch die Fertigung »gedrückt«. Die Bedeutung der Beschaffung liegt in der Versorgung der Produktion mit großen Materialmengen und Auswirkungen auf die Lagerbestände. Eine Reaktion ist bei Fließfertigung (= Massenfertigung) nur eingeschränkt möglich.
Pull-Systeme	Hier werden die Produkte kundenorientiert am Liefertermin ausgerichtet. Sie orientieren sich an der Wertschöpfungskette und die Produktion ist so gestaltet, dass »just-in-time« zugeliefert wird. Auf Anforderung des nachgelagerten Arbeitsplatzes werden die Teile produziert und bereitgestellt. Somit läuft der Informationsprozess entgegen dem Materialfluss.

Der Punkt, an dem die Teile (Push) an Pull-Systeme weitergeleitet werden, wird
»Entkopplungspunkt« genannt und zeigt die Möglichkeit der Durchdringung
des Kundenauftrags in die vorgelagerten Produktionsstufen.

❏ **CIM** bedeutet **Computer Integrated Manufacturing**. Das Konzept stellt
eine Verknüpfung der primär betriebswirtschaftlichen Module im Rahmen eines
Produktionsplanungs- und Produktionssteuerungssystems (PPS) mit den primär
technischen Modulen dar:

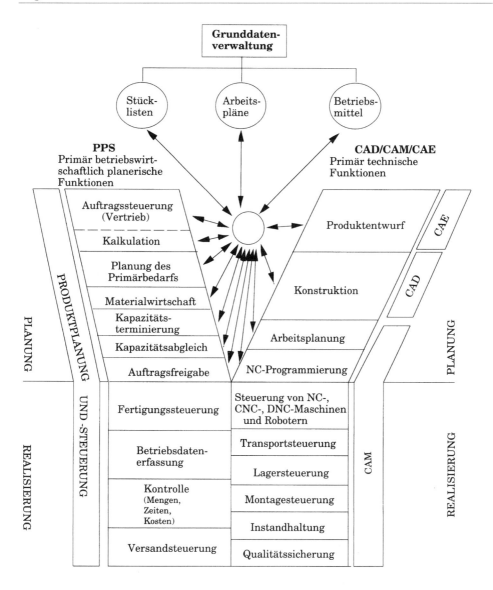

Dabei versteht man unter:

Grunddatenverwaltung	Sie begleitet die unternehmensbezogenen Prozesse und stellt zur Verfügung:
	○ Die für die Materialwirtschaft und Zeitwirtschaft benötigten **Stammdaten**.
	○ Die für einen konkreten Fertigungsauftrag benötigten **Daten des Fertigungsplanes**, der Grundlage für die Fertigungssteuerung ist.

PPS	Das PPS-System ist ein rechnerunterstütztes System zur mengen-, termin- und kapazitätsgerechten Planung, Veranlassung und Überwachung der Produktionsabläufe, mit dem erreicht werden sollen: ⭘ Kurze Durchlaufzeiten ⭘ Hohe Termintreue ⭘ Geringere Kapitalbindung durch niedrige Bestände ⭘ Hohe und gleichmäßige Kapazitätsauslastung.
CAD	**Computer Aided Design** als computergestütztes Entwerfen von Einzelteilen, Baugruppen und ganzen Erzeugnissen. Sie werden mithilfe von CAD entwickelt, konstruiert und technisch berechnet. Außerdem erfolgt die Erstellung der erforderlichen Unterlagen, z. B. auch der Stücklisten.
CAM	**Computer Aided Manufactoring** dient der Steuerung und Überwachung der Betriebsmittel, insbesondere der Werkzeugmaschinen, Lager- und Transportsysteme. Mit seiner Hilfe wird damit der eigentliche Fertigungsvorgang gesteuert und überwacht.
CAE	**Computer Aided Engineering** dient der Simulation konstruktiver Merkmale und zeigt, wie sich konstruktive Änderungen auswirken. Damit wird die Konstruktion von Einzelteilen, Baugruppen und Erzeugnissen erheblich wirtschaftlicher. Seiner Aufgabe entsprechend steht CAE in enger Verbindung mit CAD. Es ermöglicht, Fertigungsgüter bereits vor Erstellung eines Prototyps zu optimieren, z. B. mithilfe simulierter Crash-Tests bei Automobilen.

❑ Als **materialwirtschaftliche Prozesse** lassen sich unterscheiden:

Materielle Prozesse	Sie beziehen sich auf die Gewinnung, Bearbeitung und Verarbeitung von Gütern sowie die damit verbundenen Transportvorgänge. Das **Schwergewicht** liegt dabei auf der raum-zeitlichen Strukturierung von Arbeitsgängen, als deren wesentliche Teile sich die Bestimmung der Arbeitsgänge und ihre Zusammenfassung zu Arbeitsgangfolgen, die Leistungsabstimmung, die Regelung der zeitlichen Belastung von Arbeitsträgern und die Ermittlung der kürzesten Durchlaufwege nennen lassen.
Informationelle Prozesse	Sie gehen mit dem Materialfluss einher. Dabei ist es die Aufgabe des Informationssystems, die den materiellen Vorgängen zu Grunde liegenden Vorgänge zu erfassen, zu speichern, zu analysieren und zu interpretieren, um dadurch neue materielle Prozesse auszulösen.

3.2.2 Ablauf

Die Prozessorganisation soll die konkreten Ablaufprozesse in detaillierter Form regeln. **Schwerpunkte** einer verrichtungsorientierten Gliederung des Material-bereiches sind:

❏ Die **Bedarfsermittlung**, die den Ausgangspunkt aller Aktivitäten im Rahmen der Materialwirtschaft darstellt. Sie wird durch einen Bedarf im Fertigungsbe-reich ausgelöst, der die Menge an Materialien, die innerhalb eines bestimmten Zeitraums an eine verbrauchende Stelle abgegeben wird, bestimmt.

Der Materialbedarf wird mit der Zielsetzung ermittelt, das Fertigungsprogramm mengen- und termingerecht zu erfüllen bzw. die Lieferbereitschaft zu sichern.

❏ Die **Bestandsrechnung**, die Voraussetzung für die Durchführung der Beschaf-fung ist. Grundlagen sind:

Lager-buchhaltung	Mit ihr werden sämtliche **Zugänge** und **Abgänge** erfasst, die aufgrund von Lieferscheinen bzw. Materialentnahmescheinen er-folgen. Die Lagerbuchhaltung kann, je nach Rationalisierungsgrad, unterschiedlich organisiert sein.
Lager-bewegungen	Sie führen zu **Bestandsveränderungen** und werden von verschie-denen betrieblichen Abteilungen veranlasst, insbesondere als: ○ **Abgänge**, die zu einer Verminderung der Bestände führen ○ **Zugänge**, die sich aus Lieferungen sowie aus Auftragsferti-gungsmeldungen ergeben.
Lager-statistiken	Sie werden als Ergebnis der **Bestandsführung** erstellt und können Bestandsstatistiken sowie Bewegungsstatistiken sein.

❏ Die **Beschaffung**, deren Aufgabe es ist, zu jedem Zeitpunkt eine Bedarfsde-ckung auf wirtschaftliche Weise zu sichern. Über eine Mengenrechnung und eine Terminrechnung wird der entsprechende Bestellvorschlag vorbereitet. Die Bestellungen können einerseits interne Fertigungsaufträge, andererseits externe Bestellungen sein.

Die laufenden Bestellungen sind zu überwachen, wobei nicht selten Änderungen in Form von Umterminierungen (zeitkritisch), Mahnungen (verspätete Lieferung) und Stornierungen (fehlerhafte Bestellungen) vorzunehmen sind.

❏ Die **Lagerung**, die in engem Zusammenhang mit der Bestandsrechnung gesehen werden muss, bei welcher der Informationsaspekt im Vordergrund steht, da die Registrierung und Verbuchung der Bestände zu Entscheidungen im Bereich der Bedarfs- und Bestellabwicklung führt. Sie umfasst Materialannahme, Material-prüfung, Materiallagerhaltung und Materiallagerverwaltung.

Bei der Lagerung werden die **materiellen Prozesse** vorrangig behandelt, da die physische Handhabung der Materialien – wie Materialprüfung, Einlagerung, Umlagerung, Bereitstellung – besonders bedeutsam sind.

Das CIM-Konzept stellt einen Rahmen dar, wie die Prozesse mit Unterstützung des Computers ablaufen. Wichtig sind die drei Komponenten: Datenbank, PPS und CA-Komponenten. In der Datenbank werden Angaben zu Materialien, zu den Strukturen in der Stückliste, zu den Tätigkeiten in Arbeitsplänen und Maschinen gemacht.

(1) Welche Tätigkeiten des PPS sind aus materialwirtschaftlicher Sicht bedeutsam?

(2) Was wird unter Betriebsdatenerfassung verstanden?

Seite
185

4. Konzepte

Die in den letzten Jahren rasch fortschreitende Internationalisierung und Globalisierung erforderten von den Unternehmen immer stärker, spezielle Führungskonzepte systematisch aufzubauen und nachzuweisen. Dies ist insbesondere unter drei **Ausrichtungen** geschehen:

❑ Der **Qualitätssicherung**, die sich auf alle Unternehmensbereiche wie auch auf die Produkte und Mitarbeiter bezieht.

❑ Dem **Umweltschutz**, der bei allen betrieblichen Prozessen hinreichend zu berücksichtigen ist und aus materialwirtschaftlicher Sicht insbesondere auch Fragen der Entsorgung und des Recycling umfasst.

❑ Der **Sicherheit**, die sich auf die Fertigungsverfahren sowie auf die eingesetzten Materialien bezieht, um Mitarbeiter, Kunden und sonstige Personen zu schützen.

Dementsprechend sollen als aktuell bedeutsame Führungskonzepte unterschieden werden:

4.1 Qualitätskonzept

Als **Qualität** wird die Summe aller Aktivitäten verstanden, die innerhalb eines Unternehmens und seiner Außenbeziehungen zu Kunden und Lieferanten darauf ausgerichtet ist, die an das Unternehmen gestellten Erwartungen zu erfüllen.

DIN ISO 8402 beschreibt die Qualität im Sinne der Beschaffenheit eines Gegenstandes als »die Gesamtheit von Merkmalen einer Einheit bezüglich ihrer Eignung, festgelegte und vorausgesetzte Erfordernisse zu erfüllen«.

Mithilfe seiner auf die Qualität ausgerichteten Anstrengungen ist es dem Unternehmen möglich, sich einen Wettbewerbsvorteil zu sichern. Die qualitätsbezogenen Aktivitäten erfolgen nicht als einmaliger Vorgang, der abgeschlossen wird, wenn bestimmte Qualitätsanforderungen erfüllt sind, sondern als **kontinuierlicher Verbesserungsprozess (KVP). Kaizen** stellt einen unternehmensphilosophischen Rahmen im Bereich der Material- und Fertigungswirtschaft dar, der die Qualität der Produkte bzw. Dienstleistungen, der Arbeitsprozesse sowie die Produktivität, Flexibilität und Wettbewerbsfähigkeit eines Unternehmens einschließt. Es umfasst (*Imai*):

* Kundenorientierung
* TQC (Total Quality Control) als umfassende Qualitätskontrolle
* Mechanisierung
* QC (Quality Control) als Qualitätskontroll-Zirkel
* Vorschlagswesen
* Automatisierung
* Arbeitsdisziplin
* TP (Total Production Maintenance) als umfassende Produktivitätskontrolle

* Kanban
* Qualitätssteigerung
* Just-in-time
* Fehlerlosigkeit
* Kleingruppenarbeit
* Kooperation der Managementebenen
* Produktivitätssteigerung
* Entwicklung neuer Produkte

Im Rahmen von Kaizen bescheibt Imai auch die 3 MU's (= Muda, Muri, Mura) als Formen der Verluste. Besonders die Arten der Verschwendung (jap. **Muda**) sind hervorzuheben. Muda zeigt sich durch:

Überpro- duktion	Produkte werden laut Auftrag nicht benötigt, Produktionsanlagen sind nicht ausgelastet
Bestände/ Lagerhaltung	Aufträge sind nicht exakt geplant, Materialbestände in Lägern binden Kapital
Herstellung/ Laufwege	Unnötige Tätigkeiten, die nicht wertschöpfend sind, werden vorgenommen
Flächen	Produktionswege und Materialfluss nicht abgestimmt
Transport	Es erfolgen unnötige Transporte und Materialumschläge, ein optimaler Materialfluss ist nicht gegeben
Nacharbeit/ Ausschuss	Das Unternehmen verzichtet auf eine Anwendung von Qualitätsmanagement
Wartezeit	Material ist nicht verfügbar

Daneben geht Imai noch auf Unausgeglichenheit (jap. **Mura**) infolge unzureichender Abstimmung der Materialwirtschaft und der Produktionskapazitäten ein. Ein weiterer Grund für Verluste ist Überlastung (jap. **Muri**) durch Übermüdung, Stress, Termindruck und Fehler.

Die **Kundenorientierung** ist dabei das tragende Element. Das Festlegen der Produktqualität dient dazu, den Kunden zufrieden zu stellen. Dazu zählen auch alle Mitarbeiter, die von der Erreichung der Qualitätsziele betroffen sind. Kundenorientierung umfasst somit nicht nur den Endverbraucher oder Endverwender als externen Kunden bzw. Nutzer einer Leistung sondern auch den internen Kunden. Jeder Mitarbeiter hat einen Kunden für die zu erbringende Leistung im nachgelagerten Prozess.

Zur Unterstützung bei der Anwendung des KVP empfiehlt sich die Vorgehensweise nach dem **PDCA-Zyklus**. Er orientiert sich grundlegend am bereits beschriebenen Führungsprozess. Er besteht aus folgenden **Schritten** (*Deming*):

Plan (Planen)	Analyse der derzeitigen Situation unter Einsatz der »sieben statistischen Werkzeuge«: • Das **Pareto-Diagramm** (= ABC-Analyse) stellt Daten von einem bestimmten Merkmal in geordneter Größe in Form eines Balkendiagramms dar. • Das **Ursache-Wirkungsdiagramm** (= Fischgrätendiagramm) dient dazu, verschiedene Einflussgrößen eines Problems geordnet darzustellen. • Das **Histogramm** ist eine grafische Darstellung von Werten als Häufigkeitsverteilung mithilfe von Säulendiagrammen aus der die Streuung und Verteilung der Werte erkennbar ist. • Das **Streudiagramm** zeigt die Beziehung zwischen zwei Merkmalgrößen. Die Art und Stärke ihres Zusammenhanges ist in der grafischen Darstellung erkennbar (Korrelationsdiagramm). • **Kurven** dienen der übersichtlichen Darstellung von Daten. Sie können sein: ○ Balken-, Linien-, Kreis-, Spinnendiagramme • Die **Kontrollkarte** ist ein Formblatt, das der Prozessüberwachung dient, um rasch zu erkennen, wenn der Prozess außer Kontrolle gerät. • **Prüfformulare** dienen der Darstellung der Ergebnisse von Routineprüfungen in Form von Tabellen.	

| Do (Tun) | Umsetzung der Planung durch die Mitarbeiter, wobei auftretende Probleme sofort einer Verbesserung im Rahmen von Qualitätszirkeln unterzogen werden. |

⇩

| Check (Checken) | Überprüfung des Gelingens der erwarteten Verbesserung durch das Management oder Inspektionen, d. h. der Realisierung des Planes. |

⇩

| Act (Aktion) | Standardisierung der neuen Methoden bei positivem Ergebnis, sonst Anstoß eines neuen Zyklus. |

Das **Qualitätsmanagement** hat die Aufgabe, Ziele zu formulieren und diese durch aufbau- und prozessorganisatorische Regelungen zu realisieren. Das Fehlen einer international anerkannten und abgestimmten Grundlage zur Beurteilung der Qualitätsfähigkeit von Unternehmen, die Geschäftsbeziehungen zueinander aufnehmen, führte zum Normensystem ISO 9000:2001. Es definiert allgemeine Anforderungen an Qualitätsmanagement-Systeme (QMS). Die zentralen Elemente der Kernnorm sind (*Fraunhofer*):

4 Qualitätsmanagement
4.1 Allgemeine Anforderungen
4.2 Dokumentationsanforderungen

5 Verantwortung der Leitung
5.1 Verpflichtung der Leitung
5.2 Kundenorientierung
5.3 Qualitätspolitik
5.4 Planung
5.5 Verantwortung, Befugnis und Kommunikation
5.6 Managementbewertung

6 Management der Ressourcen
6.1 Bereitstellung von Ressourcen
6.2 Personelle Ressourcen
6.3 Infrastruktur
6.4 Arbeitsumgebung

7 Produktrealisierung
7.1 Planung der Produktrealisierung
7.2 Kundenbezogene Prozesse
7.3 Entwicklung
7.4 Beschaffung
7.5 Produktion und Dienstleistungserbringung
7.6 Lenkung von Überwachungs- und Messmitteln

8 Messung, Analyse und Verbesserung
8.1 Allgemeines
8.2 Überwachung und Messung
8.3 Lenkung fehlerhafter Produkte
8.4 Datenanalyse
8.5 Verbesserung

Unternehmen, die den Anforderungen dieser Normenreihe entsprechen, werden von unabhängigen Stellen zertifiziert. Dies erfolgt, um bei den Kunden das Vertrauen in die Qualitätsfähigkeit der Betriebsprozesse von Lieferanten zu bestärken, ohne dass Lieferunternehmen aufwändig auf ihre Verlässlichkeit hin zu überprüfen sind. Große Unternehmen verlangen von ihren Lieferanten heute immer häufiger eine **Zertifizierung** als Voraussetzung für die Auftragsvergabe.

Das Konzept des Qualitätsmanagements bedarf der Dokumentation. Sie umfasst:

Dokumentation *betrifft:* → Gesamt-unternehmen ← Qualitäts-management Handbuch → Unternehmens-politik ← Dokumentation *legt fest:*

Teilbereiche/ Abteilungen ← Verfahrens-anweisungen → Bereichsübergrei-fende Regelungen

Sachgebiete/ Arbeitsplätze ← Arbeitsanweisungen → Individuelle Teilregelungen

Das **Ziel** der Normen liegt in der vollständigen Darstellung aller Anforderungen an QM-Systeme und der Anleitung zu ihrer Erstellung, um so eine Vergleichbarkeit der Systeme zu gewährleisten. Der Aufbau der Normen in Verbindung mit dem prozessorientierten Ansatz bietet eine sehr gute Integrationsmöglichkeit verschiedener Managementsysteme, wie beispielsweise die Verknüpfung von Qualität, Umwelt und Arbeitssicherheit zu einem Integrierten Managementsystem.

4.2 Umweltkonzept

Natürliche Ressourcen stehen in Zukunft in immer beschränkterem Umfang zur Verfügung. Deshalb sind die Unternehmen aufgerufen, die Umwelt zu erhalten bzw. wiederherzustellen, indem sie ein geeignetes **Umweltschutzmanagement** betreiben. In Verbindung mit dem technischen Umweltschutz sind die notwendigen Maßnahmen zu ergreifen.

Die **Dokumentation** des Umweltkonzeptes hat für jeden Standort oder Betrieb des Unternehmens in einem Handbuch zu erfolgen, das Aufschluss über die begleitende Umweltplanung bei Einführung neuer Produkte, neuer Fertigungsverfahren und neuer Fertigungsanlagen sowie im Rahmen eines kontinuierlichen Verbesserungsprozesses (KVP) gibt.

Die Öko-Audit-Verordnung sowie die DIN-Norm 14001 regeln die Prüfung der Umwelt im **Öko-Audit**. Sie schaffen den Rahmen für ein Konzept, mit dem das Unternehmen

❑ seine Umweltpolitik festlegt
❑ sein Umweltprogramm aufstellt
❑ sein Umweltmanagememt/-system einführt
❑ eine Umweltprüfung i. S. eines Öko-Audit durchführt
❑ die Öffentlichkeit mit einer Umwelterklärung informiert.

4.3 Sicherheitskonzept

Die Sicherheit umfasst Arbeitssicherheit, Unfallverhütung und Gesundheitsschutz. In der Vergangenheit lag das Hauptaugenmerk auf dem technischen Arbeitsschutz. Arbeitsverfahren und Arbeitsmethoden, die der Bearbeitung oder Verarbeitung des Materials dienten, wurden unter Sicherheitsgesichtspunkten bestmöglich gestaltet.

Heute gehen die Sicherheitsbestrebungen weiter. Sie erstrecken sich von der Fertigung über die Nutzung der Produkte durch die Käufer bis hin zu ihrer Außerbetriebnahme.

In den Unternehmen drohen ständig unerwünschte Folgen aus Unfällen, die Ausfälle von Mitarbeitern durch Verletzungen sowie Fertigungsausfälle sein können. Kennzeichnend ist dabei, dass das interne Kontrollsystem einer Organisation nur die signifikanten Ausfälle erfasst.

Statistiken zeigen, dass auf einen Unfall mit Todesfolge etwa 30.000 unsichere Handlungen und Bedingungen entfallen, die zu keinen oder nur geringen Ausfällen führen. Es gilt, Gründe für diese unsicheren Handlungen zu erkennen und damit die mit hohen Verlusten behafteten Ausfälle zu minimieren.

Das **OHSAS 18001** »Arbeitsschutzmanagementsysteme-Spezifikation« ist bislang noch nicht als international gültige Norm verabschiedet, beruht jedoch im Wesentlichen auf dem englichen Standard BS 8800:1996. Diese »Vornorm« enthält Anforderungen an Arbeitsschutzmanagementsysteme, mithilfe derer Unternehmen ihre Arbeitsschutzrisiken lenken und ihre diesbezügliche Leistung verbessern können.

> 10
>
> Das Konzept des Qualitätsmanagements befähigt ein Unternehmen seine Tätigkeiten über die gesamte Prozesskette hinweg zu dokumentieren und diese Tätigkeiten einem kontinuierlichen Verbesserungsprozess (KVP) zu unterziehen. Wie bei TÜV oder Dekra werden sämtliche Prozesse auf ihre Funktionsfähigkeit überprüft und zertifiziert.
>
> (1) Welche Funktionsbereiche sind hier angesprochen?
>
> (2) Wie können Fehler entdeckt werden?
>
> Seite 185

5. Logistik

Die Logistik ist die Summe aller Tätigkeiten, die sich mit der Planung, Steuerung und Kontrolle des gesamten Flusses innerhalb und zwischen Wirtschaftseinheiten befasst, der sich auf Materialien, Personen, Energie und Informationen bezieht.

Da die Logistik sich nicht nur mit Transportprozessen befasst, sondern auch Prozesse der Lagerung oder Speicherung sowie der zeitlichen Verfügbarkeit von

Leistungen widerspiegelt, beinhaltet sie sowohl einen räumlichen Aspekt als auch einen zeitlichen Aspekt.

In den letzten Jahren wurde die Einbindung der Logistik in die Unternehmen **immer bedeutsamer**, da sich die Situation der Unternehmen drastisch verändert hat. Die Ursachen hierfür lagen vor allem im Umfeld der Unternehmen. Zu nennen sind vor allem:

❑ Die Globalisierung der Märkte
❑ Die Verschärfung des Wettbewerbs
❑ Die Verkürzung der Produktlebenszyklen
❑ Die Steigerung der Rohstoff- und Halbfabrikationspreise.

Der Anteil der **Logistikkosten** ist in den letzten Jahren stark gestiegen und beträgt in einigen Branchen inzwischen bis zu 30 % des Umsatzes. Hier liegt ein erhebliches Rationalisierungspotenzial, dessen sich die Unternehmen bedienen sollten. Um dies zu bewerkstelligen, müssen sie ein **geschlossenes Logistikkonzept** entwickeln bzw. nutzen, das es ermöglicht, Schwachstellen aufzudecken und die betrieblichen Prozesse zielgerichtet zu gestalten.

Die Logistik ist eine **Querschnittsfunktion**, die auf die Unternehmensziele ausgerichtet ist und drei betriebliche Funktionsbereiche miteinander verknüpft:

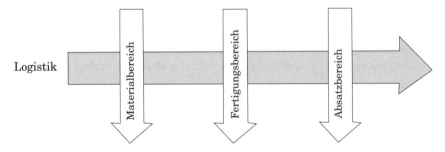

Immer häufiger wird zusätzlich auch von der **Entsorgungslogistik** gesprochen, bei welcher der Güterfluss in umgekehrter Richtung fließt.

Dementsprechend sollen im Folgenden behandelt werden:

5.1 Beschaffungslogistik

Die Materialbeschaffung, mit welcher der Materialbedarf des Unternehmens zu decken ist, befasst sich vor allem mit folgenden **Aufgaben**:

❏ Einholung und Auswertung von Angeboten
❏ Auswahl der Lieferanten
❏ Preisverhandlungen und Abschlüssen.

Im Rahmen der Materialbeschaffung gilt es, dem Unternehmen erforderliche Lieferkapazitäten zur Verfügung zu stellen, vorhandene Lieferkapazitäten zu pflegen und zukünftige Lieferkapazitäten zu entwickeln. Die Beschaffungslogistik nutzt diese Kapazitäten, um den erforderlichen Güterfluss herbeizuführen und sorgt damit für die Materialbereitstellung.

Einzelne beschaffungslogistische **Aufgaben** können z. B. sein:

❏ Bedarfsermittlung und Disposition
❏ Festlegen und Überwachen von Liefermengen und -terminen
❏ Festlegen von Verpackungs-, Transport- und Versandvorschriften
❏ Eingangskontrolle und Einlagerung
❏ Bestandsüberwachung.

Die Beschaffungslogistik hat einen Ausgleich zwischen der Forderung nach niedrigen Beständen und der Forderung nach ausreichender Versorgung der Fertigung herbeizuführen.

5.2 Fertigungslogistik

Die Fertigung dient dazu, Produkte herzustellen. Um dies wirtschaftlich zu bewirken, bedarf es der Fertigungslogistik, zu deren **Aufgaben** zählen:

❏ Innerbetrieblicher Transport und Bereitstellung
❏ Zwischenlagerung von Fertigungsmaterial, Teilen oder Baugruppen
❏ Materialflussgerechte Fabrikstruktur
❏ Planung und Steuerung der Fertigung.

Die Fertigung hat die Kapazitäten im erforderlichen Umfang und mit entsprechender Flexibilität zur Verfügung zu stellen. Die optimale Nutzung der Kapazitäten wird mithilfe der Fertigungslogistik bewirkt. Dabei führt die unterschiedliche Anordnung bzw. Organisation der Fertigungsstellen, z. B. als Werkstatt-, Fließ-, Einzel-, Serien- oder Massenfertigung zu verschiedenartigen **Anforderungen** an die Fertigungslogistik.

Die Höhe der Bestände und die Auftragsdurchlaufzeit in der Fertigung hängen wesentlich von einer gut funktionierenden Planung und Steuerung sowohl der Fertigung als auch des innerbetrieblichen Transportes ab.

5.3 Absatzlogistik

Die Absatzlogistik befasst sich mit der optimalen Distribution der Produkte, weshalb sie auch als Distributionslogistik bezeichnet wird. Zu den **Aufgaben** der Absatzlogistik zählen:

❑ Standortwahl der Distributionslager
❑ Lagerhaltung
❑ Auftragsabwicklung
❑ Verpackung und Kommissionierung
❑ Warenausgang und Transport
❑ Ersatzversorgung.

Die Absatzlogistik bezieht sich vor allem auf:

❑ Das **Fertigwarenlager**, dessen abzuwickelnde Tätigkeiten mit der Übernahme der Fertigerzeugnisse aus der Fertigung beginnen und mit der Bereitstellung für den Versand an den Kunden enden, z. B. als Disposition, Kommissionierung, Verpackung und Transportplanung.

❑ Den **Vertrieb**, der neben der Akquisition als Vertriebsaufgabe als absatzlogistische Aufgaben zu übernehmen hat, wozu die kaufmännische Auftragsabwicklung, die Absatzprognose, die Absatzplanung, die Bedarfsmeldung und die Bestellauslösung zählen.

Die Absatzlogistik gestaltet hier die Schnittstelle im Güterfluss zwischen dem Hersteller und den Kunden zur Sicherung des Absatzes unter kostenoptimalen Gesichtspunkten und unter Berücksichtigung der vom Markt geforderten Lieferfähigkeit und Lieferzeit.

5.4 Abfalllogistik

Die Abfalllogistik beschäftigt sich vor allem mit Zielgrößen und dem entsorgungsstrategischem Handlungsspielraum, der innerbetrieblichen und externen Entsorgungslogistik und der Minimierung der Kosten der Entsorgungslogistik. Ihre **Aufgaben** im Hinblick auf die Abfallgüter sind vor allem das Sammeln, Sortieren, Zwischenlagern, Lagern, Verpacken, Transportieren.

Die Abfalllogistik hat eine hohe Gemeinsamkeit mit den Kernprozessen des Transports, des Umschlags und der Lagerung in den Bereichen Beschaffung, Fertigung und Absatz.

6. Leistungsprozess

Durch die Ausrichtung der Wirtschaft im Rahmen der Globalisierung wurde der Leistungsprozess vielfältigen Änderungen unterworfen. Die Orientierung an der Wertschöpfungskette führte zu einem Lernprozess durch Begriffe wie Qualität, Lean Management und hoher Kostenrelevanz.

6.1 Betriebsprozess

Der Einkauf wies früher eine der Fertigung untergeordneten Rolle auf, der wenig Spielraum zur Gestaltung zukam. Heute ist der Einkauf in ein übergeordnetes Beschaffungsteam eingebunden, das einen hohen Einfluss auf die Kosten hat. Die Nutzung der Motivation der Mitarbeiter sowie die Abkehr von der Fließfertigung führten zur **dritten industriellen Revolution** (*Womack* u. a.) im Rahmen des *Toyota*-Planungssssystems. Ein Überblick über die Entwicklung zeigt die Veränderungen:

Zeit	Konzepte und Arten	Vertreter	Inhalte
1988	Qualitätsmanagement	*Duran, Deming, Imai*	Qualitätsrevolution
1990	Zweites industrielles Paradigma	*Toyota*	Lean Management
1992	Dritte industrielle Revolution	*Womack* u. a.	Automobilindustrie
1990	Formen des Sourcing	Industrie	Kostenverantwortung

Die Anforderungen an die spezifischen Aufgaben der Produktion führten in den USA zu einer organisatorischen Trennung der Aufgaben:

Marketing	Es umfasst alle Operationen, die ein Produkt am Markt zum Erfolg führen. Neben dem Einsatz von Marketinginstrumenten sind auch Marktanalysen, Produktinnovationen und Aufgaben des Public Relations bedeutsam.
Financing/ Accounting	Hierzu zählen Aufgaben, die den Leistungsprozess begleiten, wie Buchführung, Kostenrechnung, Finanzierung/Investition. Sie garantieren das Überleben des Unternehmens aus finanzieller Sicht.

Operations Management	Es steht für Beschaffung, Produktion und Verteilung/Absatz und ist somit der Kernbereich der Leistungserstellung, der Auftragsplanung, Einkaufs- und Bestandsführung, Produktionsplanung und Produktionsgestaltung beinhaltet. Die Erfüllung der Produktionsaufgabe führt auch zu Maßnahmen im Produktions- und Materialcontrolling, Qualitätsmanagement und Logistikmanagement.

Besonders durch die Unterstützung durch IT-Programme sind sämtliche Prozesse bzw. Grundfunktionen, die mit der Leistungserstellung in Verbindung stehen, einer gemeinsamen Analyse unterzogen. Daher umfasst die Leistungserstellung mit **Materialwirtschaft → Produktion → Absatz** heute auch:

- **Qualitätsmangement und Lean Management**
- **Innovation und Kostenverantwortung**
- **Modularisierung/Globalisierung**.

6.1.1 Qualitäts- und Lean Management

Eine hohe Qualität ist eine Vorraussetzung heutiger Produktion. Unternehmen erwarten eine **Null-Fehler-Produktion** aus den vorgelagerten Prozessen. Daher sind fehlerhaft gelieferte Teile vom Vorlieferanten sofort zu eliminieren, damit diese nicht zu Unterbrechungen in der Produktion führen und somit die Funktionsfähigkeit der Endprodukte gefährden.

Lean Management führt zu einer Verschlankung der Unternehmenshierarchie und bewirkt, dass Entscheidungen auf der operativen Ebene bewirkt werden. So wird der **Einkauf** heute bestimmt durch:

❑ Ständige Verbesserungsprozesse bei den Beschaffungsgütern
❑ Optimierung der Einkaufsaktivitäten
❑ Kooperation mit Lieferanten.

6.1.2 Innovation und Kostenverantwortung

Innovation ist auf die Entwicklung und Einführung eines neuen Produktes gerichtet. Dies läuft in mehreren **Phasen** ab:

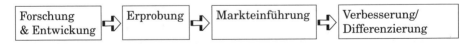

Zur erfolgreichen **Umsetzung** einer Innovationsidee sind erforderlich:

❑ Beobachtung und Übernahme technologischer/marktseitiger Trends durch das Unternehmen
❑ Schaffung und Weiterentwicklung innovativer Organisationsstrukturen.

Die Materialwirtschaft trägt inzwischen die Verantwortung für die Kosten der Produktion. Die Orientierung an der Wertschöpfungskette verlangt ein hohes Maß an Marktüberblick. Hier sind es besonders die Fragen des Outsourcing, termingenauer Lieferung und von Kooperationen mit den Lieferanten, die bei höheren Abnahmemengen zu Kostenreduzierungen bereit sind.

6.1.3 Modularisierung bzw. Globalisierung

Zeitgemäße Planungen gehen von Modulen bzw. Systemen aus, die zu beschaffen sind. Diese werden heute weltweit bezogen. Dies hat – wegen der günstigen Bezugskosten verschiedene **Auswirkungen**:

❑ Kapitalbindung in Beständen und Transportkosten sowie die gestiegenen Anforderungen von Kunden an die Lieferfähigkeit der Unternehmen steigern die Bedeutung des Supply Chain Management.

❑ Die Planung der logistischen Kette und der operativen Steuerung erhöht die Komplexität, da Umladevorgänge (LKW, See- und Binnenschiff) zusätzliche Geschäftsvorfälle verursacht.

❑ Längere Transportzeiten durch die Globalisierung der Lieferkette führen zu höheren Beständen im Transport, da ein Ausbleiben einer Lieferung den Liefertermin gefährden kann.

6.2 Wertschöpfungskette

Der Markt verlangt inzwischen kurze Entwicklungszeiten, schnellere Marktfähigkeit der Produkte sowie eine globale Vernetzung durch starke Modularisierung. Hierdurch kommen neue Anforderungen auf die Materialwirtschaft zu:

• **Streben nach höherer Kompetenz**

• **Prozessbetrachtung**

• **Supply Chain Management**.

6.2.1 Streben nach höherer Kompetenz

Die Materialwirtschaft spielte früher eher eine untergeordnete Funktion. Ihre Aufgabe war es, das benötigte Material nach Menge, Zeit und Preis zu beschaffen. Inzwischen verlangt die globale Vernetzung nach Einkäufern, die weltweit agieren und ihre Aufgabe in Beschaffungsteams lösen. Dies zeigt sich durch:

❑ Reduzierung der Beschaffungskosten
❑ Arbeiten in Teams aus Beschaffung, Produktion, Forschung & Entwicklung
❑ Gestaltung der Managementbeziehungen.

6.2.2 Prozessbetrachtung

Ein **Prozess** ist ein Bündel von Aufgaben, zu deren Erfüllung es verschiedener Inputs (= Produktionsverfahren, Informationen) bedarf, die mit Methoden bearbeitet werden und zu einem Ergebnis führen, das zur **Wertschöpfung** beiträgt. Hierbei unterscheidet *Porter* drei Kategorien von Prozessen:

❑ **Führungsprozesse**, welche die Managementprozesse beinhalten und verantwortlich für Unternehmensaufbau, Organisation, Personal und die äußeren Rahmenbedingungen (Infrastruktur) sind.

❑ **Unterstützungsprozesse**, die keine Führungsaufgabe haben, sondern dem Unternehmen bei der Erfüllung seiner Kernaufgabe unterstützend zur Verfügung stehen (Beschaffungsmodalitäten).

❑ **Kernprozesse**, welche die Operations darstellen und zeigen, ob das Unternehmen sein Aufgabe im Rahmen der Kundenorientierung erfüllt. Dies wird vor allem durch Eingangslogistik, Produktion und Ausgangslogistik bewirkt, da hierdurch die Wertschöpfung realisiert wird.

6.2.3 Supply Chain Management

Supply Chain Management lässt sich als die prozessorientierte Gestaltung, Lenkung und Entwicklung aller Aktivitäten von der Beschaffung der Rohmaterialien bis zum Verkauf an den Endverbraucher, also über die gesamte logistische Kette, definieren. **Ziel** ist die Sicherung und Steigerung des Erfolgs der beteiligten Unternehmen durch:

○ Besseren Kundenservice	○ Bessere Auslastung der Kapazitäten
○ Kürzere Durchlaufzeit und Lieferzeiten	○ Höhere Liefertreue
	○ Überwachung der Prozesskosten
○ Geringere Bestände	○ Eingreifen bei Fehlbeständen und Qualitätsmängeln
○ Einfluss auf Kosten durch Qualität	

Dies erfordert die Einbindung aller Beteiligten in der Wertschöpfungskette. Hierbei werden sämtliche Lieferanten bis zum Endabnehmer einbezogen. Das betrachtete Unternehmen hat dabei die Aufgabe seine eigene Kette (die Lieferanten des Lieferanten als auch die Kunden des Kunden) ständig zu beobachten.

6.3 Strategisches Materialmanagement

Unternehmen müssen sich festlegen, welche Integrationsbreite und Integrationstiefe sie anstreben. In beiden Fällen ist es notwendig, sich auf die vorhandenen **Kernkompetenzen** zu stützen. Hier bestehen Vorteile gegenüber den Mitkonkurrenten, die es auszubauen gilt. Fragen des **Outsourcing** sind zu beantworten:

❑ Kann das Know-how des Lieferanten genutzt werden?
❑ Kann der Lieferant wegen besserer Nutzung der Fixkosten günstiger liefern?
❑ Kann der Lieferant als Entwicklungspartner herangezogen werden?
❑ Kann die Wettbewerbsfähigkeit durch Partner gestärkt werden?

Strategische Planung kann dabei durch *Porters* **Fünf-Kräfte-Modell** einer Analyse unterzogen werden (*Geiß*):

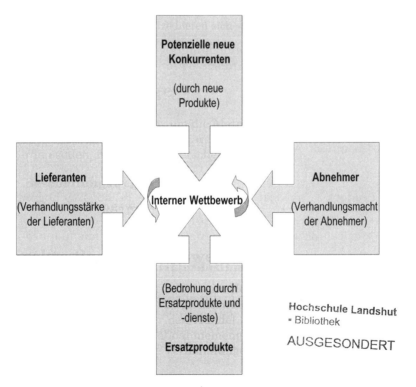

Zwischen Unternehmen besteht eine gespannte Situation durch Mitbewerber, die eine Bedrohung für die Wirtschaftlichkeit darstellen. So sind **Kunden** in der Lage auf Preise, Qualität und Zusatzleistungen in der Logistik einzuwirken oder auch eine Rückwärtsintegration zum liefernden Unternehmen anzustreben. Bedeutender ist die Gefahr, dass **Zulieferer** eine Vorwärtsintegration anstreben und damit zu neuen Konkurrenten werden. Steigende Einstandspreise beeinflussen unmittelbar das Betriebsergebnis.

Mitbewerber dringen mit neuen Anlagen und einem höheren Automatisierungsgrad auf den Markt und können billiger anbieten. Dies resultiert aus geringeren Fixkosten der Anlagen, höherem Lernkurveneffekt sowie neuen Produktinnovationen. **Strategische Vorteile** des Unternehmens jedoch sind, dass die Marke (Produkt) eingeführt ist, das Marketing entwickelt und die Kundentreue gewährleistet ist.

Mitbewerber stellen oft Produkte her, die auch als **Ersatzprodukte** zu sehen sind. Die Endpreise für Produkte mit gleichen Funktionen sind daher einer genauen Analyse zu unterziehen.

Im Rahmen der Supply Chain empfiehlt sich die Vorgehensweise nach **ECR (Efficient Consumer Responce)**. Es zielt auf Optimierung der Güterbewegungen zwischen Lieferanten, Produzenten und Kunden entlang der Supply Chain. Dies verlangt eine Kooperation zwischen den Beteiligten. ECR wird durch folgende **Strategien** realisiert:

Efficient Replenishment	Materialnachfrage	Just in Time, Synchronisierung von Einkauf/Produktion
Efficient Store Assortment	Kundenorientierte Sortimentsgestaltung, Category Management	Bilden von Geschäftseinheiten und Warengruppen, Bedarfsorientierung nach Warengruppen
Efficient Promotion	Abstimmung bei Aktionen, Verkaufsunterstützung	Verfügbarkeit, Handlingsaufwand, Reaktion auf Kundenverhalten
Efficient Product Introduction	Produktneueinführung	Reaktion auf Kundenverhalten, keine Flops

6.4 Operatives Materialmanagement

Die Entwicklung einer Beschaffung beginnt mit der Systematik der benötigten Warengruppen. Hierbei entscheidet das Unternehmen, wie diese von den bisherigen Lieferanten bezogen werden können. Die Umsetzung erfolgt durch die Prozessverantwortlichen über die Vorgabe der Beschaffungsstrategie, Beschaffungspolitik und Beschaffungsziele sowie der Festlegung des optimalen Beschaffungs- und Einkaufssystems.

Die Einbindung der Zulieferer erfolgt durch das Abschließen von Logistikvereinbarungen (Lieferverträgen, Sammellieferungen). Auf der dispositiven Ebene findet die Entscheidung für Make-or-Buy und Lagerteile statt. Für A-Teile sind Marktanalysen und eine Marktbeobachtung durchzuführen. Bei den C-Teilen findet eine vereinfachte Disposition (Verbrauchssteuerung) auf der Grundlage von Meldebeständen statt. Zu betrachten sind:

- **Lokale Beschaffung**
- **SCM-Beschaffung**
- **Logistikprozesse.**

6.4.1 Lokale Beschaffung

Bei bisher fehlerloser Produktion werden Teile von lokalen Anbietern beschafft und es wird versucht, Module/Baugruppen in die lokale Beschaffung zu verlagern. Dazu sind sowohl die eigene Beschaffungsorganisation als auch die Fähigkeiten der Lieferanten zu entwickeln. Wichtige **Aspekte** sind hierbei:

❑ Vergleich der Materialkosten zu den restlichen Herstellkosten
❑ Potenziale durch die Beschaffung über lokale Lieferanten
❑ Festlegung der Teile bei heimischen Zulieferanten hinsichtlich Qualität
❑ Schaffen von Strukturen für eine lokale Beschaffungsorganisation.

6.4.2 SCM-Beschaffung

Von den Herstellkosten eines Produkts entfällt ein erheblicher Teil (z. T. 60 bis 80 %) auf Materialkosten. Eine integrierte Fertigung verlangt daher die Einbeziehung der Beschaffung in diesen Prozess. Werden die Module/Komponenten in einfachen, aber arbeitsintensiven und schlecht automatisierbaren Fertigungsverfahren hergestellt, ist ein Bezug am Niedriglohnstandort vorteilhaft. Liefertreue und Lieferqualität kann an solchen Standorten leiden und muss durch eigenes technisches Personal sichergestellt werden.

Meist hindern bei SCM-Beschaffung fehlende technologisch entwickelte Zulieferer, sprachlich/kulturelle Unterschiede sowie mangelnde Kenntnisse den Aufbau von Beziehungen. Dadurch sind die Prozesse oft zeitaufwändiger.

6.4.3 Logistikprozesse

Die Ziele aus dem Beschaffungsprozess sind auf der **strategischen Ebene** durch die organisatorische Vorgabe der Beschaffungsstrategie, Beschaffungspolitik und Beschaffungsziele zu gestalten. Auf der **taktischen Ebene** müssen die Anforderungen an das Informationssystem für Beschaffung und Einkauf bestimmt sowie Logistikverträge und Lieferkonditionen festgelegt werden.

Auf der **operativen/dispositiven Ebene** sind die Arten der Disposition (bedarfsgesteuert/verbrauchsgesteuert) für Teile festzulegen. A-Teile müssen durch genaue Marktanalysen bzw. Marktbeobachtung einer ständigen Lieferantenauswahl unterzogen werden. Bei C-Teilen werden die bestellten Materialien und Teile im Wareneingang angeliefert, kontrolliert, eingelagert und für die Produktion bereitgestellt.

6.5 Werkzeuge/Tools

Vielfach werden die Prozesse unterstützt durch Werkzeuge, die helfen Probleme zu analysieren und einer Lösung zuzuführen. Der Anstoß erfolgt meist durch die Unternehmensleitung und ist dann in den einzelnen Ebenen zu realisieren:

❏ **Strategische Ebene**

Strategisches Vorgehen	Werkzeuge/Möglichkeiten des Einsatzes
BSC Balanced Score Card	Ableitung einer Strategie (Mission & Vision), sowie der Erfolgsfaktoren nach Kunden-, Prozess-, Wissens- und Finanzperspektiven
Globalisierung	Aufbau von Netzen
Just-In-Time(JIT) nach Toyota	Abstimmung vor-, nachgelagerter Prozesse, Null-Fehler-Produktion, hohe Qualität, exakte Mengen/Zeiten, Holpflicht
Lean Management	Stärkung von Eigenverantwortlichkeit
Simultaneous Engineering	Prozesse im Zeitablauf beschleunigen
FMEA QFD	Methoden zum Abbau von Risiken
Efficient Consumer Responce	Methoden zur Steigerung der Kundenzufriedenheit

❏ **Taktische Ebene**

Taktisches Vorgehen	Werkzeuge/Möglichkeiten des Einsatzes
Einkaufsportale	Nutzung des Internet für Beschaffungsaktivitäten
Ausschreibungen	Nutzung von Auktionen für verbesserten Einkauf
Standardisierung	Sicherstellen von Abläufen für Personen/Zeiten bezogen auf Bestellung, Lagerbestände, Rüsten

❑ Operative Ebene

Operatives Vorgehen	Werkzeuge/Möglichkeiten des Einsatzes
Six Sigma	Fehlerreduzierung im Bereich von PPM (Parts per Million)
Qualität, TQM	Einführung von Qualitätszirkeln auf der operativen Ebene
Kaizen	Kontinuierlicher Verbesserungsprozess, Implementierung in kleinen Schritten, Motivation zur eigenen Arbeit
Poka Yoke	Unbeabsichtigte Fehler verhindern, Diagramme, Schablonen

11 ⟩ Erläutern Sie, was unter folgenden Begriffen zu verstehen ist, die Sie in diesem Kapitel kennen gelernt haben:

❑ Materialwirtschaft
❑ Material
❑ Rohstoff
❑ Hilfsstoff
❑ Betriebsstoff
❑ Werkstoff
❑ Zulieferteil
❑ Erzeugnis
❑ Waren
❑ Verschleißwerkzeug
❑ Standardisierung
❑ Normung
❑ Typung
❑ Baukasten
❑ Mengenstandardisierung
❑ ABC-Güter
❑ ABC-Analyse
❑ Wertanalyse
❑ Nummerung
❑ Nummernschlüssel
❑ Klassifizierender Nummernschlüssel
❑ Verbundschlüssel
❑ Materialbeschaffung
❑ Sekundärbedarf
❑ Tertiärbedarf
❑ Materiallagerung

❑ Materialverteilung
❑ Logistik
❑ Materialentsorgung
❑ Abfallwirtschaft
❑ Abfallbegrenzung
❑ Abfallbehandlung
❑ Stab-Linien-Organisation
❑ Sparten-Organisation
❑ Matrix-Organisation
❑ Organisationsprinzipien
❑ CIM
❑ Grunddatenverwaltung
❑ PPS-System
❑ CAD
❑ CAM
❑ CAE
❑ Lagerbuchhaltung
❑ Lagerbewegung
❑ Lagerstatistik
❑ Qualität
❑ Qualitätsmanagement
❑ MRP I/MRP II
❑ ERP-Systeme
❑ Operations Management
❑ Lean Management
❑ ECR
❑ Prozess

Seite 197

B. Materialbedarf

Die möglichst genaue Ermittlung des Materialbedarfes ist die Voraussetzung dafür, dass der Materialbedarf eines Unternehmens gedeckt werden kann. Sie hat zu geschehen:

- ❏ Artgerecht *(Welche Materialien werden benötigt?)*
- ❏ Mengengerecht *(Wie viel Materialien werden gebraucht?)*
- ❏ Zeitgerecht *(Wann müssen die Materialien verfügbar sein?)*

Was unter »möglichst genauer« **Ermittlung** des Materialbedarfes zu verstehen ist, hängt ab von:

- ❏ Den **Möglichkeiten der Ermittlung**, die sich leichter oder schwieriger gestalten können, z. B. bei unsicheren Absatzerwartungen der zu fertigenden oder zuzukaufenden Güter.

- ❏ Dem **Wertanteil der Materialien** am Gesamtbedarf. Dabei gilt:

A-Güter	Ihr Bedarf ist so genau wie möglich zu ermitteln.
B-Güter	Hier soll eine weitgehend genaue Ermittlung erfolgen.
C-Güter	Es kann eine Schätzung oder Prognose vorgenommen werden.

Nach der Genauigkeit der Bedarfsermittlung lassen sich entsprechend drei **Vorgehensweisen** unterscheiden:

Materialbedarf	Programmorientierte Ermittlung ⇨ für A- und B-Güter
	Verbrauchsorientierte Ermittlung ⇨ für C-Güter
	Schätzungsweise Ermittlung ⇨ für C-Güter

Die **Schätzung** des Materialbedarfes muss vorgenommen werden, wenn eine verbrauchsorientierte Bedarfsermittlung nicht möglich ist, weil keine Erfahrungswerte der Vergangenheit vorliegen. Sie ist nur bei Materialien mit sehr geringem Wert vertretbar.

1. Programmorientierte Bedarfsermittlung

Die programmorientierte Bedarfsermittlung ist ein zukunftsorientiertes Verfahren, das für die Güter des Sekundärbedarfes erfolgt, die als Rohstoffe, Einzelteile und

Module meist A-Güter oder B-Güter sind. Sie beruht auf zwei **Informationsquellen**:

❏ Dem **Produktionsprogramm**, das auf der Grundlage des Absatzprogrammes erstellt wird und festlegt, welche Aufträge von der Fertigung in bestimmten Perioden durchzuführen sind. Es ist Ausgangspunkt für die Ermittlung des Materialbedarfes.

Die vom Unternehmen zu fertigenden Erzeugnisse sind im Fertigungsbereich zu planen. Daraufhin ist der Rohstoffbedarf für die einzelnen Perioden festzulegen. Baugruppen, die in das Erzeugnis eingehen, sind frühzeitig zu planen und zu fertigen, damit sie im Zeitpunkt des Bedarfes bereitstehen.

Dem Produktionsprogramm können zu Grunde liegen:

Lager-aufträge	Sie sind die Grundlage der industriellen Leistungserstellung, wenn dem Unternehmen ein **anonymer Markt** gegenübersteht. Die Gesamtheit der Lageraufträge einer Periode stellt das Produktionsprogramm dar, das i. d. R. auf den Erkenntnissen der Marktforschung beruht. Mit ihrer Hilfe wird der **Primärbedarf** für die einzelnen Erzeugnisse prognostiziert, woraus das Produktionsprogramm abgeleitet wird.
Kunden-aufträge	Bei ihnen besteht ein **direkter Bezug** des Unternehmens **zu den Abnehmern** der Erzeugnisse, für die unmittelbar gefertigt wird. Häufig werden dabei Materialien verwendet, die speziell hierfür beschafft oder gefertigt werden müssen. Der **Primärbedarf** ergibt sich aus den Auftragseingängen der einzelnen Kunden.

❏ Den **Erzeugnissen**, die Gegenstand des Produktionsprogrammes sind. Sie stellen, wie gezeigt wurde, den Primärbedarf dar, aus dem der Sekundärbedarf abgeleitet wird, welcher als Bedarf zu verstehen ist, der sich auf die einzelnen in den Erzeugnissen enthaltenen Teile bezieht.

Zur Ermittlung des **Sekundärbedarfes** werden Stücklisten, welche die Bestandteile eines Erzeugnisses aufweisen, oder Verwendungsnachweise gebraucht, die dokumentieren, in welchen Erzeugnissen die einzelnen Bestandteile zu finden sind.

12 ⟩ (1) Zeigen Sie, bei welchen Fertigungstypen Lageraufträge bzw. Kundenaufträge eingesetzt werden!

	Lageraufträge	Kundenaufträge
Einzelfertigung		
Massenfertigung		
Kleinserienfertigung		
Großserienfertigung		

(2) Bei welchen Aufträgen kann das Unternehmen auf sichere Planungsgrundlagen zurückgreifen?

Seite 185 ⟩

Als programmorientierte Bedarfsermittlung sollen behandelt werden:

1.1 Bedarfsarten

Bei der Ermittlung des Materialbedarfes werden als Bedarfsarten unterschieden:

- **Bruttobedarf**
- **Nettobedarf.**

1.1.1 Bruttobedarf

Durch die Multiplikation des Primärbedarfes mit den Mengenangaben der Erzeugnisbestandteile aus den Stücklisten ergibt sich der **Sekundärbedarf**. Um den Bruttobedarf zu ermitteln, ist außerdem noch der Zusatzbedarf zu berücksichtigen:

Der **Zusatzbedarf** ist der ungeplante Bedarf, der zusätzlich von einem Teil benötigt wird, z. B. als Mehrbedarf für Wartung und Reparatur oder als ausschuss- bzw. schwundbedingter Mehrbedarf.

Der Bruttobedarf ist geeignet, für die langfristige Planung des Materialbedarfes herangezogen zu werden, die lediglich als eine **Rahmenplanung** den Bedarf ermittelt. Eine genaue Ermittlung des Materialbedarfes macht es hingegen erforderlich, die Bestände an Materialien zu berücksichtigen.

1.1.2 Nettobedarf

Eine genaue Materialplanung ist somit erst durch die Ermittlung des Nettobedarfes möglich, bei dem die **Bestände** vom Bruttobedarf abgesetzt werden:

Sekundärbedarf
+ Zusatzbedarf
= **Bruttobedarf**
− Lagerbestände *als tatsächlich im Lager vorhandene Bestände*
− Bestellbestände *als nächstens im Lager eintreffende Bestände*
+ Vormerkbestände *als für andere Aufträge reservierte Bestände*
= **Nettobedarf**

Der Nettobedarf ist der Beschaffungsbedarf für die Materialien, deren Bedarf programmorientiert ermittelt wird.

1.2 Zeitbezug

Das Produktionsprogramm weist nicht nur aus, welche Erzeugnisse herzustellen sind, sondern gibt auch an, wann dies zu geschehen hat. Um die Erzeugnisse termingerecht verfügbar zu haben, ist es notwendig, eine zeitliche Planung vorzunehmen. Dabei geht es um:

- **Fabrikkalender**

- **Beschaffungszeit**

- **Durchlaufzeit.**

1.2.1 Fabrikkalender

Mit dem Fabrikkalender wird ein Zeitrahmen festgelegt, der Perioden gleicher Länge enthält. In ihm werden nur **Arbeitstage** berücksichtigt, die fortlaufend nummeriert sind. Zu unterscheiden sind:

❏ **Dreistelliger Arbeitstage-Kalender** (000 bis 999; umfasst ca. 4 Jahre)
❏ **Jahresbezogener Arbeitstage-Kalender** (000 bis ca. 250; umfasst 1 Jahr).

Der jahresbezogene Arbeitstage-Kalender kann ausgedehnt werden, indem der dreistelligen Zahl die letzte Ziffer des betreffenden Jahres vorangestellt wird, z. B. Arbeitstag 187 des Jahres 2009 als 9187.

1.2.2 Beschaffungszeit

Bei der Materialdisposition ist die Beschaffungszeit für die Materialien zu berücksichtigen, denn viele Materialien stehen normalerweise nicht unverzüglich nach ihrer Anforderung zur Verfügung, sondern erfordern Zeiten für:

Dazu können noch **Lieferfristen** oder **Lieferverzögerungen** kommen.

1.2.3 Durchlaufzeit

Die Durchlaufzeit ist die Zeit, die vom Zeitpunkt der Bereitstellung für den ersten Arbeitsgang bis zum Abschluss des letzten Arbeitsganges benötigt wird. Sie ergibt sich demnach aus der Differenz von Fertigungstermin und Anlieferungstermin. Die Durchlaufzeit umfasst:

○ Die Gesamtheit aller einzelnen **Arbeitszeiten,** die in den Arbeitsplänen festgelegt sind.

○ Die erforderlichen **Förderzeiten, Liegezeiten, Kontrollzeiten,** welche die Arbeitszeiten unterbrechen.

○ Gegebenenfalls **Sicherheitszeiten,** mit denen unplanmäßige Verzögerungen aufgefangen werden können.

Die Durchlaufzeit eines Auftrages lässt sich kürzer als die Summe aller Einzelarbeitszeiten gestalten, wenn die Gesamtarbeitszeit durch Überlappung, Splitting und sonstige Maßnahmen verkürzt wird:

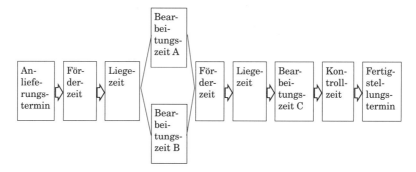

Von besonderer Bedeutung für die termingerechte Materialbeschaffung ist die **Vorlaufverschiebung,** wenn die Fertigung mehrstufig durchgeführt wird, und es dadurch erforderlich wird, dass Teile unterer Fertigungsstufen zunächst gefertigt werden müssen, um sie für nächsthöhere Fertigungsstufen verfügbar zu machen.

Beispiel: Fertigungsstufe 1:   Zusammenbau E1   2 Tage Fertigungszeit
Fertigungsstufe 2:   Baugruppe G1   7 Tage Fertigungszeit
Fertigungsstufe 3:   Baugruppe G2   4 Tage Fertigungszeit
Fertigungsstufe 4:   Einzelteil T1   3 Tage Fertigungszeit
Einzelteil T2   5 Tage Fertigungszeit

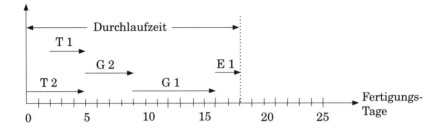

Es ist möglich, die Vorlaufverschiebung auch in Perioden zu ermitteln, wobei hier die Gefahr besteht, dass die Terminbestimmung nicht ausreichend genau ist – siehe *Oeldorf / Olfert*.

 Unternehmen sind verpflichtet, ihre Produkte zum Liefertermin an den Kunden zu liefern. Hier sind besonders die Beschaffung der Teile und die Durchlaufzeit zu berücksichtigen.

(1) Zeigen Sie, wie die Durchlaufzeit beeinflusst werden kann, wenn Bestellvorgang, Auftragsbestätigung, Transport und Warenannahme von jetzt 5 Tagen je Tätigkeit (gesamt = 20 Tage) auf drei Tage je Tätigkeit gekürzt werden sollen.

(2) Welche Durchlaufzeit ergibt sich:

Fertigungs-stufe	Teileart	Fertigungs-zeit in Tagen
1	Zusammenbau E1	3
2	Baugruppe G7	7
3	Baugruppe G8	3
4	Einzelteil T5	5
	Einzelteil T6	6
	Einzelteil T7	4

(3) Berechnen Sie, an welchem Fabriktag der Auftrag (inkl. Bestellzeit) zu starten ist, wenn der Liefertermin auf dem Fabriktag 150 liegt!

Seite 186

1.3 Erzeugnisbeschreibung

Zur Ermittlung des Materialbedarfes ist es notwendig zu wissen, aus welchen Bestandteilen die Erzeugnisse sich zusammensetzen. Dazu dienen die Erzeugnisbeschreibungen als:

- **Stücklisten**

- **Verwendungsnachweise.**

Stücklisten sind analytisch aufgebaut und zeigen, aus welchen Bestandteilen sich ein Erzeugnis zusammensetzt. **Verwendungsnachweise** haben synthetischen Charakter und dokumentieren, in welchen Erzeugnissen die einzelnen Bestandteile Verwendung finden.

1.3.1 Stücklisten

Stücklisten sind Verzeichnisse der Rohstoffe, Teile und Baugruppen eines Erzeugnisses unter Angabe verschiedener Daten. Sie geben Auskunft über den qualitativen und quantitativen Aufbau der Erzeugnisse und können verschiedenen **Verwendungszwecken** dienen. Dementsprechend lassen sich unterscheiden:

❑ **Konstruktionsstücklisten** (Sortierung nach konstruktiven Gesichtspunkten)

❑ **Dispositionsstücklisten** (unterteilt nach Eigenfertigung und Fremdbeschaffung)

❑ **Einkaufsstücklisten** (enthält fremd zu beschaffende Teile)

❑ **Bereitstellungsstücklisten** (ist nach Lagerorten sortiert, dient Kommissionierung)

❑ **Einzelteilstücklisten** (dienen Wartung, Reparatur, Ersatzteilbestellung)

❑ **Kalkulationsstücklisten** (enthalten Kalkulationsdaten).

Ausgangspunkt für die einzelnen Stücklisten ist die **Gesamtstückliste**, die nur der Zusammenstellung aller Rohstoffe, Teile und Baugruppen eines Erzeugnisses dient.

Beispiel:

Gesamtstückliste		Handmixer GL 18	Zeichnung Nr. 15-23-1418		
Nr.	Anzahl	Benennung	Zeichnung/ DIN	Werkstoff/ Abmessungen	Bemerkungen
1	1	Elektromotor	.	.	.
2	1	Außenteil, rechts	.	.	.
3	1	Außenteil, links	.	.	.
4	1	Schalter	.	.	.
.	.	.	.	.	.
.	.	.	.	.	.
.	.	.	.	.	.

Ihrem **Aufbau** entsprechend gibt es folgende Stücklisten:

1.3.1.1 Mengenstücklisten

Die Mengenstücklisten, die auch Mengen**übersichts**stücklisten genannt werden, sind unstrukturierte Stücklisten. Sie dokumentieren lediglich, welche Bestandteile mengenmäßig in den Erzeugnissen enthalten sind:

❑ **Erzeugnisstruktur**

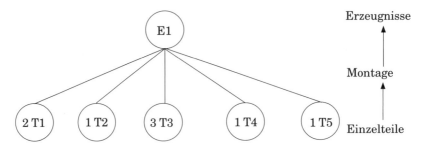

❑ **Mengenstückliste**

E 1	
Bezeichnung	**Menge**
T 1	2
T 2	1
T 3	3
T 4	1
T 5	1

Für die Materialwirtschaft sind Mengenstücklisten lediglich bei einfach strukturierten Erzeugnissen (z. B. Spielzeugen, Schreibwaren) und einstufiger Fertigung geeignet. Der **Änderungsdienst** bei Mengenstücklisten kann schwierig sein, da die Fertigungsstufen der einzelnen Bestandteile nicht bekannt sind.

1.3.1.2 Strukturstücklisten

Strukturstücklisten sind nach fertigungstechnischen Strukturmerkmalen gegliederte Stücklisten. Sie werden bei **mehrstufiger Fertigung** verwendet und zeigen, in welcher Fertigungsstufe eine Baugruppe oder ein Einzelteil verwendet wird:

❑ **Erzeugnisstruktur**

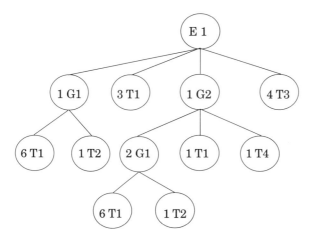

❑ **Strukturstückliste**

Stufe	Bezeichnung	Menge
	E 1	
1	G 1	1
.2	T 1	6
.2	T 2	1
1	T 1	3
1	G 2	1
.2	G 1	2
..3	T 1	6
..3	T 2	1
.2	T 1	1
.2	T 4	1
1	T 3	4

Die Erzeugnisstruktur kann nicht nur – wie gezeigt – durch Einrücken dargestellt werden, sondern auch durch Ebenennummern (1, 2, 3) oder Kreuze (x, xx, xxx) – siehe *Oeldorf/Olfert*.

Der Gesamtzusammenhang der Erzeugnisse ist bei der Verwendung von Strukturstücklisten gut erkennbar, wenn die Erzeugnisse nicht zu komplex sind. Bei einer großen Anzahl von Erzeugnisbestandteilen werden sie jedoch rasch unübersichtlich. Der **Änderungsdienst** ist bei Mehrfachverwendungsteilen aufwändig.

1.3.1.3 Baukastenstücklisten

Baukastenstücklisten sind Stücklisten, die Zusammenbauten enthalten, deren struktureller Aufbau aber nur bis zur jeweils nächstniedrigeren Stufe dokumentiert wird. In ihnen wird – im Gegensatz zu den Strukturstücklisten – stets **nur eine Fertigungsstufe** dargestellt:

❏ **Erzeugnisstruktur**

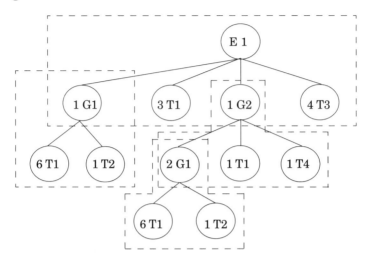

❏ **Baukastenstücklisten**

OBTL	UBTL	Menge
E1	G1	1
E1	T1	3
E1	G2	1
E1	T3	4

OBTL	UBTL	Menge
G1	T1	6
G1	T2	1

OBTL	UBTL	Menge
G2	G1	2
G2	T1	1
G2	T4	1

OBTL = oberes Teil   UBTL = Unteres Teil

❏ **Teilestamm**

Material-Nr.	Bezeichnung	Preis	Menge
E1	Endprodukt	3.000	20
G1	Gruppenteil G1	500	3
T1	Teil T1	70	10
G2	Gruppenteil G2	60	60
T3	Teil T3	20	20
T2	Teil T2	40	1
T4	Teil T4	100	10

Von **Vorteil** ist, dass mehrfach vorkommende Baugruppen nur einmal darzustellen sind, was auch für den Änderungsdienst gilt. Als **Nachteil** erweist sich der fehlende direkte Bezug der einzelnen Baukastenstücklisten zum Enderzeugnis, d. h. der gesamte Erzeugnisaufbau lässt sich nur erkennen, wenn alle Baukastenstücklisten eines Erzeugnisses verfügbar sind.

1.3.1.4 Variantenstücklisten

Die zuvor dargestellten Mengenstücklisten, Strukturstücklisten und Baukastenstücklisten können bei der Varianten-Fertigung als Variantenstücklisten dargestellt werden, wobei unter **Varianten** Veränderungen der Grundausführung eines Erzeugnisses verstanden werden, die durch Weglassen oder Hinzufügen von Einzelteilen entstehen und sich auf Gestalt, Beschaffenheit und Eigenschaften beziehen können.

Variantenstücklisten werden benutzt, um mehrere, jedoch nur mit geringfügigen Unterschieden versehene Erzeugnisse listenmäßig auf wirtschaftliche Weise zu beschreiben. Sie ermöglichen es, mehrere Erzeugnisse in einer Stückliste zusammenzufassen. Es werden verschiedene Arten von variantenbezogenen Stücklisten unterschieden – siehe *Oeldorf / Olfert*.

1.3.2 Verwendungsnachweise

Mit den Verwendungsnachweisen wird offen gelegt, in welchen Erzeugnissen einzelne Bestandteile enthalten sind. Ihre Gliederung stellt sich **synthetisch** dar. Wie bei den Stücklisten lassen sich unterscheiden:

❑ **Mengenverwendungsnachweise**, die keine Fertigungsstruktur ausweisen, sondern nur die mengenmäßige Verwendung der Bestandteile zeigen.

❑ **Strukturverwendungsnachweise**, welche die gesamte Struktur der Verwendung der Bestandteile dokumentieren.

❑ **Baukastenverwendungsnachweise**, mit denen lediglich dargestellt wird, in welche übergeordnete Komponente ein Bestandteil eingeht.

Verwendungsnachweise werden in der Praxis weniger häufig als Stücklisten verwendet. Ihre Erstellung erfolgt heute meist mithilfe des IT.

Folgende Stückliste ist gegeben:

(1) Stellen Sie dies als Strukturstückliste dar!
(2) Entwickeln Sie daraus Baukastenstücklisten!

Seite 186

1.4 Methoden

Die programmorientierte Ermittlung des Materialbedarfes ist mithilfe deterministischer Methoden **genau** möglich. Zu unterscheiden sind:

- **Analytische Bedarfsauflösung**

- **Synthetische Bedarfsauflösung**.

Grundlagen sind das Produktionsprogramm, der Fristenplan der Fertigung sowie bei analytischer Bedarfsauflösung die Stücklisten, bei synthetischer Bedarfsauflösung die Verwendungsnachweise.

1.4.1 Analytische Bedarfsauflösung

Bei der analytischen Bedarfsauflösung werden die Baukastenstücklisten und Strukturstücklisten zur Ermittlung des Nettobedarfes herangezogen. Als **Verfahren** der analytischen Bedarfsauflösung sollen dargestellt werden:

Weiter vor allem in der Vergangenheit genutzte Verfahren der analytischen Bedarfsauflösung sind:

❏ Das **Renetting-Verfahren**, das in der Lage ist, einen Mehrfachbedarf in verschiedenen Erzeugnissen und/oder Fertigungsstufen zu berücksichtigen. Dabei erfolgt die Bedarfsermittlung für ein Mehrfachteil entsprechend oft, wobei jeweils der bis dahin entstandene Bedarf zu berücksichtigen ist.

❑ Das **Fertigungsstufen-Verfahren**, das auch Baustufen-Verfahren genannt wird. Bei ihm werden Teile eines Erzeugnisses in der Reihenfolge der Fertigungsstufen auflöst. Voraussetzung ist, dass keine Teile auf verschiedenen Stufen und damit mehrfach vorkommen.

1.4.1.1 Dispositionsstufen-Verfahren

Das Dispositionsstufen-Verfahren wird genutzt, wenn einzelne Teile in mehreren Erzeugnissen und/oder in verschiedenen Fertigungsstufen vorkommen. Damit jedes Teil aber nur einmal aufgelöst werden muss, werden beim Dispositionsstufen-Verfahren alle gleichen Teile auf die unterste Verwendungsstufe heruntergezogen, die als **Dispositionsstufe** bezeichnet wird.

In der Dispositionsstufe werden – über das gesamte Produktionsprogramm betrachtet – alle gleichen Teile auf der gleichen Stufe ausgewiesen und deren Bedarf gemeinsam ermittelt.

Beispiel einer nach Dispositionsstufen geordneten Erzeugnisstruktur:

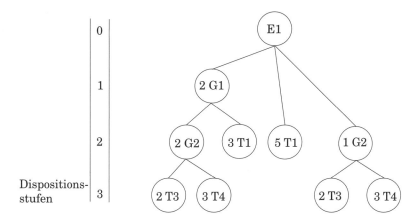

Soll der Bedarf an T3-Teilen für das Erzeugnis E1 ermittelt werden, dann gilt:

E1 = 2G1 · 2G2 · 2T3 + 1G2 · 2T3
E1 = 8 + 2
E1 = **10**

Für ein Erzeugnis E1 werden 10 Teile T3 benötigt.

Das Dispositionsstufen-Verfahren wird in der Praxis verbreitet eingesetzt.

1.4.1.2 Gozinto-Verfahren

Das Gozinto Verfahren vermeidet eine Mehrfachaufzählung von Teilen. Da die Erzeugnisstrukturen bei der Speicherung von Erzeugnisbäumen **Redundanzen** aufweisen, d. h. Mehrfacherfassungen haben, werden Gozintografen verwendet.

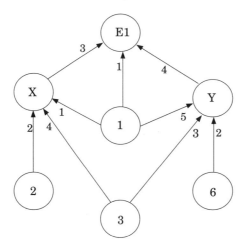

Durch die Anwendung von **Gozintografen** können diese Mehrfacherfassungen vermieden werden. Jede Baugruppe oder jedes Einzelteil wird unabhängig davon, wie oft es verwendet wird, in den verschiedenen Erzeugnissen nur durch einen Pfeil dargestellt

Häufig wird der Gozintograf in Form einer Matrix dargestellt. Hier kann einmal die **Direktbedarfsmatrix** (Baukastenmatrix) erstellt werden. Sie zeigt zeilenweise den Bedarf der einzelnen Baukästen der Produkte. Wird die Matrix spaltenweise gelesen, so lässt diese die Verwendung der einzelnen Teile in verschiedenen Produkten erkennen.

Ebenso lässt sich aus dem Gozintografen eine **Gesamtbedarfsmatrix** (Mengenübersichtsmatrix) gewinnen. Sie zeigt zeilenweise den Gesamtbedarf der einzelnen Produkte bzw. Baugruppen.

	E1	X	Y	1	2	3	6
E1		3	4	1			
X				1	2	4	
Y				5		3	2
1							
2							
3							
6							

	E1	X	Y	1	2	3	6
E1		3	4	24	6	24	8
X				1	2	4	
Y				5		3	2
1							
2							
3							
6							

1.4.2 Synthetische Bedarfsauflösung

Die synthetische Bedarfsauflösung erfolgt auf der Grundlage der **Verwendungs-nachweise**. Bei ihr wird nicht vom Erzeugnis ausgegangen, sondern von den einzelnen Teilen, deren Verwendung festgestellt und deren Bedarf ermittelt wird.

Wie bei der analytischen Bedarfsauflösung können der **Bruttobedarf** und der **Nettobedarf** ermittelt werden. Dabei bedient sie sich ebenfalls der Sortierung der Teile nach Stufen.

Die synthetische Bedarfsauflösung hat in der Praxis keine große Bedeutung.

Die Dispositionsstückliste zeigt, wie viel Teile und zu welchem Zeitpunkt (Dispositionsstufe) zu disponieren (planen) sind.

(1) Angenommen ein Kunde wünscht 1.000 Produkte des Erzeugnisses E1 aus obigem Beispiel. Welche Mengen sind zu planen?

(2) Wie sieht eine Berechnung für T4 aus?

Seite 187

2. Verbrauchsorientierte Bedarfsermittlung

Die verbrauchsorientierte Ermittlung des Materialbedarfes erfolgt im Rahmen der Bedarfsvorhersage. Dabei wird der zukünftige Materialbedarf aufgrund von **Vergangenheitswerten** prognostiziert. Dies ist möglich, wenn sie eine gewisse **Regelmäßigkeit** aufweisen als:

❑ **Konstant verlaufende Werte**, die längere Zeit nahe um einen Durchschnittswert geschwankt sind.

❑ **Trendbeeinflusste Werte**, die über einen bestimmten Zeitraum hinweg einen steigenden oder fallenden Verlauf genommen haben.

❑ **Saisonabhängig verlaufende Werte**, die sich dadurch auszeichnen, dass zu wiederkehrenden Zeitpunkten Spitzen- oder Minimalwerte aufgetreten sind.

Ein **sporadischer** oder auch **stark schwankender Verlauf** der Vergangenheitswerte sind hingegen keine geeignete Grundlage für eine Bedarfsvorhersage.

Die verbrauchsorientierte Bedarfsermittlung bietet sich für C-Güter an bzw. wenn eine programmorientierte Bedarfsermittlung nicht möglich oder unwirtschaftlich ist. Es sollen unterschieden werden:

2.1 Vorhersagezeitraum

Für die Größe des Vorhersagezeitraums sind vor allem von Bedeutung:

❑ Die **Basislänge** als Zeitraum der Vergangenheit, auf den man zurückgreift, um eine Vorhersage zu machen. Ist der Zeitraum lang, wirken sich unbedeutende Schwankungen nicht aus, es besteht aber die Gefahr, dass aktuelle Entwicklungen zu wenig berücksichtigt werden.

In der Praxis liegt die Basislänge erfahrungsgemäß zwischen vier und sechs Monaten, wobei die Möglichkeiten der Datenerfassung hierbei eine wesentliche Rolle spielen. Die Vergangenheitsdaten ermöglichen eine Extrapolation und somit eine Vorhersage der Zukunftswerte.

❑ Die **Beschaffungszeit** der Materialien, die eine Untergrenze für den Vorhersagezeitraum darstellt, d. h. der Vorhersagezeitraum darf nicht kleiner als die Beschaffungszeit sein.

Vorhersagen sind grundsätzlich umso schwieriger zu erstellen und umso fehlerträchtiger, je weiter sie in die Zukunft reichen.

2.2 Vorhersagehäufigkeit

Bei der verbrauchsorientierten Ermittlung des Materialbedarfes hängt die Häufigkeit der Bedarfsvorhersage vor allem davon ab, in welcher Weise die Bestellmengen und Bestellzeitpunkte geplant werden. Hierfür gibt es Modelle, die sich mit **optimalen Bestandsstrategien** befassen.

Wegen der mit jeder Vorhersage verbundenen Ungenauigkeit ist es zweckmäßig, die Bedarfsvorhersage öfter vorzunehmen, um sie laufend an den neuesten Stand der Informationen anzupassen. Ihre Häufigkeit wird jedoch durch den Umfang und die Kosten der notwendigen Vorarbeiten beschränkt.

2.3 Vorhersagemethoden

Die stochastischen Methoden, die zur verbrauchsbedingten Ermittlung des Materialbedarfes herangezogen werden, gehen von der Wahrscheinlichkeitstheorie aus und bedienen sich direkt oder indirekt messbarer Daten oder geschätzter Werte. Sie haben erhebliche praktische Bedeutung, vor allem bei der Ermittlung des Bedarfes an C-Teilen, und sind heute Bestandteil in IT-Programmen.

Es sollen unterschieden werden:

- **Mittelwert-Verfahren**

- **Exponentielle Glättung**.

Eine weitere mathematisch-statistische Vorhersagemethode ist die **Regressions-analyse**, bei der Beziehungen zwischen einer erklärten Variablen und einer oder mehreren erklärenden Variablen untersucht werden. Sie wird eingesetzt, wenn ein linearer Zusammenhang zwischen einer abhängigen Variablen und unabhängigen Variablen angenommen wird – siehe ausführlicher *Oeldorf / Olfert*.

Die mithilfe der stochastischen Methoden errechneten Werte sind Vorhersagewerte, d. h. bei ihnen besteht die Gefahr fehlerhafter Aussagen. Daher erscheint es zweckmäßig, eine **Fehlervorhersage** durchzuführen, die auf der mittleren quadratischen bzw. mittleren absoluten Abweichung beruhen können – siehe ausführlicher *Oeldorf / Olfert*.

2.3.1 Mittelwert-Verfahren

Der Mittelwert ist für eine Bedarfsvorhersage geeignet, wenn der **Bedarfsverlauf** der Materialien **konstant** ist. Als Möglichkeiten der Mittelwertbildung bieten sich an:

❑ Der **gleitende Mittelwert** als einfachste Methode der Bedarfsvorhersage. Dabei werden die Verbrauchszahlen der Vergangenheit zu Grunde gelegt. Er wird errechnet:

$$V = \frac{T_1 + T_2 + ... + T_n}{n}$$

V = Vorhersagewert für die nächste Periode
T_i = Materialbedarf der Periode i
n = Anzahl der betrachteten Perioden

Die Anzahl der betrachteten Perioden sollte einerseits begrenzt sein, andererseits aber nicht zu klein, um kurzfristige Zufallsschwankungen möglichst auszuschalten. Für die Berechnung der zu betrachtenden Perioden bleibt sie stets gleich. Mit Beginn einer neuen Periode fällt jeweils der älteste Wert weg, der neueste Wert – das ist der Wert der letzten Periode – kommt hinzu.

Beispiel:

Monat	Juli 2008	August 2008	September 2008
Verbrauch	50	60	70

$$V = \frac{50 + 60 + 70}{3}$$

V = 60

❏ Beim **gewogenen gleitenden Mittelwert** können die einzelnen Perioden gewichtet werden. Dabei wird jüngeren Perioden i. d. R. ein größeres Gewicht zugemessen als älteren Perioden, um trendmäßige Entwicklungen besser erkennen zu können:

$$V = \frac{T_1G_1 + T_2G_2 + T_3G_3 + \ldots + T_nG_n}{G_1 + G_2 + G_3 + \ldots + G_n}$$

Die Berechnung des gewogenen gleitenden Mittelwertes erfolgt:

G = Gewicht der Periode i

Beispiel: Bei einer Gewichtung der Werte aus dem obigen Beispiel für Juli (20 %), August (30 %) und September (50 %) ergibt sich:

$$V = \frac{50 \cdot 20 + 60 \cdot 30 + 70 \cdot 50}{100}$$

V = 63

2.3.2 Exponentielle Glättung

Die exponentielle Glättung ist die wichtigste Methode der verbrauchsbedingten Ermittlung des Materialbedarfes. Sie beansprucht einen geringen Rechenaufwand und ist in der Lage, die Daten zu gewichten. Die **Gewichtung** erfolgt durch den Glättungsfaktor α, der zwischen den Werten 0 und 1 liegt. Bei einem Glättungsfaktor von 0,4 geht der Schätzfehler mit einem Gewicht von 40 % in die Berechnung ein.

❏ Je **kleiner** α ist, umso stärker werden weiter zurückliegende Perioden gewichtet sowie Zufallsschwankungen stark geglättet.

❏ Je **größer** α gewählt wird, umso stärker erfolgt die Gewichtung jüngerer Perioden. Die Glättung der Zufallsschwankungen ist recht gering.

Mit der exponentiellen Glättung erster Ordnung ist eine Vorhersage bei **konstantem Bedarf** möglich. Dabei wird der Materialbedarf durch eine fortgeschriebene Mittelwertbildung festgestellt, wobei die Gewichtung mithilfe des Glättungsfaktors mit zunehmender Vergangenheit vermindert wird:

$$V_n = V_a + \alpha \ (T_i - V_a)$$

V_n = Neue Vorhersage
V_a = Alte Vorhersage
T_i = Tatsächlicher Bedarf der abgelaufenen Periode
α = Glättungsfaktor

Beispiel: Für Oktober 2008 wurde ein Verbrauch von 80 Stück vorhergesagt. Tatsächlich lag der Verbrauch bei 120 Stück. Es wird ein α-Wert von 0,4 angenommen. Als Materialbedarf ergibt sich:

V_n = 80 + 0,4 · (120 – 80)
V_n = 80 + 16
V_n = 96

Um **Trends** zu berücksichtigen, wird die exponentielle Glättung zweiter Ordnung eingesetzt – siehe *Oeldorf / Olfert*.

Die ermittelten Werte unterliegen einem Fehler, der zu Umsatzausfall, zusätzlichen Fehlmengenkosten oder unnötiger Kapitalbindung führen kann. Die mittlere absolute Abweichung (MAD) ermöglicht die Ermittlung des Sicherheitsbestandes.

$$MAD = \frac{\textit{Summe der absoluten Differenzen}}{\textit{Anzahl der Differenzen}}$$

(1) Berechnen Sie den Wert für MAD

Vorhersagewert alt	Tatsächlicher Verbrauch	Differenz absolut
100	105	5
102	110	8
108	105	3

(2) Wie hoch sollte der Sicherheitsbestand gewählt werden?

Seite 187

Die Gesamtheit der programmorientiert und verbrauchsorientiert ermittelten Nettobedarfe eines Unternehmens ergibt die **technische Losgröße** des Unternehmens. Sie muss nicht mit der wirtschaftlichen Losgröße übereinstimmen, deren Aufgabe es ist, die kostenoptimale Beschaffungsmenge zu ermitteln. Die technische Losgröße stellt in jedem Falle aber die Grundlage dafür dar, die wirtschaftliche Losgröße zu ermitteln.

17

Erläutern Sie, was unter folgenden Begriffen zu verstehen ist, die Sie in diesem Kapitel kennen gelernt haben:

- ❏ Materialbedarf
- ❏ Programmorientierte Bedarfsermittlung
- ❏ Produktionsprogramm
- ❏ Lagerauftrag
- ❏ Bruttobedarf
- ❏ Zusatzbedarf
- ❏ Nettobedarf
- ❏ Fabrikkalender
- ❏ Beschaffungszeit
- ❏ Durchlaufzeit
- ❏ Vorlaufzeit
- ❏ Erzeugnisbeschreibung
- ❏ Stückliste
- ❏ Mengenstückliste
- ❏ Strukturstückliste
- ❏ Baukastenstückliste
- ❏ Variantenstückliste

- ❏ Verwendungsnachweis
- ❏ Bedarfsauflösung
- ❏ Analytische Bedarfsauflösung
- ❏ Renetting-Verfahren
- ❏ Gozinto-Verfahren
- ❏ Fertigungsstufen-Verfahren
- ❏ Dispositionsstufen-Verfahren
- ❏ Synthetische Bedarfsauflösung
- ❏ Verbrauchsorientierte Bedarfsauflösung
- ❏ Vorhersagezeitraum
- ❏ Vorhersagehäufigkeit
- ❏ Vorhersagemethoden
- ❏ Fehlervorhersage
- ❏ Mittelwert-Verfahren
- ❏ Exponentielle Glättung

Seite 197 ff.

C. Materialbestand

Nachdem der Bedarf an Materialien nach Art, Menge und Zeit ermittelt wurde, muss festgestellt werden, wie hoch die **Bestände** der benötigten Materialien in Unternehmen sind. Dabei kann es sein, dass:

❑ Bestände zwar vorhanden, aber nicht nutzbar sind, da sie bereits für andere Fertigungsaufträge reserviert wurden.

❑ Zwar keine Bestände erkennbar sind, aber bereits Bestellungen von Materialien erfolgten, die nächstens eintreffen.

Erst wenn der Bedarf an Materialien mit den Beständen der Materialien abgeglichen ist, können die **Mengen** der benötigten Materialien und die **Zeitpunkte** ihrer Beschaffung festgelegt werden. Missverhältnisse zwischen den Beständen und dem Bedarf lassen sich mithilfe von IT-Programmen erkennen.

Die Materialbestandsrechnung erfolgt in zweifacher Weise und zwar als:

❑ **Mengenrechnung** für die Fertigungsdisposition

❑ **Wertrechnung** für die Betriebsabrechnung.

Entsprechend ihrer **Phasen** sollen als Materialbestandsrechnung dargestellt werden:

Material-bestands-rechnung	Bestandsplanung
	Bestandsführung
	Bestandskontrolle

1. Bestandsplanung

Zweck der Bestandsplanung ist es, das Vorhandensein der erforderlichen Materialien nach Art, Menge und Zeit sicherzustellen. Mit ihrer Hilfe soll vermieden werden, dass zu geringe Bestände die Leistungserstellung gefährden bzw. zu hohe Bestände die Wirtschaftlichkeit des Unternehmens mindern.

Die Bestandsplanung kann dazu beitragen, die **Kapitalbindung** zu vermindern oder zur Verfügung stehendes Kapital für andere Verwendungen freizusetzen. Schließlich liegen die Bestände an Materialien in Unternehmen häufig zwischen 20 % und 30 % über den durchschnittlichen Bedarfswerten, wobei Sicherheitsbestände bereits berücksichtigt sind.

Folgende Gesichtspunkte sollen behandelt werden:

1.1 Bestandsarten

Die Bestandsplanung bezieht sich vor allem auf folgende Arten von Beständen:

- **Lagerbestand**
- **Sicherheitsbestand**
- **Meldebestand**
- **Höchstbestand**.

1.1.1 Lagerbestand

Der Lagerbestand ist der Bestand, der sich körperlich zum Planungs- und Über-prüfungszeitpunkt im Lager befindet. Seine Höhe hängt von der Höhe der jeweili-gen Lagerzugänge und Lagerabgänge ab. Als **Kennzahl** des Lagerbestandes wird vielfach verwendet:

$$B_D = \frac{\text{Anfangsbestand} + \text{Endbestand}}{2}$$

B_D = Durchschnittlicher Bestand

Beispiel: Folgende Monatsendbestände liegen vor:

Monat	Juli 2008	August 2008	September 2008
Endbestand	100	120	140

Der Endbestand Juli 2008 entspricht dem Anfangsbestand August 2004.

$$B_D = \frac{100 + 120}{2} = \textbf{110} \text{ (für August)}$$

$$B_D = \frac{120 + 140}{2} = \textbf{130} \text{ (für September)}$$

Der durchschnittliche Bestand als Lagerbestand kann auch mithilfe anderer Kenn-zahlen ermittelt werden – siehe *Oeldorf/Olfert*.

Der **Lagerbestand** kann sein:

❑ Der **verfügbare Bestand**, der eine Teilmenge des Lagerbestandes darstellt. Seine Ermittlung muss vorgenommen werden, wenn Vormerkungen für den Fertigungsplan oder offene Bestellungen zu bestimmten Terminen gegeben sind:

> Bestand am Lager
> + Offene Bestellungen
> − Vormerkungen
> ───────────────
> = **Verfügbarer Bestand**

❑ Der **disponierte Bestand**, der die Bestandsmengen umfasst, die für bereits laufende Aufträge geplant sind. Er wird auch **Vormerkungen** oder **Reservierungen** genannt.

Störungen im betrieblichen Ablauf können die Höhe des verfügbaren Bestandes verändern, z. B. wenn bereits disponierte Bestände vorübergehend frei gegeben werden.

1.1.2 Sicherheitsbestand

Der Sicherheitsbestand ist der Bestand an Materialien, der normalerweise nicht zur Fertigung herangezogen wird. Er wird auch **eiserner Bestand**, **Mindestbestand** bzw. **Reserve** genannt und stellt einen Puffer dar, der die Leistungsbereitschaft des Unternehmens bei Lieferschwierigkeiten oder sonstigen Ausfällen gewährleisten soll.

Seine **Größe** richtet sich nach dem Durchschnittsverbrauch an Materialien innerhalb des Zeitraums der Wiederbeschaffung bzw. der erneuten Eigenerstellung. Der Sicherheitsbestand dient dazu, **Unsicherheiten** abzudecken:

❑ **Bedarfsunsicherheit** (effektiver Bedarf höher als geplanter Bedarf)
❑ **Lieferzeitunsicherheit** (effektiver Liefertermin später als Soll-Liefertermin)
❑ **Bestandsunsicherheit** (Buchbestand höher als Lagerbestand).

Die beschriebenen Unsicherheiten lassen sich im Hinblick auf den Sicherheitsbestand und Lagerbestand **grafisch** darstellen:

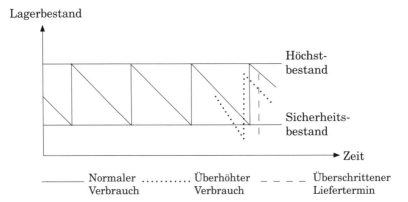

Lagerbestand

Höchst-
bestand

Sicherheits-
bestand

Zeit

——— Normaler ·········· Überhöhter _ _ _ _ Überschrittener
Verbrauch   Verbrauch   Liefertermin

Die Ermittlung des Sicherheitsbestandes erfolgt häufig mithilfe relativ grober Näherungsrechnungen, z. B. mithilfe der folgenden **Formel**:

$$B_S = \text{Durchschnittlicher Verbrauch je Periode} \cdot \text{Beschaffungsdauer}$$

B_S = Sicherheitsbestand

Beispiel: Beträgt der durchschnittliche Verbrauch/Monat:

Juli 2008	August 2008	September 2008	Oktober 2008
1.200	1.400	1.600	1.600

und die Beschaffungsdauer einen Monat:

$$\text{Verbrauch} = \frac{1.200 + 1.400 + 1.600 + 1.600}{4}$$

Verbrauch   = 1.450
B_S = 1.450 · 1 = **1.450**

1.1.3 Meldebestand

Der Meldebestand ist der Bestand, bei dessen Unterschreiten eine Bestellung ausgelöst wird. Der Zeitpunkt der Bestellung muss so frühzeitig liegen, dass der Sicherheitsbestand im Verlaufe der Beschaffungsdauer nach Möglichkeit nicht angegriffen wird. Der Meldebestand wird auch **Bestellpunkt** genannt.

Der Meldebestand kann auf unterschiedliche Weise berechnet werden. Häufig wird folgende **Formel** verwendet:

$$B_M = 2 \cdot \text{Sicherheitsbestand}$$

B_M = Meldebestand

Beispiel: Bei dem im vorangegangenen Beispiel ermittelten Sicherheitsbedarf ergibt sich:

$$B_M = 1.450 \cdot 2$$
$$B_M = \mathbf{2.900}$$

Sicherheitsbestand und Meldebestand sind eng miteinander verknüpft. Die Festlegung ihrer Höhe setzt die genaue Kenntnis der Verbrauchsmengen des Unternehmens und der Zuverlässigkeit der Lieferanten voraus. Heutige Formen eines just-in-time bzw. just-in-sequence (Anlieferung des Materials in der Folge des Einbaus) wirken sich bestandsreduzierend auf die Bestandshöhe aus.

1.1.4 Höchstbestand

Der Höchstbestand gibt an, welche Materialmenge maximal am Lager vorhanden sein darf. Mit seiner Hilfe sollen ein überhöhter Lagervorrat und damit eine zu hohe Kapitalbindung am Lager vermieden werden.

Die dargestellten Bestandsarten – Lagerbestand, Sicherheitsbestand, Meldebestand, Höchstbestand – lassen sich unter der Annahme eines gleichmäßigen Verbrauches und periodisch gleichmäßiger Zugänge der Bestellmengen wie folgt darstellen:

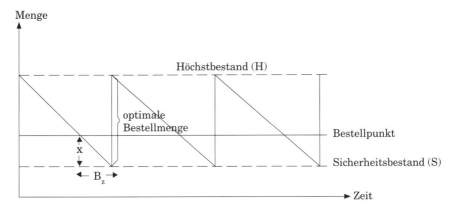

B_z = Beschaffungszeitraum
x = Verbrauch im Beschaffungszeitraum

Der Bestand nimmt während der Betrachtungsperiode ständig ab und erreicht den Bestellpunkt, an dem die Bestellung neuen Materials ausgelöst wird. Mit dem Erreichen des Sicherheitsbestandes trifft das bestellte Material ein.

Der durchschnittliche Lagerbestand ist im Schaubild mit

$$\frac{H - S}{2} + S$$

zu ermitteln, einem Näherungswert, der zutreffend ist, wenn das Lager voll aufgefüllt ist.

18 > Die verbrauchsgesteuerte Disposition ist bei C-Teilen gut geeignet. Voraussetzung ist eine kontinuierliche Bestands- und Bedarfsfortschreibung.

(1) Wie wird der Bestellpunkt ermittelt?

(2) Bei welchem Bestellpunkt muss eine Bestellung in der optimalen Bestellmenge ausgelöst werden, wenn der Sicherheitsbestand 8.000 Stück, die Beschaffungsdauer 5 Tage sind und pro Tag 2.000 Stück verarbeitet werden?

(3) Wie weit reicht der Sicherheitsbestand?

(4) Wie kann durch EDV dies (z. B. in einem Supermarkt) optimiert werden?

Seite 187

1.2 Bestandsstrategien

Die Bestandsstrategien dienen dazu, im Rahmen von Lagerhaltungsproblemen Entscheidungen darüber herbeizuführen, wann und wie viel Materialien bereitzustellen sind. Sie werden auch **Lagerhaltungsstrategien** genannt.

Ihre Anwendbarkeit setzt voraus, dass umfangreiche Aufzeichnungen vorgenommen werden. Die Sammlung, Speicherung, Ordnung, Gruppierung und Darstellung des Zahlenmaterials ist wirtschaftlich nur mithilfe der IT möglich.

Bei der **zeit**orientierten Bestandsergänzung ist der Termin anzusetzen, bei dem der Bestand kleiner oder gleich einer bestimmten Mengeneinheit ist oder zu dem das Lager überprüft und eine Ergänzung vorgenommen wird.

Bei der **mengen**orientierten Bestandsergänzung ist denkbar, eine Bestellung in festgelegten Mengeneinheiten vorzunehmen oder den Lagerbestand durch die Bestellmenge auf einen bestimmten Stand zu bringen.

Im Folgenden sollen dargestellt werden:

• **Einflussfaktoren**

• **Arten**.

1.2.1 Einflussfaktoren

Einflussfaktoren auf die Bestandsstrategie sind vor allem:

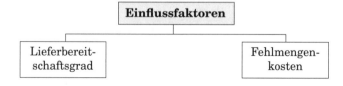

1.2.1.1 Lieferbereitschaftsgrad

Jede Bedarfsvorhersage birgt die Gefahr fehlerhaft zu sein, da ihr Vergangenheitswerte zu Grunde liegen. Ohne Sicherheitsbestand kann ein Teil der Bedarfsanforderungen möglicherweise nicht gedeckt werden.

Deshalb wird zweckmäßigerweise ein bestimmter Lieferbereitschaftsgrad festgelegt, der auch **Service-Grad** genannt wird. Er gibt an, welche Anteile an Bedarfsanforderungen das Lager auszuführen im Stande sein soll.

Der Lieferbereitschaftsgrad wird als Prozentsatz der Bedarfsanforderungen ermittelt, die in der Planperiode durch den Lagervorrat gedeckt werden. Vielfach wird ein Lieferbereitschaftsgrad von 80 bis 90 % als ausreichend angesehen.

Der Lieferbereitschaftsgrad L wird rechnerisch ermittelt:

❑ Lieferbereitschaftsgrad als **Bedarfsservice L_B**

$$L_B = \frac{\text{Anzahl der bedienten Bedarfspositionen} \cdot 100}{\text{Anzahl aller Bedarfspositionen}}$$

❑ Lieferbereitschaft als **Stückservice L_S**

$$L_S = \frac{\text{Anzahl sofort bediente Menge} \cdot 100}{\text{Gesamtmenge der Nachfrage}}$$

Beispiel:

Monat	Aufträge	Davon sofort ausführbar
Januar	200	160
Februar	500	380
März	250	210
April	100	90
Mai	120	100
Juni	350	240

Monat	Nachfrage	Verfügbare Lagermenge
Januar	500	350
Februar	700	500
März	300	300
April	1.400	900
Mai	1.300	1.000
Juni	1.700	1.400

Der Lieferbereitschaftsgrad liegt bei rund 80 %   Der Lieferbereitschaftsgrad liegt bei rund 78 %

Eine hohe Lieferbereitschaft kann nur durch intensive Beobachtung der Materialien gesichert werden. Hier legt man sinnvollerweise eine **ABC-Analyse** zu Grunde. Oft wird dabei eine 80 : 20-Verteilung angenommen, d. h. bei 20.000 Materialien sind 4.000 Materialien von den Materialdisponenten mit 80 % ihres Arbeitsaufwandes zu beobachten.

Eine weitere Möglichkeit besteht in der Trennung der Materialien nach dem **Versorgungsrisiko**, wie die folgende Darstellung zeigt:

1.2.1.2 Fehlmengenkosten

Fehlmengenkosten entstehen, wenn eine Bestellung, die bei dem Unternehmen eingeht, nicht ausgeführt werden kann. Die Fehlmengenkosten sind von der Höhe des Lieferbereitschaftsgrades abhängig. Bei einem hohen Lieferbereitschaftsgrad, z. B. 90 %, fallen geringe Fehlmengenkosten an. Ist der Lieferbereitschaftsgrad niedriger, z. B. 60 %, besteht die Gefahr beträchtlicher Fehlmengenkosten.

Der Lieferbereitschaftsgrad und die Fehlmengenkosten stehen somit in folgendem Verhältnis zueinander:

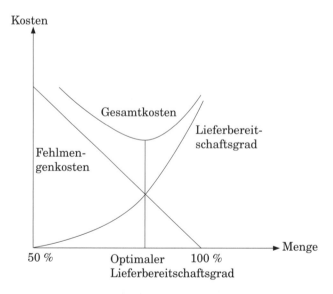

Der **optimale Lieferbereitschaftsgrad** ergibt sich aus dem Minimum der gegenläufigen Kosten, das sind die Fehlmengenkosten und die Kosten des Sicherheitsbestandes.

1.2.2 Arten

In der betrieblichen Praxis sind mehrere **Bestandsstrategien** entwickelt worden. Es lassen sich vor allem unterscheiden:

❑ Die **(S, T)-Strategie**. Der Lagerbestand wird in konstanten Zeitintervallen (T) programmgemäß überprüft und disponiert. Ergibt sich eine Mindermenge, wird auf den Grundbestand (S) aufgefüllt.

❑ Die **(s, S)-Strategie**. Nach jeder Entnahme findet eine Überprüfung des Lagerbestandes statt. Sobald der Bestellpunkt (s) erreicht wird, wird eine Auffüllung auf den Grundbestand (S) veranlasst.

❑ Die **(s, Q)-Strategie**. Nach jeder Entnahme findet eine Überprüfung des Lagerbestandes statt. Sobald der Bestellpunkt (s) unterschritten wird, erfolgt die Auslösung einer Bestellung in der Menge (Q).

❑ Die **(s, S, T)-Strategie**. Der Lagerbestand wird in konstanten Zeitintervallen (T) überprüft. Ergibt sich eine Unterschreitung des Bestellpunktes (s), wird auf den Grundbestand (S) aufgefüllt.

❑ Die **(s, Q, T)-Strategie**. Der Lagerbestand wird in konstanten Zeitintervallen (T) überprüft. Ergibt sich eine Unterschreitung des Bestellpunktes (s), wird die Menge (Q) bestellt.

Geeignete Bestandsstrategien sind in der **Praxis**:

❑ Bei **Vorratsmaterialien**, die ständig in bestimmten Mengen benötigt und lager-mäßig auf Vorrat gehalten werden, ohne IT-Einsatz die (S, T)-Strategie, bei Einsatz von IT-Programmen die (s, S)-Strategie.

❑ Bei **Auftragsmaterialien**, deren Bedarfsermittlung fallweise durch Stücklistenauflösung erfolgt, ohne IT-Einsatz die (s, Q)-Strategie, bei Einsatz von IT-Programmen die (s, Q)-Strategie.

19

Häufig ist eine exakte Ermittlung des Servicegrades und damit der Fehlmengenkosten nicht möglich. Daher werden heute Politiken eingesetzt, die keine optimalen sondern praxisorientierte Lösungen darstellen. Entscheidungsgrößen sind dabei Bestellmengen bzw. Bestellzeitpunkte.

(1) Ordnen Sie die Bestandsstrategien in folgendes Schema ein:

Bestellmenge / Bestelltermine	fest	variabel
fest		
variabel		

(2) Welche Strategien werden heute nur noch selten eingesetzt?

Seite 187

1.3 Bestandsergänzung

Um eine Bestandsergänzung vornehmen zu können, ist es erforderlich, den Lagerbestand zu überprüfen. Ist der Meldebestand erreicht, muss die Bestellung der benötigten Materialmenge erfolgen. Damit die benötigten Materialien rechtzeitig verfügbar sind, ist die **Wiederbeschaffungszeit** zu berücksichtigen, die den Zeitraum zwischen der Bestellauslösung und der Verfügbarkeit der bestellten Materialien im Lager umfasst.

Die Bestandsergänzung kann erfolgen als:

• **Verbrauchsbedingte Bestandsergänzung**

• **Bedarfsbedingte Bestandsergänzung**.

1.3.1 Verbrauchsbedingte Bestandsergänzung

Die verbrauchsbedingte Bestandsergänzung wird vor allem dort angewandt, wo ein regelmäßiger Verbrauch an Hilfs- und Betriebsstoffen sowie sonstigen relativ geringwertigen Materialien vorliegt. Bei ihr sind zu unterscheiden:

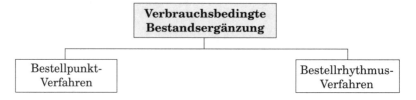

1.3.1.1 Bestellpunkt-Verfahren

Der Bestellpunkt ist die Menge des verfügbaren Lagerbestandes, bei der eine Bestellung ausgelöst wird. Deshalb ist zunächst die Entscheidung über die Höhe der Bestellmenge und des Bestellpunktes zu treffen, bei dessen Erreichen ein Bestellvorgang ausgelöst wird.

Jede Buchung eines Lagerabganges bewirkt beim Bestellpunkt-Verfahren die Prüfung, ob der Bestellpunkt erreicht ist, was IT-mäßig keine Probleme mit sich bringt. Die manuelle Überprüfung hingegen ist aufwändiger. Da sie i.d.R. nicht so häufig erfolgen kann, muss mit einem erhöhten Sicherheitsbestand gearbeitet werden.

Das Bestellpunkt-Verfahren wird auf zwei **Arten** praktiziert. Es gibt:

❑ Die **sofortige Lagerergänzung**, die bei Materialien erfolgt, deren Wiederbeschaffung zwischen zwei Lagerabgängen vorgenommen werden kann, weil ihre **Beschaffungszeiten** entsprechend **kurz** sind. Ihre Ermittlung geschieht mithilfe des Meldebestandes:

$$B_M = (T_W + T_U) \cdot P + B_S$$

B_M = Meldebestand (Stück)
T_W = Wiederbeschaffungszeit (Tage)
T_U = Überprüfungszeit beim Eingang des Materials (Tage)
P = Materialbedarf (Stück/Periode)
B_S = Sicherheitsbestand (Stück)

Beispiel: Beträgt die Lieferzeit 10 Tage, die Überprüfungszeit 1 Tag, der Bedarf pro Periode 5.000 Stück und der Sicherheitsbestand 5.000 Stück, ergibt sich

$B_M = (10 + 1) \cdot 5.000 + 5.000$
$B_M = 55.000 + 5.000$
$B_M = $ **60.000 Stück**

❑ Die **langfristige Lagerergänzung**, bei der davon ausgegangen wird, dass zwischen der aufgrund des erreichten Meldebestandes erfolgten Bestellauslösung und dem Eintreffen der Materialien dem Lager noch mehrmals Materialien entnommen werden.

Da bei jeder Materialentnahme geprüft wird, ob der Meldebestand erreicht ist, würden mehrere weitere Bestellungen ausgelöst. Die notwendige Bestellung ist aber bereits erfolgt, wegen der langen Wiederbeschaffungszeit der Materialien nur noch nicht eingetroffen.

Deshalb müssen nicht nur die bei der sofortigen Lagerergänzung zu berücksichtigenden Faktoren – Materialbedarf, Wiederbeschaffungszeit, Überprüfungszeitraum – beachtet werden, sondern auch bereits **laufende Bestellungen**.

Eine Bestellung wird demnach ausgelöst, wenn die Summe aus Lagerbestand und Eindeckung – als Menge der laufenden Bestellungen – unter dem Meldebestand liegt.

In der **Praxis** werden vielfach vereinfachte Verfahren zur Bedarfsauflösung eingesetzt, die sich leicht anwenden lassen und einen geringen Arbeitsaufwand erfordern. Sie bieten sich bei C-Teilen an, aber auch dort, wo eine bestimmte Verbrauchsfolge einzuhalten ist.

Es haben sich vor allem zwei **Verfahren** entwickelt:

❑ Beim **Reihenfolge-Verfahren** werden die einzelnen Stücke, z. B. Behälter, Dosen, Kästen, Fässer, so hintereinander angeordnet, dass ein Abgang stets auf das älteste Stück zugreift. Neue Zugänge werden hinter den zeitlich letzten Zugängen angefügt.

Als Kontrollgröße für die Bestellauslösung dient der Mindestbestand, bei dessen Erreichen eine Meldung erfolgt:

❑ Beim **Vorratsbehälter-Verfahren** werden die einzelnen Lagerabgänge aus den Vorratsbehältern nicht separat erfasst, sondern nur die verbrauchten Mengen registriert. Das Auslösen einer Bestellung geschieht durch Sichtkontrolle. Wenn Behälter leer sind, wird eine Bestellung in der Höhe des leeren Behälters ausgelöst.

Die dargestellten Verfahren werden in vielerlei Variationen angewendet.

1.3.1.2 Bestellrhythmus-Verfahren

Das Bestellrhythmus-Verfahren ist durch festgelegte Beschaffungsrhythmen und variable Bestellmengen gekennzeichnet, deren Umfang vor allem vom Verbrauch zwischen den Überprüfungszeitpunkten abhängt.

Da der Bestand zwischen den Überprüfungszeitpunkten unbekannt ist, muss der Bedarf während der Überprüfungszeit berücksichtigt werden. Der **Bestellpunkt** als Meldebestand ergibt sich:

$$B_M = \frac{V_T (T_W + T_U)}{T_P} + B_S$$

B_M = Bestellpunkt
V_T = Verbrauch in Tagen
T_W = Wiederbeschaffungszeit in Tagen
T_U = Überprüfungszeit in Tagen
T_P = Vorhersageperiode in Tagen
B_S = Sicherheitsbestand

Beispiel: V_T = 500 Stück T_W = 10 Tage B_S = 6.000
                                      T_U = 2 Tage
                                      T_P = 10 Tage

Der Bestellpunkt ergibt sich:

$$B_M = \frac{500 \cdot (10 + 2)}{10} + 6.000$$

$$B_M = \frac{500 \cdot 12}{10} + 6.000$$

$$B_M = \textbf{6.600}$$

Es wird ein Bestellpunkt von 6.600 ermittelt. Dieser Meldebestand ist ausreichend, damit Vorhersagen in einem Rhythmus von 10 Tagen nicht zu Unterbrechungen und Lieferstillständen in dieser Zeit führen.

Das Bestellrhythmus-Verfahren findet Anwendung, wenn ein Lieferrhythmus durch den Lieferanten vorgegeben ist oder der Fertigungsrhythmus des Unternehmens eine Bestellung fehlender Materialien nur zu bestimmten Vorhersageperioden zulässt.

 Typische Anwendungsbereiche für das Bestellrhythmusverfahren sind Überprüfungen von Schüttgütern, Tankladungen und Silos.

(1) An welche Voraussetzungen ist dies geknüpft?

(2) Welche zwei Kennzeichen charakterisieren dieses Verfahren?

(3) Zeichnen Sie ein Modell dieses Verfahrens!

Seite 188

1.3.2 Bedarfsbedingte Bestandsergänzung

Die bedarfsbedingte Bestandsergänzung wird angewandt, wenn **hochwertige Materialien** zu planen sind, d. h. A-Güter und häufig auch B-Güter. Sie basiert auf den Bedarfswerten aus der Bedarfsauflösung.

Mit der bedarfsbedingten Bestandsergänzung soll die Reichweite des Lagers festgestellt und eine Lagerergänzung vorgenommen werden, wenn die Eindeckung einen bestimmten Wert erreicht hat. Es lassen sich unterscheiden:

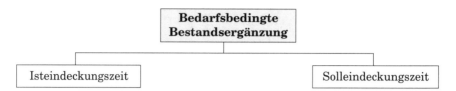

1.3.2.1 Isteindeckungszeit

Die Isteindeckungszeit ist die Zeit, bis zu welcher der verfügbare Bestand unter Zugrundelegung des zu erwartenden Bedarfes ausreicht. Der erste Tag der Periode, deren Bedarf nicht mehr gedeckt werden kann, liegt damit außerhalb der Isteindeckungszeit.

Bei der Errechnung der Isteindeckungszeit wird davon ausgegangen, dass der Bedarf zum Beginn einer Planungsperiode auftritt. Es muss zum ersten Tag einer Planungsperiode in ausreichendem Maße ein verfügbarer Bestand vorhanden sein.

Beispiel: Für die Serie »Modul X3711« wird ein Bedarf von 30.000 Stück vorgegeben. Daraus wird ein Bedarf an Teil 20 von 120.000 Stück abgeleitet. Eine erste Lieferung umfasst 30.000 Teile. Folgende Zahlen liegen vor:

	Periode 1	Periode 2	Periode 3	Periode 4	Periode 5
Lagerbestand	30.000	22.000	13.000	6.000	2.000
– Verbrauch	8.000	9.000	7.000	4.000	6.000
= Restbestand	22.000	13.000	6.000	2.000	– 4.000

Es ist zu erkennen, dass die Lieferung den Bedarf der Periode 5 nicht mehr vollständig abdeckt. Das bedeutet, dass rechtzeitig eine weitere Lieferung veranlasst werden muss.

1.3.2.2 Solleindeckungszeit

Die Solleindeckungszeit gibt die Zeit an, bis zu welcher der Lagerbestand und Bestellbestand ausreichen sollen. Um Leistungsunterbrechungen zu vermeiden, müssen – vom Tag der Bestellung (T_x) ausgehend – abgedeckt sein:

❏ Wiederbeschaffungszeit (T_W)
❏ Überprüfungszeit (T_U)
❏ Sicherheitszeit (T_S)
❏ Länge der Planperiode (T_p)

Entsprechend ergibt sich die Solleindeckungszeit (T_{Soll}):

$$T_{Soll} = T_X + T_W + T_U + T_P + T_S$$

Der Tag der Bestellung stellt den Ausgangstermin dar, ab dem die Terminrechnung vorgenommen wird. Damit kann der Zeitpunkt errechnet werden, zu dem der effektive Lagerbestand erhöht wird.

Der **Bestellvorgang** wird dann ausgelöst, wenn die Solleindeckungszeit größer als die Isteindeckungszeit ist:

$$\boxed{T_{Ist} < T_{Soll}}$$

Somit überprüft das IT-System bis zu welchem Zeitpunkt ein Bestand ausreicht, jedoch eine Fehlmenge zu einem späteren Zeitpunkt erkennbar ist.

Beispiel: Umfasst eine Periode im obigen Beispiel 10 Tage, so sind die Perioden 1 bis 4 (also 40 Tage) mit Material versorgt. Beginnt die Berechnung mit dem Fabriktag 200, sind die Teile bis zum Fabriktag 240 vorrätig. Ab diesem Tag ist eine Versorgung nicht mehr in vollem Umfang gewährleistet. Daher wird auf den Soll-Liefertermin zurückgerechnet.

$$T_{L\text{-}Soll} = T_{Ist} - T_S - T_U - T_W$$

$$T_{L\text{-}Soll} = 240 - 10 - 10 - 36$$

$$T_{L\text{-}Soll} = \mathbf{184}$$

Werden als Überprüfungszeit und Sicherheitszeit jeweils 10 Tage einkalkuliert, sind bei 36 Tagen Lieferzeit diese Werte vom Isteindeckungstermin (= 240) abzuziehen. Dies ergibt einen Termin von 184 zur weiteren Nachlieferung von 30.000 Teilen.

Die Ermittlung der Solleindeckungszeit erfolgt vielfach unter IT-Einsatz.

Heute werden zur Steuerung der Lagerbestände EDV-Verfahren eingesetzt. Diese erlauben ein permanentes Abgleichen der Bestände zwischen Bedarf und Bestand. Dies hat starke Auswirkungen auf die ermittelten Zeiten und gibt auch eine höhere Sicherheit in der Bestandsführung.

(1) Wie kann auf diese Prozesse eingewirkt werden?

(2) Wie kann eine Reduzierung der Kapitalbindung im Lager erreicht werden?

Seite 188

2. Bestandsführung

Die Bestandsführung hat die Aufgabe, den Materialbestand festzustellen, indem die durch die Bedarfsrechnung realisierten Materialabgänge erfasst und bewertet werden. Dementsprechend sollen dargestellt werden:

2.1 Mengenerfassung

Die Erfassung der Verbrauchsmengen dient dem Nachweis, welche Materialien für die einzelnen Aufträge verbraucht wurden. Sie ermöglicht damit auch einen **Soll-Ist-Vergleich** hinsichtlich der verbrauchten Materialien und gegebenenfalls daraus resultierende Steuerungsmaßnahmen. Liegt z. B. ein Mehrverbrauch vor, können Maßnahmen zur Materialreduzierung eingeleitet werden.

Im Rahmen der Mengenerfassung von Materialien sollen dargestellt werden:

*   **Erfassungsmethoden**

*   **Inventur**

*   **Bestandsbewegungen**.

2.1.1 Erfassungsmethoden

Die Erfassungsmethoden des Materialverbrauches dienen dazu, die bestandsverändernden Vorgänge festzuhalten, wodurch die Bestandsführung möglich wird. Es sollen unterschieden werden:

2.1.1.1 Skontrationsmethode

Die Skontrationsmethode, ist das genaueste Verfahren zur Ermittlung der Verbrauchsmengen. Sie setzt das Vorhandensein einer Lagerbuchhaltung voraus und wird auch als **Fortschreibungsmethode** bezeichnet. Die Skontrationsmethode ist die heute aktuelle Methode zur Erfassung des Materialverbrauches.

In der Lagerbuchhaltung wird eine **Lagerkartei** bzw. **Lagerdatei** geführt, mit deren Hilfe die Veränderungen im Lager genau erfasst werden:

❑   Die **Zugänge** werden auf der Grundlage der **Lieferscheine**, welche der Lagerbuchhaltung zugehen, ermittelt.

❑   Die **Abgänge** werden durch die **Materialentnahmescheine** belegmäßig erfasst.

Um den buchmäßigen **Endbestand** zu ermitteln, sind neben den Zugängen und Abgängen auch die Bestände an Materialien zu Beginn der Rechnungsperiode zu berücksichtigen:

> Anfangsbestand
> + Zugang
> − Abgang
> _____
> = **Endbestand**

Außer der buchmäßigen Feststellung wird der Endbestand an Materialien jährlich durch eine **Inventur** ermittelt. Sie ist eine körperliche Bestandsaufnahme der vorhandenen Materialien.

Der **Vorteil** der Skontrationsmethode liegt darin, dass die Belege heute über IT automatisiert erfasst werden und damit eine genaue Zuordnung der Kosten auf Kostenarten, Kostenstellen sowie Kostenträger (= Aufträge) möglich ist. **Nachteile** der Skontrationsmethode sind die aufwändige belegmäßige Organisation und die Notwendigkeit, die benötigte Software bereitzuhalten.

2.1.1.2 Inventurmethode

Die Inventurmethode versucht, den Nachteil der Skontrationsmethode auszugleichen, eine Lagerbuchhaltung führen und ein Belegwesen aufbauen zu müssen, denn bei ihr wird keine laufende Ermittlung der Verbrauchsmengen durchgeführt, Materialentnahmescheine gibt es nicht. Die Inventurmethode wird auch als **Bestandsdifferenzrechnung** oder **Befundrechnung** bezeichnet.

Die **Verbrauchsmengen** ergeben sich erst am Ende der Rechnungsperiode im Rahmen eines Vergleiches der Zahlen aus der letzten Inventur als Anfangsbestand und einer neu durchgeführten Inventur als Endbestand. Der Zugang an Materialien ist dabei – entsprechend der Lieferscheine – zu berücksichtigen:

> Anfangsbestand
> + Zugang
> − Endbestand
> _____
> = **Verbrauch**

Der **Vorteil** der Inventurmethode besteht darin, dass wegen fehlender Materialentnahmescheine keine verwaltungsmäßige Belastung erfolgt, da sich die Zugänge aus der Finanzbuchhaltung und die Endbestände erst durch die Inventur ergeben.

Nachteile sind, dass unreguläre Bestandsminderungen nicht zeitnah feststellbar sind und eine Zurechnung des Materialverbrauches auf Kostenstellen und Kostenträger nicht erfolgen kann. Dies ist problemlos nur bei Einproduktunternehmen sinnvoll.

2.1.1.3 Retrograde Methode

Bei der retrograden Methode kann der Stoffverbrauch aus den erstellten Halb- und Fertigerzeugnissen abgeleitet werden. Sie wird auch als **Rückrechnung** bezeichnet.

Von einem hergestellten Erzeugnis ausgehend wird zurückgerechnet, welches Material in welchen Mengen in das Erzeugnis eingegangen ist, wobei auch die Abfälle in der Rechnung berücksichtigt werden, die bei der Fertigung notwendigerweise angefallen sind. Der **Soll-Verbrauch** ergibt sich:

$$\text{Soll-Verbrauch} = \frac{\text{Hergestellte}}{\text{Stückzahl}} \cdot \frac{\text{Soll-Verbrauchsmenge}}{\text{pro Stück}}$$

Die retrograde Methode kann nur bei einfach strukturierten, aus wenigen Teilen bestehenden Erzeugnissen verwendet werden.

Die Erfassungsmethoden des Materialverbrauchs sind bedeutsam für das Ermitteln der Materialkosten. Gerade die Materialwirtschaft wird heute weitgehend IT-gestützt abgewickelt.

(1) Welche Vorteile bietet die Fortschreibungsmethode?

(2) Wie groß ist der Endbestand?

Datum	Zugang	Abgang	Bestand
01.10.08			2.000
05.10.08	1.000		
05.10.08		1.500	
15.10.08		300	
02.11.08	1.500		
07.11.08		800	
18.11.08		1.200	

Seite 188

2.1.2 Inventur

Mit der Inventur wird der tatsächliche Bestand des Vermögens und der Schulden für einen bestimmten Zeitpunkt durch körperliche Bestandsaufnahme mengenmäßig und wertmäßig erfasst. Sie dient dazu, die tatsächlich vorhandenen Bestände aufzunehmen und sie den Buchbeständen gegenüberzustellen. Nach § 240 HGB ist jeder Kaufmann verpflichtet, für den Schluss eines jeden Geschäftsjahres ein Inventar aufzustellen.

Die Durchführung und Organisation der Inventur kann in der Praxis auf verschiedene Weise erfolgen. Zu unterscheiden sind – siehe ausführlich *Ditges/Arendt*:

2.1.2.1 Stichtagsinventur

Die Stichtagsinventur ist eine körperliche Bestandsaufnahme durch Zählen, Messen, Wiegen, die zeitnah zum Bilanzstichtag – innerhalb von 10 Tagen vor oder nach dem Bilanzstichtag – durchzuführen ist. Bestandsveränderungen bis zum bzw. vom Bilanzstichtag an sind durch **Wertfortschreibung** oder **Wertrückrechnung** zu berücksichtigen.

Nur wenn die körperliche Bestandsaufnahme am Bilanzstichtag selbst erfolgt, kann ihr Ergebnis – unverändert durch buchmäßige Wertfortschreibung oder Wertrückrechnung – in das Inventar übernommen werden.

Die Stichtagsinventur erfordert häufig Betriebsunterbrechungen. Alle erfassten Materialien werden normalerweise doppelt geprüft und in Listen eingetragen. Dennoch können **Zählfehler** auftreten.

2.1.2.2 Permanente Inventur

Neben der Stichtagsinventur lässt der Gesetzgeber nach § 241 Abs. 2 HGB auch die permanente Inventur zu. Sie ist durch eine **Zweiteilung des Aufnahmeaktes** in eine körperliche Bestandsaufnahme und eine buchmäßige Bestandsaufnahme gekennzeichnet. Die permanente Inventur erfolgt damit durch:

❑ **Körperliche Bestandsaufnahme**, die zu einem beliebigen Zeitpunkt des Geschäftsjahres vorgenommen werden kann.

❑ **Fortschreibung** bis zum Bilanzstichtag hinsichtlich Art, Menge und Wert der einzelnen Vermögensgegenstände.

Voraussetzung für die praktische Durchführung und rechtliche Zulässigkeit der permanenten Inventur ist eine ordnungsgemäße Lagerbuchführung, die mithilfe der durch IT geführten Lagerdatei fortlaufend die Zu- und Abgänge der Stoffe nach Art und Menge erfasst.

Gegenstände, bei denen durch Schwund, Verdunsten, Verderb, leichte Zerbrechlichkeit oder ähnliche Vorgänge ins Gewicht fallende unkontrollierbare Abgänge eintreten, dürfen grundsätzlich nicht mithilfe der permanenten Inventur erfasst werden.

2.1.2.3 Verlegte Inventur

Eine Inventur zum Bilanzstichtag ist nach § 241 Abs. 3 HGB dann nicht erforderlich, wenn eine körperliche Bestandsaufnahme für einen Tag innerhalb der letzten drei Monate vor oder der beiden ersten Monate nach dem Schluss des Geschäftsjahres aufgestellt wurde oder wird.

Entsprechend muss eine wertmäßige **Fortschreibung** oder **Rückrechnung** auf den Bilanzstichtag vorgenommen werden. Das Inventar wird bei der verlegten Inventur – im Gegensatz zur permanenten Inventur – auf den Tag seiner Erstellung datiert.

2.1.2.4 Stichprobeninventur

Die Stichprobeninventur darf angewendet werden, wenn sie den Grundsätzen ordnungsmäßiger Buchführung entspricht. Der Aussagewert des auf diese Weise aufgestellten Inventars muss dem eines aufgrund einer körperlichen Bestandsaufnahme aufgestellten Inventars entsprechen (§ 241 Abs. 1 HGB).

Die Stichprobeninventur ist eine Inventurmethode, bei der unter Anwendung der Stichproben-Theorie der Inventurwert eines Lagers in der Weise ermittelt wird, dass – vom Wert der entnommenen Stichproben ausgehend – durch **Hochrechnung** auf den Wert des gesamten Lagers geschlossen wird. Lediglich hochwertige Güter sollen vollständig aufgenommen und bewertet werden.

2.1.3 Bestandsbewegungen

Bestandsbewegungen sind Vorgänge, die eine Änderung des Bestandes bewirken. Sie können von verschiedenen **Stellen** veranlasst werden, z. B.:

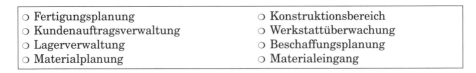

○ Fertigungsplanung	○ Konstruktionsbereich
○ Kundenauftragsverwaltung	○ Werkstattüberwachung
○ Lagerverwaltung	○ Beschaffungsplanung
○ Materialplanung	○ Materialeingang

Bestandsbewegungen bzw. Bestandsveränderungen können sein:

2.1.3.1 Körperliche Bestandsbewegungen

Unter körperlichen Bestandsbewegungen sind Vorgänge zu verstehen, denen eine konkrete **Lagerbewegung** zu Grunde liegt. Dabei handelt es sich um:

❑ **Zugänge** als körperliche Bestandsänderungen, die den Lagerbestand physisch erhöhen. Grundsätzlich ist eine Unterscheidung in ungeplante und geplante Zugänge möglich. **Geplante Zugänge** können Materialeingänge als externe Zugänge zum Lager sowie Eigenfertigungen als vom Unternehmen selbst erstellte Güter sein.

❑ **Abgänge** als körperliche Bestandsänderungen, die den Lagerbestand physisch vermindern. Bei Lagerentnahmen muss festgehalten werden, ob es sich um interne Entnahmen als Unterwegs- oder Werkstattbestände oder externe Entnahmen in Erfüllung von Kundenaufträgen handelt. Die Abgänge können geplant sein oder ungeplant, z. B. als Ausschuss, Verderb, Diebstahl.

2.1.3.2 Nichtkörperliche Bestandsänderungen

Unter nichtkörperlichen Bestandsänderungen sind alle Maßnahmen zu sehen, die in einem zukünftigen Zeitpunkt eine Lagerbewegung verursachen. Es sind meist **Tätigkeiten buchungstechnischer Art**, die nicht unmittelbar eine Lagerbewegung bewirken und sein können:

❑ **Reservierungen**, die für einen bestimmten Auftrag erfolgen. Sie werden auch als **Vormerkungen** bezeichnet.

❑ **Beschaffungen**, die den Bestand aufgrund einer Bestellung oder eines internen Auftrages zur Eigenfertigung erhöhen.

❑ **Stornierungen** als Freigabe früherer Reservierungen sowie Umbuchungen.

23 Bestandsbewegungen werden durch verschiedene betriebliche Stellen veranlasst. Diese Bewegungen werden dokumentiert durch Belege, die einen Hinweis auf den Verursachungsgrund geben. Hier ist bei jedem Vorgang auch eine Prüfung auf die Ordnungsmäßigkeit vorzunehmen.

(1) Geben Sie zu folgenden Vorgängen eine korrespondierende Größe an, die diesen ausgelöst hat!

○ Materialeingang
○ Eigenfertigung
○ Interne Entnahme
○ Externe Entnahme
○ Reservierung
○ Beschaffung
○ Stornierung

(2) Im Materialstammsatz werden neben dem Materialbestand weitere Bestandsgrößen geführt. Nennen Sie einige dieser Bestandsgrößen! Seite 189

2.2 Werterfassung

Die Materialien sind nicht nur mengenmäßig zu erfassen, sondern auch wertmäßig zu führen. Dabei müssen betrachtet werden:

• **Wertansätze**

• **Probleme**.

2.2.1 Wertansätze

In der Praxis gibt es keine einheitliche Bewertung des Materialverbrauches. Je nach der Organisation und Zielsetzung des Rechnungswesens bedient man sich unterschiedlicher Wertansätze. Zu unterscheiden sind:

2.2.1.1 Anschaffungswert

Der Anschaffungswert ist der bei der Beschaffung des Materials zu zahlende Preis, der auch als **Einstandspreis** bezeichnet wird. Er kann sich zusammensetzen aus:

```
    Angebotspreis
  − Rabatt
  − Bonus
  + Mindermengenzuschlag
  ─────────────────────────
  = Zieleinkaufspreis
  − Skonto
  ─────────────────────────
  = Bareinkaufspreis
  + Bezugskosten
    Verpackung/Fracht/Rollgeld
    Versicherung/Zoll
  ─────────────────────────
  = Einstandspreis
```

Die **Bewertung** der Verbrauchsmengen mithilfe der Anschaffungswerte kann erfolgen unter Verwendung:

❏ Der **effektiven Anschaffungspreise**, die bei jedem Materialeingang erfasst und bei jedem Materialverbrauch verrechnet werden. Sie können auch angesetzt werden, wenn die Bestände aus einer Lieferung erst aufgebraucht werden, bevor eine neue Lieferung im Lager eintrifft.

❏ Von **durchschnittlichen Anschaffungspreisen**, wenn die Materialien zu unterschiedlichen Zeitpunkten und Preisen beschafft werden, als:

❏ Von **fiktiven Anschaffungspreisen**, die aufgrund unterstellter Verbrauchsfolgen ermittelt werden. Das sind – siehe ausführlich *Ditges / Arendt, Olfert / Rahn*:

Permanente Durchschnittsbewertung	Bei ihr wird der Durchschnittspreis nach jedem Zugang ermittelt. Sie ist »zeitnaher« als die periodische Durchschnittsbewertung und entspricht am ehesten den tatsächlichen Anschaffungskosten, ist aber arbeitsaufwändiger.
Periodische Durchschnittsbewertung	Hier wird unter Berücksichtigung aller Zugänge einer Periode der Durchschnittspreis nur einmal am Ende der Periode festgestellt. Die periodische Durchschnittsbewertung ist praktikabler als die permanente Durchschnittsbewertung, dafür aber weniger zeitnah.

❏ Das in § 256 Satz 1 HGB ausdrücklich zugelassene **Fifo-Verfahren** geht von der Annahme aus, dass die zuerst angeschafften oder hergestellten Gegenstände auch zuerst verbraucht oder veräußert worden sind, d. h. dass die am Bilanzstichtag vorhandenen Mengen demgemäß aus den letzten Einkäufen stammen *(first in – first out)*.

Voraussetzung ist eine fortlaufende Aufzeichnung zumindest aller Zugänge. Zur Bestimmung des wertmäßigen Endbestandes genügt es, von den jeweils letzten Eingangsrechnungen so lange zurückzurechnen, bis der mengenmäßige Bestand durch entsprechende Einkäufe gedeckt ist.

Moderne Softwaresysteme bieten die Voraussetzungen, dass alle Zugänge und Abgänge aufgezeichnet werden und damit ein Rückgriff auf diese Daten jederzeit möglich ist.

2.2.1.2 Wiederbeschaffungswert

Mit dem Ansatz des Wiederbeschaffungswertes oder **Ersatzwertes** wird die Substanz des Unternehmens erhalten, indem der Wert in der Kostenrechnung angesetzt wird, der erforderlich ist, um das vorhandene Material zu einem späteren Zeitpunkt wieder zu beschaffen. In der Praxis kann der Ansatz des Wiederbeschaffungswertes indessen **Schwierigkeiten** bereiten, weil

❏ der Zeitpunkt der Wiederbeschaffung schwer abschätzbar ist,
❏ die Schätzung des Wiederbeschaffungswertes für diesen Zeitpunkt schwierig ist.

Wegen der genannten Probleme kommt dem Wiederbeschaffungswert für die Bewertung der Verbrauchsmengen keine allzu große Bedeutung zu.

2.2.1.3 Tageswert

Da ein Wiederbeschaffungswert vielfach nicht ohne weiteres ermittelt werden kann, wird mitunter der Tageswert für die Bewertung der Verbrauchsmengen angesetzt. Der Tageswert kann sich auf den Tag des Angebotes, der Lagerentnahme, des Umsatzes und des Zahlungseinganges beziehen.

Meist ist es empfehlenswert, den Tageswert auf den **Tag der Lagerentnahme** der Materialien zu beziehen.

2.2.1.4 Verrechnungswert

Der Verrechnungswert ist ein über einen längeren Zeitraum festgelegter Wert, der künftige Preiserwartungen berücksichtigt. Er wird nach unternehmensspezifischen Gesichtspunkten gebildet und **nur** in der **Betriebsbuchhaltung** verwendet.

Mit dem Ansatz eines Verrechnungswertes sollen unternehmensexterne Einflüsse ausgeschaltet werden, insbesondere ständig wechselnde Preise, welche die Kontinuität der Kostenrechnung negativ beeinflussen. Außerdem können Kostenkontrollen besser vorgenommen werden.

In der Praxis hat der Verrechnungswert besondere **Bedeutung** bei der innerbetrieblichen Leistungsverrechnung, der Abrechnung von Kuppelprodukten sowie zwischen Konzernunternehmen.

2.2.2 Probleme

Die korrekte Erfassung aller Bestände ist problematisch, wenn die Bestandspositionen nicht genau geführt werden. So ist der Inventurbestand häufig nicht mit dem Buchbestand identisch, weshalb der Buchbestand zu korrigieren ist. Besondere Probleme gibt es bei folgenden Beständen:

❑ **Umlagerungen**, für die Umlagerungsscheine, Rückgabescheine bzw. Ausschussscheine nicht ordnungsgemäß geführt wurden, sodass es zu keiner korrekten Erfassung dieser **Unterwegsbestände** kommt.

❑ **Auslagerungen**, bei denen Material vom Lager entnommen wird, z. B. zwecks Lieferung an Kunden oder Bereitstellung für die Fertigung. Werden sie nicht genau erfasst, treten Fehlmengen auf.

(1) Bearbeiten Sie folgenden Angebotsvergleich in €:

Angebotspreis		5.000,00	6.000,00	5.500,00
– Rabatt	20 %	1.000,00	1.200,00	1.100,00
– Bonus	10 %	500,00	600,00	550,00
+ Mindermengenzuschlag	3 %	150,00	180,00	165,00
– Zieleinkaufspreis		3.650,00	4.380,00	4.015,00
– Skonto	3 %	109,50	131,40	120,45
– Bareinkaufspreis		3.540,00	4.248,60	3.894,55
+ Bezugskosten		500,00	700,00	300,00
= Einstandspreis		4.040,50	4.948,60	4.194,55

(2) Wie könnten diese Preise mit einem Durchschnittspreis angesetzt werden?

Seite 189

3. Bestandsüberwachung

Die Bestandsüberwachung steht in engem Zusammenhang mit der Bestandsführung. Sie hat in den letzten Jahren zunehmende Bedeutung erlangt als:

3.1 Eingangsüberwachung

Im Rahmen der Eingangsüberwachung kommen in Betracht:

❑ **Eingangsmöglichkeiten**, bei denen sich als Fälle ergeben können:

> ○ Voll-Lieferung und Löschung des Bestellsatzes bei Einlagerung
> ○ Teil-Lieferung und entsprechende Bestellbestandsänderung
> ○ Bestellmengen- oder Terminänderung und Stornierung des Bestellsatzes

❑ **Bevor** die Materialien der **Disposition** zur Verfügung stehen, erfolgen:

> ○ Kontrolle der Quantität der eingehenden Materialien
> ○ Kontrolle der Qualität der eingehenden Materialien
> ○ Sachliche, preisliche, rechnerische Richtigkeit der Rechnungen
> ○ Buchhalterische Erfassung in der Buchhaltung

Bei Anwendung der IT können die einzelnen Schritte des Eingangsablaufes zeitlich überlappt ablaufen.

3.2 Entnahmeüberwachung

Bei der Entnahmeüberwachung lassen sich unterscheiden:

❑ Die **Entnahmemöglichkeiten**, zu denen zählen:

> ○ Geplante Entnahme als auftragsgemäße Entnahmen
> ○ Ungeplante Entnahmen, z. B. Schwund, Diebstahl
> ○ Ausschuss, der auftragsgemäß mit einem Zuschlag erfassbar ist

❑ Der **Entnahmeablauf**, der für einen Auftrag umfasst:

> ○ Erstellung der Materialentnahmescheine durch die Arbeitsvorbereitung
> ○ Fortschreibung des Lagerbestandes aufgrund von Materialentnahmescheinen
> ○ Betriebsabrechnung aufgrund der Materialentnahmescheine
> ○ Nachkalkulation des verbrauchten Fertigungsmaterials

Belege mit Strichcode, Klarschriftbelege und mobile Erfassungsgeräte dienen der Entnahmeüberwachung.

3.3 Verfügbarkeitsüberwachung

Die Verfügbarkeitsüberwachung umfasst die folgenden Maßnahmen:

❏ Die **Verfügbarkeitsplanung**, womit sicher gestellt werden soll, dass die benötigten Materialien rechtzeitig verfügbar sind. Sie kann langfristig (grob), mittelfristig und kurzfristig (Woche, Dekade) erfolgen. Lässt sich der Planungshorizont auf einen bis zwei Tage verkürzen, können auch zeitkritische Materialien geplant werden.

❏ Die **Verfügbarkeitskontrolle**, die dazu dient zu ermitteln, ob die benötigten Materialien rechtzeitig verfügbar sind und die Fertigung nach Erstellen der Auftragspapiere angestoßen werden kann.

Die Bestandsüberwachung als Eingangsüberwachung, Entnahmeüberwachung und Verfügbarkeitsüberwachung, wie sie zuvor beschrieben wurden, kann mithilfe einer Vielzahl von **Kennzahlen** erfolgen, die wertvolle Informationen bieten und zu Betriebsvergleichen und Periodenvergleichen herangezogen werden – siehe *Oeldorf / Olfert*.

3.4 Bestandsanalyse

Bestände müssen ständig einer Beobachtung und Kontrolle unterzogen werden. Möglichkeiten der Einwirkung auf die Bestandshöhe haben einen positiven Einfluss auf die Kapitalbindung. Als **Maßnahmen** lassen sich nennen:

❏ **Sourcing-Strategien**, im Rahmen derer das Unternehmen Materialien/Module von Zulieferanten bezieht. Damit kann es sich auf die eigene Kernkompetenz konzentrieren und muss für diese Teile keine Sicherheit in der Lagerhaltung realisieren. Die Auswahl der Partner stellt hohe Anforderungen an beide Seiten und profitiert von der Qualität der Zulieferungen.

  Single Sourcing schafft dabei Abhängigkeiten, die beim Ausfall des Partners zu Lieferengpässen führen können. **Global Sourcing** nutzt die Potenziale des Weltmarktes und stellt eine Versorgung auf hohem technischen Stand sicher.

❏ Mit dem Einsatz der Produktionsverfahren zeigt sich heute ein hoher Anteil an Materialkosten (60 - 70 %) an den Gesamtkosten, die Personalkosten sind mit rund 15 % und die Abschreibungen mit etwa 10 % anzusetzen *(Statistisches Bundesamt)*.

  Durch Bestandssenkungen im Rahmen von **Just-in-time** und jährlichen Kostensenkungen um 20 % durch Lernkurveneffekte (Kostenerfahrungseffekte oder Lopez-Effekt) sind bedeutende Wirkungen auf die Liquidität zu sehen. Bei Vertragsverhandlungen sind diese Erkenntnisse zu beachten. Geschieht dies, kann es möglich sein, erhebliche Preisreduktionen zu erzielen.

❏ Das Material hat auch Einfluss auf die **Rechnungslegung**, d. h. auf die Bilanz und GuV-Rechnung. Werden durch Outsourcing nicht selbst gefertigt, sowie Just-in-time betrieben, hat dies Auswirkungen auf das Anlagevermögen (Bilanzpositionen entfallen, da nicht mehr selbst gefertigt wird und Maschinen nicht mehr benötigt werden) und Umlaufvermögen (bei Just-in-time Belieferung wird nicht mehr gelagert und somit entfallen die Kosten für Kapitalbindung).

Hier entfallen die fixen Kosten für Maschinen (Abschreibungen, Investitionen), da die Fertigung dies nicht mehr selbst durchführt. Dem stehen Bezugskosten der Teile gegenüber, da diese beschafft werden müssen. Der Vorteil liegt in den exakten Mengen, die sich aus dem Verbrauch gemäß Auftragsverwaltung ergeben. Häufig wird dies heute als **Variabilisierung von Fixkosten** bezeichnet. Die Wirkung auf die GuV-Rechnung ergibt sich durch Wegfall der Abschreibungen und Senkung der Materialkosten.

25 Erläutern Sie, was unter folgenden Begriffen zu verstehen ist, die Sie in diesem Kapitel kennen gelernt haben:

❏ Materialbestand   ❏ Bestandsführung
❏ Lagerbestand   ❏ Skontrationsmethode
❏ Verfügbarer Bestand   ❏ Inventurmethode
❏ Disponierter Bestand   ❏ Retrograde Methode
❏ Sicherheitsbestand   ❏ Inventur
❏ Meldebestand   ❏ Verlegte Inventur
❏ Höchstbestand   ❏ Stichprobeninventur
❏ Bestandsstrategien   ❏ Stichtagsinventur
❏ Lieferbereitschaftsgrad   ❏ Permanente Inventur
❏ Fehlmengenkosten   ❏ Bestandsbewegungen
❏ Bestandsergänzung   ❏ Anschaffungswert
❏ Bestellpunkt-Verfahren   ❏ Fifo-Verfahren
❏ Reihenfolge-Verfahren   ❏ Wiederbeschaffungswert
❏ Vorratsbehälter-Verfahren   ❏ Tageswert
❏ Bestellrhythmus-Verfahren   ❏ Verrechnungswert
❏ Isteindeckungszeit   ❏ Bestandsüberwachung
❏ Solleindeckungszeit

Seite
197 ff.

D. Materialbeschaffung

Die Materialbeschaffung hat den Materialbedarf des Unternehmens nach Art, Menge und Zeit zu decken, soweit die Materialien nicht bereits beschafft bzw. selbst erstellt wurden. Sie baut dabei auf der Materialbedarfsrechnung und der Materialbestandsrechnung auf.

Die **Eingliederung** der Materialbeschaffung in die Organisation des Unternehmens kann zentralisiert oder dezentralisiert oder in einer Kombination beider Möglichkeiten erfolgen:

❑ Bei **zentraler Beschaffung** wird der gesamte Bedarf an Materialien von einer einzigen Stelle im Unternehmen beschafft, was insbesondere bei Klein- und Mittelbetrieben zu Vorteilen führt.

❑ Eine **dezentrale Beschaffung** kann örtlich und/oder sachlich erfolgen, indem mehrere Stellen im Unternehmen nebeneinander den Bedarf an Materialien decken. Sie können unterschiedliche Standorte haben und/oder sich auf die Beschaffung bestimmter Materialien beschränken.

Der **Aufbau** der Materialbeschaffung, mit dem die Arbeitseinheiten in der Beschaffungsabteilung gebildet werden, lässt sich bewirken:

❑ Nach dem **Verrichtungsprinzip** bei dem die Arbeitseinheiten nach dem organisatorischen Ablauf gegliedert sind.

Beispiel:

Angebots-/ Anfrage- bearbeitung	▷	Bestell- wesen	▷	Termin- kontrolle	▷	Qualitäts- kontrolle	▷	Rechnungs- prüfung

❑ Nach dem **Objektprinzip**, bei dem eine Gliederung nach Materialgruppen vorgenommen wird.

Beispiel:

Rohstoffe	Hilfsstoffe	Betriebs- stoffe	Werkzeuge

Außerdem ist eine Gliederung nach **Erzeugnisgruppen** möglich.

Klein- und Mittelbetriebe nehmen überwiegend eine Gliederung nach dem Verrichtungsprinzip vor. Großbetriebe bevorzugen eher das Objektprinzip. Das Verrichtungsprinzip und das Objektprinzip können miteinander kombiniert werden.

26 (1) Ein Konzern ist als Holding organisiert. Die einzelnen Unternehmenseinheiten betätigen sich selbstständig auf eigenen regionalen und überregionalen Märkten sowie in unterschiedlichen Branchen.

(a) Ein Automobilwerk produziert an verschiedenen Standorten PKW, LKW, Omnibusse, Spezialfahrzeuge. Wie kann die Beschaffung realisiert werden?

(b) Welche Art der Gliederung ist sinnvoll?

(2) Bei Klein- und Mittelbetrieben erfolgt i.d.R. eine zentrale Beschaffung. Worin sind ihre Vorteile zu sehen?

Seite 189

Im Folgenden sollen behandelt werden:

Material-beschaffung	Beschaffungsmarktforschung
	Beschaffungsplanung
	Beschaffungsdurchführung
	Beschaffungskontrolle
	Beschaffung/E-Procurement

1. Beschaffungsmarktforschung

Die Beschaffungsmarktforschung ist das systematisch und methodisch einwandfreie Untersuchen eines Beschaffungsmarktes mit dem Ziel, Entscheidungen in diesem Bereich zu treffen und zu erklären. Mit ihrer Hilfe lassen sich der Materialwirtschaft die für die Materialbeschaffung notwendigen **Informationen** bereitstellen z. B. über Lieferanten, Preise und Marktentwicklungen.

Als Beschaffungsmarktforschung werden dargestellt:

1.1 Arten

Die Beschaffungsmarktforschung kann sein:

• **Marktanalyse/-beobachtung**

• **Sekundär-/Primärforschung**.

Während sich die Marktanalyse und Marktbeobachtung zeitbezogen unterscheiden, bedienen sich die Sekundärforschung und Primärforschung verschiedener Informationsquellen.

1.1.1 Marktanalyse/-beobachtung

Die **Marktanalyse** wird einmalig oder in bestimmten Intervallen durchgeführt, stellt also eine Momentaufnahme dar. Sie dient der Erforschung von Beschaffungsmarktdaten zu einem bestimmten Zeitpunkt. Damit ermöglicht sie Aussagen über marktbezogene Grundstrukturen.

Die **Marktbeobachtung** befasst sich mit der Entwicklung der Beschaffungsmärkte im Zeitablauf. Sie dient dazu, die Veränderungen der Beschaffungsmarktdaten offen zu legen, worauf das Unternehmen in geeigneter Weise reagieren kann.

Die Marktanalyse und Marktbeobachtung werden im Unternehmen meist nebeneinander eingesetzt. Vielfach baut die Marktbeobachtung auf den Erkenntnissen aus der Marktanalyse auf. Beide Instrumente dienen dazu, eine **Marktprognose** zu erstellen, welche die Entwicklung von Beschaffungsmarktdaten für die Zukunft vorhersagt.

1.1.2 Sekundär-/Primärforschung

Die **Sekundärforschung** ist dadurch gekennzeichnet, dass zu anderen Zwecken dienendes Informationsmaterial ausgewertet wird, z. B. Prospekt, Preislisten. Grundsätzlich empfiehlt es sich bei jedem Beschaffungsmarktproblem, zunächst vorhandenes oder leicht beschaffbares »Sekundär«material zu nutzen, weil die Fragestellungen der Marktforschung möglicherweise bereits hiermit ganz oder teilweise beantwortet und damit Kosten gespart werden können.

Die **Primärforschung** umfasst Untersuchungen, die speziell für die Zwecke der Beschaffungsmarktforschung durchgeführt werden, z. B. als Befragung von Lieferanten, Besuch von Messen. Sie sollte sich grundsätzlich an die Sekundärforschung bei Bedarf anschließen, da ihre Kosten beträchtlich sind. Die erheblich kostengünstigere Sekundärforschung ist vielfach nicht in der Lage, ebenso sachgerechte, genaue bzw. aktuelle Informationen zu liefern wie die Primärforschung, sodass die hohen Kosten der Primärforschung gerechtfertigt erscheinen.

1.2 Informationsquellen

Für die Beschaffungsmarktforschung kommen zahlreiche Informationsquellen in Betracht, die genutzt werden können. Es lassen sich unterscheiden:

• **Unternehmensinterne Informationsquellen**

• **Unternehmensexterne Informationsquellen**.

Die Eignung der jeweiligen Informationsquellen hängt u. a. davon ab, in welchem Verhältnis die **Kosten** und der **Nutzen** der zu beschaffenden Informationen stehen.

1.2.1 Unternehmensinterne Informationsquellen

Unternehmensinterne Informationsquellen sind vor allem »**Sekundär**«**quellen**. Dazu zählen z. B.:

❑ **Prospektkarteien**, die einen Überblick geben.

❑ **Bezugsquellenkarteien** bzw. **Bezugsquellendateien**, die als Anfrageregister über bereits kontaktierte Lieferanten informieren.

❑ **Lieferantenkarteien** bzw. **Lieferantendateien**, die Informationen über mögliche Lieferanten enthalten.

❑ **Einkaufs-, Entwicklungs-, Produktions-, Absatzabteilungen**, die häufig über Informationen verfügen.

❑ Elektronisch geführte **Kataloge und Einkaufsportale**, die die Suche nach geeigneten Lieferanten wesentlich unterstützen.

1.2.2 Unternehmensexterne Informationsquellen

Unternehmensexterne Informationsquellen können sowohl »Sekundär«quellen als auch »Primär«quellen sein:

❑ »**Sekundär**«**quellen** sind z. B.:

Informationen von Lieferanten	○ Geschäftsberichte ○ Kataloge ○ Hausinformationen	○ Preislisten ○ Prospekte
Informationen von Medien	○ Fachzeitschriften ○ Zeitungen ○ Adressbücher ○ Branchenbücher	○ Informations- dienste ○ Bezugsquellen- verzeichnisse
Informationen durch Auskünfte	○ Industrie- und Handelskammern	○ Banken ○ Wirtschaftsverbände
Informationen durch Statistiken	○ Amtliche Statistiken	○ Statistiken von Wirtschaftsverbänden

Von inzwischen erheblicher Bedeutung ist auch das **Internet**.

❏ Zu den »**Primär**«**quellen** zählen:

> ○ Informationen auf Anfragen (mündlich, schriftlich)
> ○ Informationen auf Veranstaltungen (Messen, Ausstellungen)
> ○ Informationen durch Besuch bei Lieferanten (Betriebsbesichtigung)
> ○ Informationen durch Befragung von Lieferanten (Fragebogen, Expertengespräch)

Für unterschiedliche Fragestellungen sind die einzelnen Informationsquellen in unterschiedlicher Weise geeignet.

> Die Beschaffungsmarktforschung bietet eine Fülle von Informationsquellen an. Da Unternehmen heute auf qualitätsorientierte Lieferanten angewiesen sind, ist eine ständige Aktualisierung der Daten notwendig. Hier interessiert besonders, inwieweit die Lieferanten sich technisch weiterentwickeln und ihre Produkte einem kontinuierlichen Verbesserungsprozess unterziehen.
>
> (1) Welche Methoden primärer Marktforschung sind lohnend?
>
> (2) Welche Methoden sekundärer Marktforschung sind lohnend?

Seite 190

1.3 Objekte

Die Beschaffungsmarktforschung trägt vielfältige Informationen zusammen. Ihre Objekte sind insbesondere:

* **Beschaffungsgüter**

* **Markt**

* **Lieferanten**

* **Preise**.

1.3.1 Beschaffungsgüter

Die Beschaffungsmarktforschung hat sich mit den zu beschaffenden Materialien und ihren Besonderheiten zu befassen. Das sind Rohstoffe, Hilfsstoffe, Betriebsstoffe, Zulieferteile, Waren und Verschleißwerkzeuge.

Die **Daten**, die von der Beschaffungsmarktforschung zu erheben sind, können sein:

❏ **Beschaffungsseitige Daten**, z. B. die angebotene Materialgüte oder Materialzusammensetzung sowie die verfügbaren Materialbestandteile. Ihre Kenntnis ermöglicht es dem beschaffenden Unternehmen, sich ein Bild über die Materialien zu machen sowie festzustellen, inwieweit sie seinen Anforderungen genügen.

❏ **Verwendungsseitige Daten**, z. B. die als notwendig angesehene Materialgüte oder Materialzusammensetzung bzw. erwartete Materialbestandteile.

Ein Zurückgreifen auf **Normteile** bei der Beschaffung kann die Bschaffungsmarktforschung erleichtern und Kosten einsparen.

1.3.2 Markt

Der Markt ist die wirschaftlich bedeutsame Umwelt eines Unternehmens, mit der es durch bestimmte Beziehungen verbunden ist oder Beziehungen anstrebt. Er wird von der Beschaffungsmarktforschung unter zwei **Aspekten** betrachtet:

❏ Die **Marktstruktur** wird mithilfe einer Marktanalyse nach Angebot und Nachfrage untersucht:

Angebot	Beim Angebot werden erfasst: ○ Die **Quantitäten** des Angebotes als Mengen von Materialien, die insgesamt am Markt angeboten werden. ○ Die **Qualitäten** des Angebotes, die zur Verfügung stehen oder initiiert werden können. ○ Die **Anbieter**, die hinsichtlich ihrer Marktstärke, Marktanteile und Verkaufsprogramme zu untersuchen sind.
Nachfrage	Dabei ist die **Position des Unternehmens** als Nachfrager festzustellen. Dabei wird erkundet, ○ wie viele Nachfrager vorhanden sind ○ wer die Nachfrager sind ○ welche Marktmacht sie besitzen.

❏ Die **Marktentwicklung** wird durch Marktbeobachtung erfasst. Sie zu kennen ist wichtig, denn der Markt kann im Zeitablauf unterschiedlichen Schwankungen bzw. Veränderungen unterliegen. Als Schwankungen lassen sich unterscheiden:

Saisonale Schwankungen	Dabei handelt es sich um weitgehend vorhersehbare kurzzeitige Schwankungen am Markt, deren Höhe jedoch nicht genau zu prognostizieren ist.
Konjunkturelle Schwankungen	Sie lassen sich in Anfall, Länge und Ausmaß schwer vorhersehen und abschätzen.
Trendbedingte Schwankungen	Hier verändert sich die Marktstruktur, z. B. wegen technischen Fortschrittes, Verknappung von Rohstoffen oder wirtschaftlicher Konzentration.

Der Markt ist in den vergangenen Jahren **beträchtlichen Veränderungen** unterlegen, was auch für die Zukunft zu erwarten ist und zwar in stärkerem Umfang als in der Vergangenheit. Hier spielt der Aspekt der Globalisierung eine bedeutsame Rolle.

1.3.3 Lieferanten

Die Lieferanten sind weitere Objekte der Beschaffungsmarktforschung. Eine Fehlentscheidung bei der Auswahl der Lieferanten kann das Unternehmen in erhebliche Schwierigkeiten bringen, besonders wenn seine Leistungserstellung dadurch blockiert wird. **Kriterien** für die Beurteilung von Lieferanten können z. B. sein:

❑ Wirtschaftliche Leistungsfähigkeit
❑ Technische Leistungsfähigkeit.

Sie werden bei der Lieferantenauswahl näher betrachtet. Zunehmend greifen die Unternehmen auf **Systemlieferanten** zurück, die komplette Lösungen als ganze Komponenten, Baugruppen und Module anbieten.

1.3.4 Preis

Dem Preis kommt bei der Materialbeschaffung erhebliche Bedeutung zu. Insofern ist es einsichtig, wenn ihm in der Beschaffungsmarktforschung besonderer Raum gewidmet wird. Hinsichtlich des Preises sind bedeutsam zu untersuchen:

❑ Die **Preishöhe**, die umso gründlicher betrachtet werden sollte, je größer der Wert und die Beschaffungshäufigkeit eines Materials ist. Das bedeutet, dass für A-Güter eine intensive Untersuchung notwendig und lohnend sein wird, nicht hingegen für C-Güter. Dabei bieten sich an:

Preis-vergleiche	Es erfolgen Marktanalysen, welche sich mit den Preisen verschiedener Lieferanten und/oder Qualitäten befassen. Substitutionsgüter sollten hierbei einbezogen werden.
Preis-beobachtungen	Sie werden für im Zeitablauf mehrfach oder ständig benötigte Materialien durchgeführt, da Preise erfahrungsgemäß Veränderungen im Zeitablauf unterliegen.

Die Betrachtung der Höhe von Angebotspreisen muss durch die **Analyse der Liefer- und Zahlungsbedingungen** ergänzt werden, um den effektiv zu zahlenden Einstandspreis festzustellen.

❑ Die **Preisstruktur**, die insbesondere bei A-Gütern Aufschluss darüber geben soll, inwieweit ein Preis angemessen ist bzw. noch einen **Verhandlungsspielraum** ermöglicht. Auch die Frage, ob eine **Selbsterstellung** günstiger wäre, kann gegebenenfalls beantwortet werden.

Die Analyse der Preisstruktur kann auf Vollkostenbasis oder auf Teilkostenbasis erfolgen – siehe ausführlich *Olfert*.

Bei Materialien, die **große Lieferfristen** aufweisen, kann sich die Bedeutung des Preises zu Gunsten einer raschen Verfügbarkeit reduzieren.

> In vielen Unternehmen wird die Einkaufsabteilung durch den gezielten Einsatz beschaffungspolitischer Instrumente zu einer strategischen Abteilung weiterentwickelt. Hier werden die Komponenten Güter, Märkte, Preise und Lieferanten in eine Gesamtkonzeption eingebunden.
>
> (1) Nennen Sie dazu jeweils strategische Forderungen an den Einkauf!
>
> (2) Was versteht man unter Systemlieferanten?

Seite 190

2. Beschaffungsplanung

Die Beschaffungsplanung ist der Ausgangspunkt, um den konkreten Beschaffungsvorgang einzuleiten. Dabei sind Entscheidungen zu treffen über:

2.1 Beschaffungsprinzipien

Im beschaffenden Unternehmen ist zunächst zu überlegen, für welchen **Zeitraum** die Materialien beschafft werden sollen. Aus Gründen der Kapitalbindung kann es vorteilhaft erscheinen, die Materialien kurz vor ihrem Bedarf zu beschaffen. Gegen diese Vorgehensweise spricht möglicherweise, dass sie risikoreich ist und größere Mengen von Materialien vielfach günstiger zu beschaffen sind als kleinere Mengen.

Dem Unternehmen bieten sich verschiedene **Prinzipien** der Materialbeschaffung:

* **Vorratsbeschaffung**

* **Einzelbeschaffung**

* **Fertigungssynchrone Beschaffung**

* **Kanban / Just in Time-Beschaffung**

* **Sourcing-Strategien**.

Während die Vorratsbeschaffung, Einzelbeschaffung und fertigungssynchrone Beschaffung als **traditionelle Beschaffungsprinzipien** anzusehen sind, stellt die Kanban/Just in Time-Beschaffung ein **aktuelles Beschaffungsprinzip** dar.

2.1.1 Vorratsbeschaffung

Bei der Vorratsbeschaffung besteht keine Übereinstimmung von Beschaffungsmengen und Verbrauchsmengen zu einem bestimmten Zeitpunkt. Es wird eine relativ **große Materialmenge** in Zeitabständen beschafft, die periodisch, verbrauchsorientiert oder spekulativ sein kann und auf Lager genommen wird.

Sie steht der Fertigung kurzfristig zur Verfügung. Damit erlangt das beschaffende Unternehmen eine gewisse Unabhängigkeit vom Beschaffungsmarkt. Es hat die Möglichkeit, günstige Angebote wahrzunehmen und bei größeren Beschaffungsmengen kostengünstiger einzukaufen.

Die Vorratsbeschaffung hat aber auch **Nachteile**:

- ❏ Hohe Lagerhaltung
- ❏ Hohe Lager- und Zinskosten
- ❏ Hohe Kapitalbindung.

2.1.2 Einzelbeschaffung

Bei der Einzelbeschaffung werden die Materialien in der benötigten Menge jeweils erst zum Zeitpunkt ihrer Verwendung beschafft. Die Kapitalbindung verringert sich damit im Vergleich zur Vorratsbeschaffung erheblich. Der Zeitpunkt der Beschaffung wird von der Terminplanung des Fertigungsvollzuges bestimmt.

Die **Terminplanung** muss die sich ergebenden Risiken berücksichtigen:

- ❏ Das Risiko der verspäteten oder Nichtlieferung der Materialien.
- ❏ Das Risiko qualitäts- oder quantitätsmäßig fehlerhaft gelieferter Materialien.

Bei **Eintritt des Risikos** kann der Fertigungsprozess ganz oder teilweise zum Erliegen kommen. Die Einzelbeschaffung erfolgt vor allem von Unternehmen, die Einzelfertigung betreiben.

2.1.3 Fertigungssynchrone Beschaffung

Bei der fertigungssynchronen Beschaffung handelt es sich um eine Kombination von Vorratsbeschaffung und Einzelbeschaffung. Das Unternehmen beschafft einerseits in Abstimmung mit der Fertigung, weshalb die Läger klein sind. Andererseits werden **rahmenmäßige Lieferverträge** über große Materialmengen abgeschlossen, sodass eine kostenoptimale Beschaffung möglich ist.

Die Lieferverträge beinhalten vielfach **Konventionalstrafen**, die bei Nichtlieferung zum vereinbarten Liefertermin sowie bei fehlerhafter Lieferung wirksam werden.

Die fertigungssynchrone Beschaffung ist bei Großserienfertigung und Massenfertigung möglich. Das beschaffende Unternehmen sollte eine relativ starke Marktpo-
sition aufweisen, um angemessene Lieferverträge aushandeln zu können.

2.1.4 Kanban/Just-in-Time-Beschaffung

Die Versorgung von Produktionseinheiten wurde in der Vergangenheit durch die
verstärkte Komplexität schwieriger. Bei den *Toyota*-Werken in Japan wurde deshalb
versucht, die Versorgung nach dem »**Supermarktprinzip**« zu organisieren. Der
Grundgedanke war, Lagereinheiten zu ergänzen, wenn ein Bedarf gegeben war.

Diese Vorgehensweise ist an mehrere **Voraussetzungen** geknüpft:

❑ Selbststeuernde Regelkreise zur Verwaltung der Zwischenläger
❑ Fertigung, Lagerentnahme und Transport werden durch Umlauf von Karten
  (»Kanban«) ausgelöst
❑ Fertigungsaufträge werden aufgrund eines Bedarfs nachgelagerter Stufen an-
  gefordert (Holprinzip). Sie werden erst ausgelöst, wenn unmittelbare Bedarfe
  zu Entnahmen aus dem nächsten Pufferlager geführt haben
❑ Homogenes Produktionsprogramm
❑ Hoher Einsatz standardisierter Teile
❑ Universal einsetzbare, einfach und schnell umzurüstende Betriebsmittel.

Um den Lagerbestand stark abzusenken, gelten folgende **Regeln**:

❑ Der **Verbraucher** darf niemals mehr Material als benötigt anfordern bzw. vor-
  zeitig Material anfordern.

❑ Der **Erzeuger** darf niemals mehr Teile als angefordert herstellen bzw. fehlerhafte
  Teile abliefern.

❑ Der **Steuerer** soll für gleichmäßige Aus- und Belastung der einzelnen Produktionsbereiche sorgen und eine angemessene, aber möglichst geringe Anzahl von
  Kanban-Karten in die Regelkreise einsteuern.

Da es sich um einfache Prozesse handelt, ist ein striktes Einhalten der Regeln
erreichbar. In vielen Fällen werden Behälter eingesetzt, die erst wieder befüllt
werden, wenn der angelieferte Behälter vollkommen verarbeitet wurde. Damit wird
vermieden, dass sich Restbestände an Teilen im Lager ansammeln.

2.1.5 Sourcing-Strategien

Die gegenwärtige Kostensituation zwingt die Unternehmen Verarbeitungsprozesse
auszulagern. Hierfür hat sich der Begriff des **Sourcing** (= Quelle) durchgesetzt.
Entlang der Wertschöpfungskette in den Unternehmen werden die unrentablen
Bearbeitungen einfacher Teile an Zulieferer übertragen. Dafür haben sich in den
letzten Jahren eine Reihe von Begriffen entwickelt, die als Sourcing-Strategien
bekannt sind.

Bereits früher war es üblich bei Produktionsengpässen auf Fremdfertigung auszuweichen. Diese Form ist unter dem Begriff »**verlängerte Werkbank**« bekannt. Die heutige Kostensituation zwingt Unternehmen ihre Produkte dort einzukaufen, wo ein günstiges Lohnniveau herrscht. Zur Absicherung der Nachfragemenge kann dabei auf einen oder mehrere Lieferanten zurückgegriffen werden.

Produkte weisen heute einen hohen Automatisierungsgrad auf. Diese Teile (= **Module**) können heute oft von vielen Unternehmen nicht selbst entwickelt und in hoher Qualität produziert werden. Dies bedeutet, dass man auf Lieferquellen auf den Weltmärkten zurückgreift. Bei den Unternehmen gilt es als strategisches Ziel, durch die Verlagerung die Bezugskosten der zugekauften Teile bei steigender Qualität zu senken. Angestrebt werden Null-Fehler-Programme. Hier orientieren sich die Unternehmen an der Wertschöpfungskette, indem Prozesse mit geringer Wertschöpfung verlagert werden.

Die Fertigung nach KANBAN bezieht sich auf innerbetriebliche Produktionsvorgänge. Dagegen beschreibt Just-in-time die Beziehungen zwischen Unternehmen, die ihre Liefermengen gegenseitig abstimmen. Dies setzt eine Homogenisierung der Verbrauchszahlen zwischen den beteiligten Unternehmen voraus.

(1) Welche Ziele sind zu formulieren?

(2) Welche Planungsansätze bieten sich an?

Seite 190

2.2 Beschaffungswege

Außer der Frage, für welchen Zeitraum die Materialien zu beschaffen sind, ist bei dem beschaffenden Unternehmen zu klären, auf welchen Wegen die Materialien bezogen werden sollen. Es sind zu unterscheiden:

• **Direkte Beschaffungswege**

• **Indirekte Beschaffungswege**.

2.2.1 Direkte Beschaffungswege

Die direkte Beschaffung, die unmittelbar beim Hersteller erfolgt, bietet sich vor allem für **A-Güter** an. Sie verursacht möglicherweise niedrigere Beschaffungskosten als die indirekte Beschaffung über den Handel. Andererseits können zusätzliche Kosten entstehen, z. B. für Mindestabnahmemengen oder Mindermengenzuschläge, aber auch für notwendig werdende Verhandlungen mit Herstellern.

Spezielle Formen direkter Beschaffung sind:

❏ **Einkaufsbüros**, durch die am Ort der Erzeugung beschafft werden kann. Sie stellen Außenstellen der beschaffenden Unternehmen dar.

❑ **Einkaufsgemeinschaften** als Zusammenschlüsse kleinerer oder mittlerer Unternehmen, die gemeinsam relativ hohe Mengen beschaffen. Insbesondere Klein- und Mittelbetriebe können so ihre Beschaffungskosten minimieren.

Es kann sein, dass bestimmte Materialien nur direkt vom Hersteller zu beziehen sind, z. B. spezielle Zulieferteile.

2.2.2 Indirekte Beschaffungswege

Indirekte Beschaffungswege sind alle Beschaffungswege, bei denen zwischen dem Hersteller und dem beschaffenden Unternehmen zumindest ein **Absatzorgan** geschaltet ist. Es lassen sich unterscheiden:

❑ Der **Handel**, der vielfach ein umfassendes Sortiment anbietet, dessen Artikel meist von mehreren Herstellern bezogen werden. Das führt zu einer gewissen Markttransparenz, und es sind Auswahlmöglichkeiten gegeben.

❑ **Kommissionäre** als Kaufleute, die gewerbsmäßig im eigenen Namen für Rechnung anderer Waren oder Wertpapiere kaufen oder verkaufen. Manche Materialien sind ausschließlich über sie zu beschaffen.

❑ **Importeure**, die besonders von kleineren und mittleren Unternehmen eingeschaltet werden, weil diese im Hinblick auf ausländische Märkte über spezifische Kenntnisse verfügen.

Die **Beschaffungskosten** bei Einschaltung von Handel, Kommissionären und Importeuren können höher sein als bei direkter Beschaffung, weil ein Aufschlag auf den Herstellerpreis bzw. den Großhandelspreis erfolgt, der allerdings niedriger liegen kann als der Preis für den Endverbraucher oder Endverwender. Andererseits entlasten die Träger indirekter Beschaffungswege das beschaffende Unternehmen aber auch von Kosten.

2.3 Beschaffungstermine

Die Beschaffungstermine bedürfen einer genauen Planung, weil die Materialien meist nicht unverzüglich nach ihrer Anforderung zur Verfügung stehen. **Gründe** hierfür sind Lieferzeiten, Beschaffungszeiten und Prüfungszeiten. Nach der unterschiedlichen Ermittlung der Beschaffungstermine gibt es:

• **Verbrauchsgesteuerte Beschaffung**
• **Bedarfsgesteuerte Beschaffung**.

2.3.1 Verbrauchsgesteuerte Beschaffung

Die verbrauchsgesteuerte Beschaffung kann durchgeführt werden als – siehe Kapitel C:

❑ **Bestellpunkt-Verfahren**, bei dem die Beschaffung ausgelöst wird, wenn der verfügbare Lagerbestand, der bei jedem Lagerabgang geprüft wird, eine bestimmte Menge – den Bestellpunkt – erreicht hat.

❑ **Bestellrhythmus-Verfahren**, bei dem eine Überprüfung des Lagerbestandes in konstanten Zeitintervallen vorgenommen wird. Bei Unterschreitung des Bestellpunktes wird die Beschaffung ausgelöst.

Die verbrauchsgesteuerte Beschaffung wird beim regelmäßigen Verbrauch von **geringwertigen Materialien** als C-Güter eingesetzt, besonders von Hilfs- und Betriebsstoffen.

2.3.2 Bedarfsgesteuerte Beschaffung

Die bedarfsgesteuerte Beschaffung erfolgt bei **höherwertigen Materialien**, also A- und B-Gütern. Sie basiert auf der Bedarfsermittlung durch Stücklistenauflösung, wobei zur Ermittlung des Nettobedarfes vorhandene Lagerbestände und Bestellbestände abzusetzen sind – siehe Kapitel C.

Die **Bestelltermine** werden unter Berücksichtigung der jeweiligen Solleindeckungstermine planerisch genau festgelegt.

30 Beschaffungstermine sind stark davon abhängig, ob es sich um A-, B- oder C-Teile handelt.

(1) Kennzeichnen Sie folgende Situationen mit V (= verbrauchsgesteuert) bzw. mit B (= bedarfsgesteuert) und geben Sie an, ob es sich um A-, B- oder C-Teile handelt!

Ein Rentner füllt im Supermarkt Regale auf		
Firma Würth ergänzt nach Lieferrhythmus das Schraubenlager beim Kunden		
Mercedes Benz beliefert die Reparaturabteilung der Niederlassung mit angeforderten Teilen		
Eine Firma liefert Cockpits und Airbags direkt an die Fertigungsstraße		
Der Apothekengroßhandel beliefert alle 4 Stunden die Apotheken		

(2) Wie sind die Ergebnisse zu interpretieren?

Seite 190

2.4 Beschaffungsmengen

Im Rahmen der Beschaffungsplanung sind nicht nur die Prinzipien, Wege und Termine der Beschaffung festzulegen. Auch die Beschaffungsmengen bedürfen der Bestimmung. Grundlage für deren Festlegung ist die **technische Losgröße**, in der die fertigungstechnischen Erfordernisse ihren Niederschlag finden. Sie ergibt sich aus den Bedarfswerten.

Bezüglich der wirtschaftlichen Losgröße bzw. Beschaffungsmengen sind zu unterscheiden:

- **Einflussfaktoren**

- **Optimierung**.

2.4.1 Einflussfaktoren

Die Höhe wirtschaftlicher Beschaffungsmengen hängt von mehreren Einflussfaktoren ab. Das sind vor allem:

2.4.1.1 Beschaffungskosten

Die Beschaffungskosten umfassen alle **bestellmengenabhängigen Kosten**, die durch den Fremdbezug von Material entstehen. Sie ergeben sich aus:

$$
\begin{array}{l}
\text{Angebotspreis} \\
-\ \text{Rabatt} \\
-\ \text{Bonus} \\
+\ \text{Mindermengenzuschlag} \\
\hline
=\ \text{Zieleinkaufspreis} \\
-\ \text{Skonto} \\
\hline
=\ \text{Bareinkaufspreis} \\
+\ \text{Bezugskosten} \\
\ \text{Verpackung, Fracht} \\
\ \text{Versicherung, Zoll} \\
\hline
=\ \textbf{Einstandspreis}
\end{array}
$$

Beispiel: Der Angebotspreis eines Materials beträgt 5 €/Stück. Für Verpackung werden per 100 Stück 3 € berechnet. Bei Abnahme von 1.000 Stück wird ein Mengenrabatt von 20 % gewährt. Erfolgt die Zahlung innerhalb von 10 Tagen nach Rechnungstellung, können 3 % Skonto abgesetzt werden. Das Material wird frei Haus geliefert. Bei Abnahme von 1.200 Stück und Rechnungsbegleichung innerhalb von einer Woche nach Rechnungstellung ergeben sich für das Unternehmen als Beschaffungskosten:

Angebotspreis	$1.200 \cdot 5,00$	6.000 €
− 20 % Rabatt	$6.000 \cdot 0,20$	1.200 €
− 3 % Skonto	$4.800 \cdot 0,03$	144 €
+ Verpackung	$12 \cdot 3,00$	36 €
= Einstandspreis		**4.692 €**

Der Einstandspreis ergibt sich aus der Kalkulation. Daneben können über Rabatte, Bezugskosten sowie den gleichzeitigen Bezug anderer Güter desselben Herstellers die Kosten beeinflusst werden.

2.4.1.2 Bestellkosten

Die Bestellkosten, die auch Bestell**abwicklungs**kosten genannt werden, sind Kosten, die innerhalb des Unternehmens für die Materialbeschaffung anfallen. Sie sind nicht von der Beschaffungsmenge abhängig, sondern von der Anzahl der Bestellungen, z. B. als Personal-/Sachkosten der Beschaffung, Materialprüfung, Rechnungsprüfung, Organisation.

Bei der Berechnung optimaler Bestellmengen werden die Bestellkosten als **fixe Kosten** angesehen, was allerdings nur richtig ist, wenn die Summe aus Sachkosten und Personalkosten sowie die Bestellhäufigkeit gleich bleiben.

Eine Ermittlung der Bestellkosten setzt voraus, dass der Einkauf über eine eigene Kostenstelle verfügt, in der alle Kosten zusammenlaufen. Dabei ist es möglich, die gesamten Kosten als Prozess zu sehen, um damit die Fixkosten einer einzelnen Bestellung zuzuordnen. Dies kann erreicht werden durch:

$$\frac{\text{Bestellkosten}}{\text{einer Bestellung}} = \frac{\text{Summe aller Bestellkosten einer Periode}}{\text{Anzahl aller Bestellungen einer Periode}}$$

Die Bestellkosten einer Bestellung betragen oftmals zwischen 40 € und 120 €. Diese Kosten entstehen für A-Teile gleichermaßen wie auch für B-Teile und C-Teile.

2.4.1.3 Lagerhaltungskosten

Lagerhaltungskosten sind alle Kosten, die durch die Lagerung von Material verursacht werden. Sie werden ermittelt:

pro Einheit $\boxed{L_{HK} = E \cdot L_{HS}}$

wobei $\boxed{L_{HS} = p + L_S}$

insgesamt $\boxed{L_{HK} = B_D \cdot L_{HS}}$

L_{HK} = Lagerhaltungskosten
L_{HS} = Lagerhaltungskostensatz
L_S = Lagerkostensatz
p = Zinssatz
E = Einstandspreis
B_D = Durchschnittlich im Lager gebundenes Kapital

Damit sind für die Berechnung der Lagerhaltungskosten bedeutsam:

❑ Der **Einstandspreis** des Materials, der für die Optimierung der Bestellmenge als konstant pro Einheit angesehen wird.

❑ Das **durchschnittlich** im Lager **gebundene Kapital**, das sich bei gleichmäßigen Lagerzugängen und Lagerabgängen ergibt:

$$B_D = \frac{B_L}{2} \cdot E$$

B_L = Lagerbestand

❑ Der **Lagerhaltungskostensatz**, der sich zusammensetzt aus:

Zinssatz	Er wird meist als kalkulatorischer Zinssatz des Unternehmens angesetzt und dient dazu, die Zinskosten pro Jahr zu ermitteln. Bei gleichmäßigen Lagerzugängen und Lagerabgängen betragen die Zinskosten:
	$K_Z = \dfrac{B_L}{2} \cdot E \cdot \dfrac{p}{100}$ oder $K_Z = \dfrac{B_L \cdot E \cdot p}{2 \cdot 100}$
	K_Z = Zinskosten
Lagerkosten-satz	Er ergibt sich:
	$L_S = \dfrac{K_L \cdot 100 \cdot 2}{B_L \cdot E}$ oder $L_S = \dfrac{K_L \cdot 100}{B_D}$
	L_S = Lagerkostensatz K_L = Lagerkosten
	Als Lagerkosten werden – mit Ausnahme der Zinskosten – alle im Lager anfallenden Kosten erfasst.

Beispiel: Jährlich werden 200.000 Teile eines Materials benötigt. Der Einstandspreis beträgt 4 €. Unterstellt wird, dass diese Menge am Jahresanfang beschafft wurde und sich bis zum Jahresende abbaut. Somit sind 100.000 (200.000 / 2) bei gleichmäßigem Abgang im Lager gebunden. Es wird mit einem Zinssatz von 6 % gerechnet.

$$K_Z = \frac{200.000 \cdot 4 \cdot 6}{2 \cdot 100} = \textbf{24.000 €}$$

Dieses Material verursacht Kosten von 15.000 €.

$$L_S = \frac{15.000 \cdot 2 \cdot 100}{200.000} = \textbf{15 \%}$$

Somit ergibt sich ein Lagerhaltungskostensatz von

$$L_{HS} = 15 + 6 = \textbf{21 \%}$$

In der Praxis wird mit einem Lagerhaltungskostensatz von 15 bis 25 % gerechnet.

31 > Eine Boutique hat einen Lagerbestand von 1.000 Artikeln deren Einstandspreis im Durchschnitt bei 120 € liegt. An Lagerkosten sind zu beachten:

Miete	3.000 €/Mon.	36.000 €
Personalkosten	5.000 €/Mon.	60.000 €
Abschreibungen		10.000 €
Diebstahl, Veralterung		5.000 €
Sonstiges (Heizung, Beleuchtung)		6.000 €
Gesamtbetrag		117.000 €

(1) Wie groß sind die jährlichen Zinskosten bei 12 % Bankzinsen?

(2) Wie groß ist der Lagerhaltungskostensatz?

(3) Wie groß sind Zins- und Lagerkosten pro Jahr?

Seite 191

2.4.1.4 Fehlmengenkosten

Fehlmengenkosten fallen an, wenn das beschaffte Material den Bedarf der Fertigung nicht deckt, wodurch der Leistungsprozess teilweise oder ganz unterbrochen wird. Sie entstehen durch:

❑ Preisdifferenzen durch Beschaffung höherwertiger Güter
❑ Entgangene Gewinne wegen Unterbrechung der Fertigung
❑ Konventionalstrafen wegen Nichtlieferung an Abnehmer
❑ Goodwill-Verluste durch Abwandern von Kunden.

Die Höhe der Fehlmengenkosten hängt von den Möglichkeiten der Verschiebung oder Veränderung des geplanten Fertigungsablaufes und von der Dauer der Störung ab.

2.4.1.5 Losgrößeneinheiten

Die Höhe wirtschaftlicher Beschaffungsmengen wird weiterhin durch Losgrößeneinheiten beeinflusst, z. B. als:

❑ Transportmitteleinheiten (Lastkraftwagen, Schiff)
❑ Verpackungseinheiten (Paletten, Kartons, Bahnbehälter)
❑ Lagerraumeinheiten (Lagerfächer, Silos, Bunker).

Die Losgrößeneinheiten können aber auch **branchenüblich** sein, z. B. Lieferung per Dutzend oder 10, 100 bzw. 1.000 Stück.

2.4.1.6 Finanzvolumen

Neben den Überlegungen zur Kostenoptimierung und dem Gesichtspunkt geeigneter Losgrößeneinheiten hängt die Höhe der Beschaffungsmenge von den Möglichkeiten ab, die sich finanzwirtschaftlich ergeben.

Sofern das Unternehmen über den notwendigen **Finanzierungsspielraum** verfügt, wäre die ansonsten als zweckmäßig erachtete Beschaffungsmenge grundsätzlich realisierbar. Es gilt aber zu prüfen, welche Kosten durch eine größere Beschaffungsmenge im Vergleich zu einer kleineren Menge eingespart werden.

Diese **Kostenersparnis** ist mit den für das Fremdkapital anfallenden Kosten zu vergleichen, um zu entscheiden, ob die Beschaffung der größeren Menge vorteilhaft ist. Das beschaffende Unternehmen kann ggf. auch versuchen, die Zahlungsbedingungen zu beeinflussen, um erst später zahlen zu müssen.

32	Neben Materialkosten fallen besonders Lohnkosten und Gemeinkosten im Unternehmen an. Multipliziert man die Bindungsdauer des Umlaufvermögens mit den täglich anfallenden Auszahlungen, erhält man den Umlaufkapitalbedarf. Folgende Daten liegen zu Grunde:

Rohstoff-Lagerdauer	20 Tage
Lieferantenziel	15 Tage
Vorproduktion	8 Tage
Zwischenlager	3 Tage
Endmontage	12 Tage
Endlager	5 Tage

(1) Berechnen Sie den Kapitalbedarf für das eingesetzte Material, wenn mit einem Materialeinsatz von ca. 5.000 € zu rechnen ist!

(2) Kann auf den Kapitaleinsatz eingewirkt werden, wenn die Bindungsdauern reduziert werden?

Seite 191

2.4.2 Optimierung

Die Optimierung der Beschaffungsmenge ist mithilfe verschiedener Verfahren möglich – siehe *Oeldorf / Olfert*. Die **klassische Losgrößenformel** kann z. B. bei gleich bleibendem Materialbedarf verwendet werden, allerdings bei Vorliegen folgender **Voraussetzungen**:

❏ Der Stückpreis ist unabhängig von der Beschaffungsmenge.
❏ Der Bedarf ist bekannt und konstant.
❏ Fehlmengen sind nicht zugelassen.
❏ Die Grenzkosten der Lagerhaltung sind konstant.
❏ Die zeitliche Verteilung der Lagerabgänge ist stetig.
❏ Die Lieferzeit ist praktisch Null.
❏ Mindestbestellungen sind nicht vorgesehen.
❏ Die Bestellung eines Materials erfolgt unabhängig von anderen Materialien.

Mithilfe der klassischen Losgrößenformel ist eine Optimierung möglich im Hinblick auf:

2.4.2.1 Optimale Beschaffungsmenge

Um die optimale Beschaffungsmenge zu ermitteln, müssen betrachtet werden:

❏ **Jahresbedarfsmenge**

❏ **Bestellkosten** als losfixe Kosten, die sich mit zunehmender Beschaffungsmenge pro Mengeneinheit vermindern.

❏ **Lagerhaltungskosten** als variable Kosten, die sich mit zunehmender Beschaffungsmenge proportional erhöhen.

Die **Beschaffungsmenge** gilt als **optimal**, wenn die Kosten für die Bestellung und Lagerung zusammen ein Minimum ergeben.

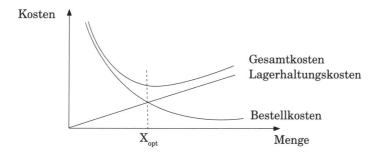

Rechnerisch wird die optimale Bestellmenge – vielfach unter IT-Einsatz – ermittelt:

$$x_{opt} = \sqrt{\frac{200 \cdot M \cdot K_B}{E \cdot L_{HS}}}$$

x_{opt} = Optimale Beschaffungmenge
M   = Jahresbedarfsmenge
E   = Einstandspreis pro Mengeneinheit
K_B = Bestellkosten je Bestellung
L_{HS} = Lagerhaltungskostensatz

Beispiel: Monatsbedarf   1.000 Stück
Bestellkosten   40 €/Bestellung
Einstandspreis   12 €/Stück
Zinssatz   8 %
Lagerkostensatz   12 %

$$x_{opt} = \sqrt{\frac{200 \cdot 12.000 \cdot 40}{12 \cdot (8 + 12)}}$$

$$x_{opt} = \textbf{632 Stück}$$

2.4.2.2 Optimale Bestellhäufigkeit

Die klassische Losgrößenformel kann – in umgewandelter Form – auch dazu dienen, die Bestellhäufigkeit als **optimale Beschaffungshäufigkeit** zu ermitteln. Dabei gilt:

$$n_{opt} = \sqrt{\frac{M \cdot E \cdot L_{HS}}{200 \cdot K_B}}$$

Beispiel: Es gelten die Daten des vorangegangenen Beispiels.

$$n_{opt} = \sqrt{\frac{12.000 \cdot 12 \cdot 20}{200 \cdot 40}}$$

$$n_{opt} = \sqrt{360}$$

$$n_{opt} = \textbf{19}$$

Einfacher ist es, den Jahresbedarf durch 600 (abgerundet) zu teilen. Dabei ergibt sich die Bestellhäufigkeit aus 12.000 : 600 = 20, d.h. es sind 20 Bestellungen pro Jahr zu veranlassen.

Die Verwendung der klassischen Losgrößenformel wird durch den Einsatz von IT-Standardprogrammen erleichtert.

33 Für das Jahr 2008 benötigt ein Unternehmen 2.000 Mengeneinheiten eines Materials, dessen Einstandspreis 5 € beträgt. Die Bestellkosten für eine Bestellung betragen 60 €, der Lagerhaltungskostensatz liegt bei 20 %.

(1) Ermitteln Sie die optimale Beschaffungsmenge!

(2) Ermitteln Sie die optimale Bestellhäufigkeit!

(3) Zeigen Sie rechnerisch und grafisch, wie sich die Bestellkosten verhalten, wenn mit einer Bestellung jeweils 1, 10, 100, 500, 1.000, 2.000 Einheiten bestellt werden! Seite 191

3. Beschaffungsdurchführung

Nachdem die Beschaffungsprinzipien, Beschaffungswege, Beschaffungstermine und Beschaffungsmengen festgelegt sind, kann die Beschaffung realisiert werden. Sie umfasst mehrere **Stufen**:

3.1 Lieferantenauswahl

Um die Beschaffung durchführen zu können, ist es zunächst notwendig, die infrage kommenden Lieferanten herauszufinden. Die Lieferantenauswahl ist in den letzten Jahren **immer bedeutsamer** geworden. Sie erfolgt auf der Grundlag einer Vielzahl von Bewertungskriterien, z. B.:

Lieferungen/Leistungen	Lieferant selbst	Umfeld des Lieferanten
○ Qualität	○ Rechtsform	○ Ökologie
○ Preis	○ Finanzieller Status	○ Technologie
○ Konditionen	○ Kostenstruktur	○ Wirtschaftsregion
○ Lieferzuverlässigkeit	○ Marktanteil	○ Staat
○ Liefertreue	○ Forschung/Entwicklung	○ Wirtschaftszweig
○ Nebenleistungen	○ Kooperation	○ Volkswirtschaft

Die Lieferantenbewertung geschieht zweckmäßigerweise mithilfe von **Nutzwertrechnungen** – siehe ausführlich *Olfert / Reichel*. Dabei wird eine Punktbewertung der einzelnen Kriterien vorgenommen, wobei die Summe der Punkte den jeweiligen Nutzwert darstellt.

3.2 Angebotseinholung

Ein Angebot ist eine an eine bestimmte Person bzw. an ein bestimmtes Unternehmen gerichtete Willenserklärung, Güter zu den angegebenen Bedingungen zu liefern. Es kann abgegeben werden:

❑ **Verbindlich**, wenn der Anbieter sich verpflichtet innerhalb der gesetzlichen oder einer vertraglichen Bindungsfrist die angebotene Leistung zu erbringen.

❑ **Unverbindlich**, wenn die Bindung an das Angebot eingeschränkt oder ausgeschlossen wird, z. B. durch **Formulierungen** wie »Solange Vorrat reicht«, »Liefermöglichkeiten vorhanden«, »Preis freibleibend« oder »Unverbindlich«.

Für Angebote gibt es **keine Formvorschriften**, d. h. sie können schriftlich, mündlich oder durch schlüssiges Handeln abgegeben werden. Es sollten mehrere Angebote eingeholt werden, die Zahl hängt vom Auftragswert ab. **Inhalte** der Angebote sollten sein:

○ Materialart	○ Lieferbedingungen
○ Materialmenge	○ Zahlungsbedingungen
○ Materialqualität	○ Erfüllungsort
○ Materialpreis	○ Gerichtsstand

Die Angebotseinholung kann erfolgen als:

• **Mündliche Einholung**

• **Schriftliche Einholung**.

3.2.1 Mündliche Einholung

Die mündliche Einholung von Angeboten bietet sich für **Materialien geringeren Wertes** an, die den Aufwand schriftlicher Anfragen nicht rechtfertigen, im Wesentlichen also für C-Materialien.

Die **Bindung** eines Lieferanten an ein mündlich, auch telefonisch gegebenes Angebot gilt nur, solange das Gespräch dauert, es sei denn, die Gesprächspartner vereinbaren eine andere Erklärungs- oder Überlegungsfrist.

3.2.2 Schriftliche Einholung

Die schriftliche Einholung von Angeboten ist bei **höherwertigen Materialien** üblich, wozu die A- und B-Materialien zählen. Sie wird nicht nur wegen der rechtlichen Absicherung vorgenommen, sondern auch aus der Notwendigkeit heraus, Missverständnisse und Versäumnisse weitestgehend auszuschalten, die sich bei mündlichem Kontakt ergeben können.

Aus Gründen der Rationalisierung werden vielfach elektronisch geführte Formulare verwendet, die ein schnelles und genaues Ausfüllen gewährleisten. Üblicherweise werden die Anfragen über einen elektronischen Katalog gestellt. Bei günstigen Bedingungen werden die angefragten Materialien in den Warenkorb übernommen und somit eine Bestellung ausgelöst.

Anfragen bei Lieferanten dürfen weder zu früh – wegen sich noch ergebender Marktveränderungen – noch zu spät vorgenommen werden, damit das beschaffende Unternehmen bei der Angebotsprüfung nicht in Zeitdruck gerät. Der termingerechte Eingang der Angebote ist zu überwachen. Alle eingegangenen Angebote werden in das Anfrageregister bzw. in eine elektronisch geführte Bestellanforderungsdatei übernommen (SAP R/3)

Die **Bindung** eines Lieferanten an ein schriftlich gegebenes Angebot umfasst einen Zeitraum, in dem der Eingang einer Antwort unter regelmäßigen Umständen erwartet werden darf, es sei denn, das Angebot enthält eine Frist. Der **Widerruf** eines Angebotes ist möglich. Um rechtswirksam zu sein, muss er aber spätestens gleichzeitig mit dem Angebot beim beschaffenden Unternehmen eingehen.

3.3 Angebotsprüfung

Die beim beschaffenden Unternehmen eingegangenen Angebote sind systematisch zu prüfen, um den Lieferanten zu ermitteln, der das günstigste Angebot abgegeben hat. Die Angebotsprüfung erfolgt unter zwei **Gesichtspunkten**:

- **Formelle Angebotsprüfung**
- **Materielle Angebotsprüfung**.

3.3.1 Formelle Angebotsprüfung

Mit der formellen Angebotsprüfung soll sichergestellt werden, dass die Anfrage des Unternehmens und das Angebot des Lieferanten sachlich übereinstimmen. Sie bezieht sich auf alle vom anfragenden Unternehmen gesetzten **Daten**, die teilweise auch in den Einkaufsbedingungen des beschaffenden Unternehmens festgehalten sind.

Ergeben sich **Abweichungen** des Angebotes von der Anfrage, kann es zweckmäßig sein, mit dem betreffenden Lieferanten nochmals Kontakt aufzunehmen, um doch noch ein anfragekonformes Angebot zu erhalten.

Bei Verarbeitung der Anfragedaten mit IT kann über ein Prüfprogramm sichergestellt werden, ob alle Einkaufsbedingungen – wie vorgegeben – akzeptiert werden. Abweichungen lassen sich in einer Protokolldatei festhalten.

3.3.2 Materielle Angebotsprüfung

Die materielle Prüfung der Angebote von Lieferanten erfolgt unter Anlegung bestimmter **Kriterien**, die üblicherweise sind:

❑ Die **Qualität des Materials**, die Gegenstand des Angebotes ist. Sie muss entweder detailliert beschrieben werden oder im Rahmen der Normung vorgegeben sein. Wird eine **Abweichung** von der Anfrage festgestellt, kann dies bedeuten, dass eine mindere Qualität in der Fertigung nicht verwertbar ist bzw. eine höhere Qualität die Gefahr eines ebenfalls höheren Preises birgt.

❑ Der **Preis**, der für das angebotene Material gefordert wird. Um die Angebote vergleichen zu können, ist es notwendig, die **Beschaffungskosten** für das Material als Einstandspreis zu ermitteln, in dem die Lieferbedingungen und Zahlungsbedingungen berücksichtigt werden, sofern sie Einfluss auf die Beschaffungskosten haben.

❑ Die **Lieferfrist**, die insofern von Bedeutung ist, als sie für das beschaffende Unternehmen zu lang sein kann, um das Material einzusetzen. Ein ansonsten günstiges Angebot, das lediglich an der Lieferfrist scheitert, kann für die Zukunft interessant sein, wenn der Bestellvorgang früher ausgelöst wird. Neben der Länge der Lieferfrist ist auch noch die Zuverlässigkeit bei der **Einhaltung der Lieferfristen** von Bedeutung.

❑ Die **Flexibilität des Lieferanten**, die sich in dessen qualitativen und quantitativen Fertigungsmöglichkeiten ausdrückt. Bei guter Ausstattung des Fertigungsbereiches des Lieferanten sollte es möglich sein, besondere Kundenwünsche in angemessener Frist zu erfüllen.

❑ Die **Marktstellung des Lieferanten**, die aus mehreren Gründen von Bedeutung sein kann. Je stärker die Marktstellung des Lieferanten und je schwächer das beschaffende Unternehmen ist, umso ungünstiger werden sich Preise, Liefer- und Zahlungsbedingungen gestalten lassen.

❑ Der **Ruf des Lieferanten**, unter dem mehrere Gesichtspunkte gefasst werden, die vor allem sein können:

○ Aufgeschlossenheit für technischen Fortschritt   ○ Fortschrittlichkeit des Managements
○ Forschungsaktivitäten   ○ Kulanzleistungen
○ Kundendienstleistungen   ○ Bonität
○ Garantieleistungen

❑ Der **Standort des Lieferanten**, der die Transportkosten als Bestandteil der Lieferbedingungen beeinflusst, aber auch die Schnelligkeit und Sicherheit der Materialversorgung.

3.4 Angebotsauswahl

Die Angebotsprüfung, die formell und materiell nach den für die Beschaffung relevanten Kriterien erfolgte, findet ihren Abschluss in der Feststellung des bzw. der günstigsten Angebote.

Die **Kriterien** und ihre Beurteilung für die einzelnen anbietenden Lieferanten sollten zweckmäßigerweise systematisch und übersichtlich zusammengestellt werden, um das oder die günstigsten Angebote feststellen zu können. Dabei kann für die nicht oder schwer quantitativ erfassbaren Daten ein standardisiertes **Schema** verwendet werden.

Liegt ein Angebot in deutlichem Abstand vor den übrigen Angeboten, ist die Angebotsauswahl kein Problem. Es kann aber auch sein, dass mehrere Angebote ähnlich günstig sind. Handelt es sich bei den Angeboten um höherwertige Materialien, kann es sich anbieten, ergänzende **Verhandlungen** aufzunehmen.

Unternehmen stehen oft vor der Frage, welche Kriterien bei der Nutzwertanalyse eingesetzt werden sollen. Es empfiehlt sich folgende Kriterien zur Gewichtung heranzuziehen:

Kriterien	Gewicht
Preis	5
Qualität	2
Lieferzeit	2
Service	1

(1) Welche weiteren Kriterien wären möglich?

(2) Führen Sie eine Analyse durch, wobei folgende Beurteilungen vorliegen:

Kriterien	Beurteilung Firma A	Beurteilung Firma B
Preis	Gut	Sehr gut
Qualität	Gut	Befriedigend
Lieferzeit	Gut	Gut
Service	Befriedigend	Ausreichend

Seite 192

3.5 Bestellung

Die Bestellung ist die Willenserklärung einer Person bzw. eines Unternehmens, bestimmte Güter zu den angegebenen Bedingungen zu kaufen. Sie ist an **keine** besondere **Form** gebunden und kann deshalb erfolgen als:

❏ Schriftliche Bestellung
❏ Bestellung über das Internet
❏ Mündliche Bestellung.

Aus Gründen der rechtlichen **Absicherung** sollte der schriftlichen Bestellung der Vorzug gegeben werden. Es empfiehlt sich, einen mündlich vereinbarten Inhalt zusätzlich schriftlich festzuhalten und dem Marktpartner zuzuleiten. Widerspricht dieser binnen angemessener Frist nicht, kann das Unternehmen von der Richtigkeit des Inhaltes ausgehen.

Liegt ein Angebot des Lieferanten vor und wird – ohne Abweichung zum Angebot – bestellt, entsteht mit der Bestellung ein **rechtswirksamer Vertrag**. Ist der Bestellung kein Angebot vorausgegangen oder ein von der Bestellung abweichendes Angebot, entsteht ein rechtswirksamer Vertrag erst durch **Zustimmung des Lieferanten**, die erfolgen kann als:

❑ Schriftliche Zustimmung
❑ Zustimmung über das Internet
❑ Stillschweigende Zustimmung.

Das beschaffende Unternehmen sollte Wert darauf legen, eine **schriftliche Auftragsbestätigung** zu erhalten. Sie ist nach ihrem Eingang unverzüglich dem Inhalt nach zu prüfen, da als verbindlich immer diejenigen Bedingungen gelten, die zuletzt und unwidersprochen abgegeben worden sind.

Mit der Bestellung sind folgende **Vereinbarungen** zu treffen:

• **Beschaffenheit des Materials**

• **Menge des Materials**

• **Verpackung des Materials**

• **Erfüllungszeit**

• **Erfüllungsort**

• **Preis**

• **Zahlungsbedingungen**

• **Lieferbedingungen**.

Ein Teil dieser Vereinbarungen ist rahmenmäßig häufig in Form von **Geschäftsbedingungen** erfasst, die Einkaufsbedingungen oder Verkaufsbedingungen sein können.

3.5.1 Beschaffenheit des Materials

Die Beschaffenheit des Materials kann vertraglich auf unterschiedliche Weise festgelegt bzw. abgesichert werden, z. B. durch:

❑ **Beschreibung des Materials** im Einzelnen, gegebenenfalls unter Hinzufügung von Stücklisten, Zeichnungen u. Ä., oder durch allgemein verbindliche Qualitätsbezeichnungen.

❏ **Kauf nach Probe** als fester Kauf nach einer Warenprobe, einem Muster oder nach früheren Lieferungen, womit die Art und Güte des Materials genau festgelegt ist.

❏ **Kauf zur Probe** als fester Kauf einer kleinen Warenmenge zum Stückpreis, der für eine große Warenmenge zu zahlen wäre.

❏ **Kauf auf Probe**, bei dem sich das Unternehmen das Recht vorbehält, das Material innerhalb einer vereinbarten oder angemessenen Frist zurückzugeben.

❏ **Kauf auf Basis einer bestimmten Qualität**, wobei eine bestimmte Qualitäts-Preis-Relation vereinbart wird, d. h. veränderte Qualität führt zu verändertem Preis.

❏ **Kauf en bloc** als Kauf größerer Partien oder ganzer Warenläger ohne Zusicherung einer bestimmten Güte zum Pauschalpreis.

Enthält die Bestellung keine Festlegung der Qualität der Ware, ist der Lieferant verpflichtet, eine **Ware mittlerer Art und Güte** zu liefern.

3.5.2 Menge des Materials

Die Materialmenge kann ebenfalls auf unterschiedliche Weise festgelegt sein. Als **Vereinbarungen** sind möglich:

❏ Genaue Maßangabe
❏ Ungefähre Maßangabe/Zirkaangabe
❏ Garantie einer bestimmten Materialmenge.

Wird die Menge des Materials durch die Gewichtsangabe beschrieben, ist bedeutsam, welches **Gewicht** der Preisberechnung zu Grunde liegt:

❏ Das **Bruttogewicht** als Gewicht des Materials einschließlich der Verpackung.
❏ Das **Nettogewicht** oder **Reingewicht** als Gewicht des Materials ohne Verpackung.

Die Differenz zwischen Bruttogewicht und Nettogewicht – das Gewicht der Verpackung – wird als **Tara** bezeichnet, die mit unterschiedlichem Genauigkeitsgrad ermittelt werden kann. Geht aus dem Kaufvertrag nicht hervor, welches Gewicht dem Preis zu Grunde liegen soll, gelten **Handelsbräuche** oder **Branchenbedingungen**, ersatzweise das **Reingewicht**.

3.5.3 Verpackung des Materials

Die **Aufmachungsverpackung** oder **Verkaufsverpackung** kann als Bestandteil des Materials angesehen werden. Die Kosten der Verpackung sind damit i.d.R.

im Preis enthalten. Dies gilt mitunter nicht für die Kosten, die für eine **Versand-verpackung** oder **Schutzverpackung** anfallen. Sie können gesondert berechnet werden.

Bei einer Vereinbarung »**brutto für netto**« wird die Verpackung als Material mit-gewogen und mitberechnet. Liegt keine Vereinbarung darüber vor, wer die Kosten der Verpackung zu tragen hat, gilt der Handelsbrauch, andernfalls sind sie vom beschaffenden Unternehmen zu tragen.

3.5.4 Erfüllungszeit

Die Erfüllungszeit ist die Zeit, zu welcher der Lieferant das Material zu übergeben hat. Ist vertraglich nichts vereinbart, kann der Lieferant sofort liefern, das beschaffende Unternehmen sofortige Lieferung verlangen. Es ist zweckmäßig, die Erfüllungszeit vertraglich festzulegen, wobei folgende **Geschäfte** unterschieden werden:

❏ **Promptgeschäfte**, bei denen die Lieferung sofort zu erfolgen hat, d. h. innerhalb kurzer Frist.

❏ **Lieferungsgeschäfte**, bei denen eine spätere Erfüllungszeit vereinbart wird, z. B. bei Abrufverträgen (Festlegung der gesamten Menge, nicht jedoch der Ab-ruf- und Lieferzeitpunkte), Sukzessivlieferungsverträgen (die Mengen sowie Abruf- und Liefertermine sind bestimmt), Rahmenverträgen (keine Festlegung der Menge, Abruf- und Liefertermine).

Die Promptgeschäfte und Lieferungsgeschäfte stellen **Fixgeschäfte** dar, wenn das Material ausschließlich genau zu dem oder den vereinbarten Terminen zu liefern ist.

3.5.5 Erfüllungsort

Der Erfüllungsort ist der Ort, an dem die Übergabe des Materials zu erfolgen hat. Am Erfüllungsort hat das gelieferte Material die Menge und Beschaffenheit aufzu-weisen, die vertraglich festgelegt sind. Es sind zu unterscheiden:

❏ Der **gesetzliche Erfüllungsort** als der Ort, an dem der Lieferant des Materials seinen Wohn- oder Geschäftssitz hat.

❏ Der **vertragliche Erfüllungsort** als der zwischen den Vertragspartnern ver-einbarte bzw. in Angebot bzw. Bestellung unwidersprochen genannte Ort.

❏ Der **natürliche Erfüllungsort** als der Ort, an dem die Leistung ihrer Natur oder den Umständen nach zu bewirken ist.

Am Erfüllungsort geht die **Gefahr** für das Material vom Lieferanten auf das beschaffende Unternehmen über. Vom Erfüllungsort ist bei Kaufleuten auch der Gerichtsstand abhängig.

In der Praxis wird heute eine Bestellung IT-mäßig abgewickelt. Als internationale Grundlage dazu dient EDI-FACT.

(1) Welche Vorteile bringt diese Vorgehensweise den Unternehmen?

(2) Irrtümlicherweise werden Bremsen (ABS) zu Audi statt zu BMW geschickt und dort eingebaut. Wie ist zu verfahren?

(2) Wie werden folgende Rechtsgeschäfte behandelt?
  ○ Rahmenvertrag
  ○ Kauf auf Abruf
  ○ Konsignationslagervertrag
  ○ Streckengeschäft

Seite 192

3.5.6 Preis

Der Preis für das zu beschaffende Material kann sein:

❑ Ein **fester Preis**, der vertraglich pro Mengeneinheit genau festgelegt ist, z. B. 500 €/Stück.

❑ Ein **fester Ausgangspreis**, der zwar für den Zeitpunkt des Vertragsabschlusses genau bestimmt ist, sich aufgrund äußerer Einflüsse im Zeitablauf aber ändern kann. Zunächst wird ein bestimmter Basispreis festgelegt, die endgültige Preisfestsetzung erfolgt später mithilfe von Indices.

❑ Der **Tagespreis** als Preis, der an einem bestimmten Tag gültig ist, was für das beschaffende Unternehmen nicht unproblematisch ist, vor allem wenn das Unternehmen ggf. nicht aus dem Vertrag herauskommt.

❑ Ein **unbestimmter Preis**, der aber wegen der mit ihm verbundenen Ungewissheit keine Vertragsgrundlage sein sollte.

In engem Zusammenhang mit dem Preis sind die Liefer- und Zahlungsbedingungen zu sehen.

3.5.7 Zahlungsbedingungen

In den Zahlungsbedingungen erfolgen insbesondere die folgenden vertraglichen **Festlegungen**:

❑ Der **Zahlungsort** als vertraglicher Erfüllungsort für die Bezahlung. Mangels einer vertraglichen Vereinbarung gilt als Zahlungsort gesetzlich der Wohn- oder Geschäftssitz des Schuldners.

❑ Der **Zahlungszeitpunkt**, der unterschiedlich geregelt sein kann. Es gibt folgende Festlegungen:

> ○ Zahlung vor Lieferung (Anzahlung, Vorauszahlung)
> ○ Zahlung gegen Lieferung (Barkauf)
> ○ Zahlung nach Lieferung (Zielkauf, Kreditkauf)

❑ Ein **Rabatt**, der den Einstandspreis vermindert. Er kann z. B. ein Mengenrabatt, Barzahlungsrabatt, Sonderrabatt oder Funktionsrabatt sein.

Die Zahlungsbedingungen können den Angebotspreis verändern, d.h. der effektiv zu zahlende Preis von ihm abweichen.

3.5.8 Lieferbedingungen

Die Lieferbedingungen umfassen **Regelungen**, die teilweise bereits behandelt wurden:

○ Lieferbereitschaft	○ Rücktrittsmöglichkeiten
○ Lieferzeit	○ Verpackungskosten-Berechnung
○ Lieferart	○ Frachtkosten-Berechnung
○ Umtauschmöglichkeiten	○ Versicherungskosten-Berechnung

Die **Lieferart** spielt bei den Lieferbedingungen eine besondere Rolle. Mit ihr wird der Weg des Materials vom Lieferanten zum Käufer beschrieben. Dabei ist zu festzulegen:

❑ Welche **Transportmittel** zu benutzen sind.
❑ Wer die **Kosten der Lieferung** trägt.

Durch die Aufstellung der **Incoterms** stehen eindeutige Klauseln, insbesondere auch für den zwischenstaatlichen Handelsverkehr, zur Verfügung, z. B. »ab Werk (EXW), frei Haus (CIF), frei Frachtführer, ab Schiff, unverzollt«. Sie regeln auch den Kosten- und Gefahrenübergang – siehe *Oeldorf / Olfert*. Incoterms gelten nicht automatisch, sondern sie müssen durch Vereinbarung in den Vertrag zwischen Käufer und Verkäufer aufgenommen werden.

Lieferbedingungen können auch regeln, dass erst ab einer bestimmten **Mindestauftragsgröße** geliefert wird bzw. kleinere Aufträge mit **Mindermengenzuschlägen** belastet werden.

Schließlich ist darauf hinzuweisen, dass Lieferbedingungen, aber auch Zahlungsbedingungen zwischen den Verbänden der Anbieter und Nachfrager für ganze
Branchen bzw. Wirtschaftszweige generell geregelt und in **Konditionskartellen**
niedergelegt sein können.

Wichtig sind für den Kunden auch Garantie und Gewährleistung. **Gewährleistung** ist gesetzlich geregelt, während die **Garantie** eine reine Kulanzleistung des
Herstellers darstellt. Die gesetzlich geregelte Gewährleistung ist die gesetzliche
Verpflichtung des Schuldners, eine Sache oder ein Werk in mangelfreiem Zustand
abzuliefern.

Bei Angebotsvergleichen sind Preis, Lieferbedingungen und Zahlungsbedingungen von hoher Bedeutung. Ein Einwirken auf diese
Kriterien zeigt, welche Angebote besonders vorteilhaft sind.

(1) Welche Preisklauseln sind zu beachten?

(2) Welche Zahlungsbedingungen haben einen Einfluss auf den
    Endpreis?

(3) Welche Lieferbedingungen sind vor allem wichtig?

Seite
192

4. Beschaffungskontrolle

Der Beschaffungskontrolle ist in der Materialwirtschaft besondere Aufmerksamkeit
zu widmen. Dabei erfolgt die Kontrolle zweckmäßigerweise als:

4.1 Kostenkontrolle

Die Kostenkontrolle bezieht sich im Wesentlichen auf diejenigen Kosten, welche
die Einflussfaktoren auf die Höhe einer optimalen Bestellmenge sind. Es sollen
behandelt werden:

❏ Die **Beschaffungskosten**, die sich aus Einstandspreisen und Beschaffungsmengen zusammensetzen, und einer Kontrolle unterzogen werden durch – siehe
Oeldorf / Olfert:

Preisvergleiche	Dabei erfolgen Vergleiche der tatsächlich gezahlten Preise mit: ○ Preisen vergangener Perioden ○ durchschnittlichen Marktpreisen ○ geplanten Standardpreisen. Es sind auch Vergleiche mithilfe von **Kennzahlen** möglich, z. B.:

$$\text{Preisabweichung vom Durchschnittspreis in \%} = \frac{\text{Höchster Einstandspreis in € pro Mengeneinheit des Materials A}}{\text{Durchschnittlicher Einstandspreis in E pro Mengeneinheit des Materials A}} \cdot 100$$

Rabattvergleiche	Sie erfolgen, weil die Rabatte den Hauptanteil der Abzüge von Angebotspreisen darstellen. Dabei können die absoluten Rabattsätze einzelner Materialien miteinander verglichen werden. Möglich sind aber auch Vergleiche mithilfe von Kennzahlen, z. B.:

$$\text{Preisnachlassquote} = \frac{\text{Erzielte Preisnachlässe}}{\text{Durchschnittspreis}} \cdot 100$$

❑ Um die **Bestellkosten** zu kontrollieren, bieten sich z. B. die folgenden **Kennzahlen** an:

$$\text{Kosten einer Bestellung in €} = \frac{\text{Bestellkosten pro Monat bzw. Jahr}}{\text{Anzahl der Bestellungen pro Monat bzw. Jahr}}$$

$$\text{Bestellkosten in \% der Beschaffungskosten in €} = \frac{\text{Bestellkosten pro Monat bzw. Jahr}}{\text{Beschaffungskosten pro Monat bzw. Jahr}} \cdot 100$$

❑ Die **Lagerhaltungskosten** lassen sich insbesondere durch die Feststellung der Lagerumschlagshäufigkeit als **Kennzahl** kontrollieren:

$$\text{Lagerumschlagshäufigkeit} = \frac{\text{Materialverbrauch pro Jahr}}{\text{Durchschnittlicher Lagerbestand}}$$

Je höher die Lagerumschlagshäufigkeit ist, umso vorteilhafter ist dies für das Unternehmen.

❑ Die **Fehlmengenkosten** können ebenfalls betrachtet werden, obgleich sie schwer zu ermitteln sind. Halten sie sich in engen Grenzen, deutet das auf eine gute Lagerpolitik hin.

4.2 Prozesskontrolle

Im Rahmen der Ablaufkontrolle geht es im Wesentlichen um zwei Fragestellungen:

• **Bestellmengenkontrolle**

• **Lieferterminkontrolle**.

4.2.1 Bestellmengenkontrolle

Die Beschaffungsabteilung muss jederzeit rasch in der Lage sein, sich einen Überblick über folgende Fragen zu verschaffen,

❑ *Welche Arten von Materialien wurden bestellt?*
❑ *Welche Mengen von Materialien wurden bestellt?*
❑ *Zu welchen Lieferterminen wurde bestellt?*
❑ *Bei welchen Lieferanten wurde bestellt?*

Diese Kenntnis ermöglicht ihr eine ständige Kontrolle der Bestellmengen, die zumindest wöchentlich erfolgen sollte, um erkennen zu können, inwieweit der Beschaffungsplan realisiert ist.

4.2.2 Lieferterminkontrolle

Die laufende Kontrolle der Liefertermine ist wichtig, da sicherzustellen ist, dass die für einen bestimmten Zeitpunkt zu liefernden Materialien auch **termingerecht** eintreffen. Ansonsten besteht die Gefahr, dass die Leistungserstellung gefährdet wird.

Mit der Lieferterminkontrolle wird eine Verbindung zwischen der Beschaffungswirtschaft und der Lagerwirtschaft hergestellt.

5. Beschaffung/E-Procurement

Im E-Business wird der Beschaffungsbereich durch das E-Procurement abgebildet. Unternehmen erkennen die Verbesserungsmöglichkeiten und die Chance durch die Nutzung von E-Business. Diese Ziele sind:

Langfristige Ziele	Mittelfristige Ziele	Kurzfristige Ziele
Kundenbindung	Kundenzufriedenheit	Imageverbesserung
Strategische Partnerschaften	Kostenreduktion	Marktdurchdringung
Sicherung des Unternehmens	Gewinnsteigerungen	Neukundengewinnung
	Qualitätssteigerungen	Umsatzsteigerungen

Dazu sollen näher betrachtet werden:

5.1 Beschaffungsobjekte des E-Procurement

»E-Procurement« (oder Electronic Procurement) lautet »**elektronische Beschaffung**« und steht im Zusammenhang mit dem Einsatz moderner Informations- und Kommunikationstechnologie in nahezu allen Bereichen der Unternehmensfunktion Beschaffung.

Aufgrund der gegenwärtigen Funktionalitäten von E-Procurement-Anwendungen sollen folgende Aspekte berücksichtigt werden:

❑ Die **Standardisierbarkeit** von Materialien und Dienstleistungen, insbesondere bei C-Gütern.

❑ Die **Prozesskostenreduzierung**, bei der diejenigen Arbeitschritte des Beschaffungsprozesses identifiziert und analysiert werden, die durch den Einsatz der Informationstechnologie gestrafft und schneller ausgeführt werden können.

❑ Die **Beschaffungswertsenkung**, bei der die zu beschaffenden Materialien bestimmten Klassen und Gruppen zugeordnet werden, die durch eine hohe Bestellfrequenz und große Bestellvolumina gekennzeichnet sind.

5.2 C-Artikel

Es kann zwischen direkten oder indirekten Gütern unterschieden werden:

❑ **Direkte Güter (A-Güter)** fließen direkt in das Produkt also in das Kerngeschäft des Unternehmens ein. Sie zeichnen sich durch hohen strategischen Wert und hohes Beschaffungsvolumen (ca. 70 - 80 %) aus. Typische Güter sind Rohmaterialien, Komponenten, Module.

❏ **Indirekte Güter (C-Güter)** kauft ein Unternehmen nicht für die Weiterverarbeitung ein, sondern für die Nutzung bzw. den Konsum im Unternehmen. Indirekte Güter werden auch als MRO-Produkte (Maintenance, Repair, Operating) bezeichnet. Typische indirekte Güter sind z. B. Büromaterial, Instandhaltungsbedarf, Dienstleistungen.

Diese indirekten Güter sind geringwertige Produkte, die jedoch gekennzeichnet sind durch eine hohe Bestellfrequenz, hohe Bestellkosten sowie ein niedriges Beschaffungsvolumen (ca. 30 %).

Die **Beschaffungskriterien** von indirekten und direkten Materialien unterscheiden sich wesentlich voneinander, wie folgende Tabelle zeigt:

Kriterium	Direktes Material	Indirektes Material
Materialart	Entwicklung/Produktion mit Lieferanten	Verbrauchsmaterial
Bedarf	Große Stückzahlen	Individuelle Bestellung
Bedarfsanforderung	Produktionsplan gem. Stücklisten	Abteilungsbedarf
Verfahren	Angebote, Rahmenverträge	Kataloge, Telefonate

Die nachstehende Tabelle zeigt die Verteilung von **Beschaffungskosten** im Verhältnis zu Einstandspreisen:

Artikel	A-Artikel	B-Artikel	C-Artikel
Einstandspreis	90 %	75 %	20 %
Beschaffungskosten	10 %	25 %	80 %

Es zeigt sich, dass die indirekten Güter die größten Materialkosten verursachen, den Personaleinsatz des Einkaufs verhältnismäßig stark belasten und zahlreiche Lieferanten binden, jedoch von geringem materiellen und strategischem Wert sind.

5.3 Formen des E-Procurement

Die alltäglichen Problemstellungen, die sich bei der Beschaffung der C-Artikel ergeben, sind gekennzeichnet durch eine geringe Wertschöpfung, hohe Durchlaufzeiten und einen niedrigen Bestellwert der Einzelartikel. Folgende **Maßnahmen** sind daher in Betracht zu ziehen:

❏ Die Nutzung von **Ausschreibungen und Auktionen**. Sie eigenen sich für Bedarfe, die durch ein hohes Beschaffungsvolumen und eine relativ große Zahl an potenziellen Lieferanten, gekennzeichnet sind. Bei den elektronischen Auktionen findet man vor allem die Form der einkaufsorientierten Auktion, die auch als **reverse auction** bezeichnet wird.

❑ Der Einsatz **elektronischer Kataloge**. Sie enthalten Produkt- und Dienstleistungsinformationen zu den verschiedensten Produkten und machen es zu einem wirkungsvollen Instrument, mit deren Hilfe auf verschiedene Produkte verschiedener Lieferanten zurückgegriffen werden kann. Sie haben:

> ○ **Stärken:** Kataloglösungen erhöhen die Prozesssicherheit und damit auch die Qualität des Bestellprozesses.
>
> ○ **Schwächen:** Der Hauptnachteil besteht in einem relativ hohen Aufwand in den Fachabteilungen Einkauf und IT.

5.4 Verbesserungen durch E-Procurement

E-Procurement-Systeme ermöglichen wesentliche Verbesserungen und Kosteneinsparungen.

❑ **Senkung der Prozesskosten:** Die Abwicklung eines Bestellvorganges ohne ein elektronisches Beschaffungssystem verursachen durchschnittliche Kosten von 40 bis 120 €. Hier kann eine Senkung der Prozesskosten von bis zu 80 % erreicht werden.

❑ **Senkung der Produktkosten:** E-Procurement-Systeme erlauben dem Einkauf eine bessere Bewirtschaftung indirekter Materialgruppen und erreichen eine stärkere Bündelung von Einkaufsvolumina.

❑ **Senkung der Bestandskosten und Durchlaufzeitverkürzung:** Es lassen sich Zwischenlager reduzieren bzw. komplett eliminieren. Dadurch können Bestände bis zu 30 % und Lagerkosten bis zu 50 % gesenkt werden. Durch die Automatisierung können die benötigten Produkte aus dem elektronischen Produktkatalog bestellt werden.

❑ **Einhaltung von Rahmenverträgen:** Durch ein E-Procurement-System werden die Bedarfsträger gezwungen, Rahmenverträge und Beschaffungsrichtlinien einzuhalten, da sie nur Produkte aus dem Katalog bestellen können.

❑ **Besseres Controlling:** Für den strategischen Einkauf bietet das E-Procurement-System bessere Auswertmöglichkeiten sowie mehr Transparenz der Vorgänge. Dies erlaubt eine bessere Überwachung der Vorgänge.

Durch die Einführung eines E-Procurement-Systems wird der Beschaffungsprozess erheblich vereinfacht. Der ideale Ablauf zeigt den Wegfall von bisher notwendigen Tätigkeiten.

Besteller	Einkauf	Wareneingang	Lieferant
Bedarf Erfassen			
Lieferant Auswählen	Bestellung freigeben		
Bestellung durchführen			Ware liefern
Ware prüfen		Ware prüfen/ einlagern	
Rechnung prüfen			In Rechnung stellen
Ware einbuchen			
Rechnung buchen/ begleichen			

Der Ablauf gestaltet sich in folgenden **Schritten**:

5.5 Ziele des E-Procurement

Das Hauptziel des E-Procurement ist die Steigerung des Unternehmenswertes. Daraus abgeleitet lassen sich Unterziele nennen.

Durch die **Optimierung des Beschaffungsprozesses** kann dieser erheblich schlanker gestaltet werden. Im E-Procurement-System wird der gesamte Beschaffungsprozess – von der Bestellanforderung bis hin zur Rechnungsprüfung – abgebildet. Durch die Automatisierung des Prozesses können Einzelschritte reduziert werden und der gesamte Beschaffungsprozess beschleunigt werden.

Das Ziel der **Qualitätssteigerung** wird durch die Entlastung des strategischen Einkaufs erreicht. Die nachstehende Tabelle zeigt zusammenfassend die Ziele des E-Procurement auf:

Kostenreduktion	Verbesserung der Beschaffung	Qualitätssteigerung
○ Verminderung der Prozesskosten und Einstandspreise ○ Abschluss von Rahmenverträgen	○ Automatisierung der Prozesse ○ Verkürzung der Prozesse	○ Entwicklung zum strategischen Einkauf ○ Verbesserung der Markttransparenz

37

Erläutern Sie, was unter folgenden Begriffen zu verstehen ist, die Sie in diesem Kapitel kennen gelernt haben:

❑ Materialbeschaffung
❑ Beschaffungsmarktforschung
❑ Marktanalyse
❑ Marktbeobachtung
❑ Sekundärforschung
❑ Primärforschung
❑ Markt
❑ Beschaffungsprinzipien
❑ Vorratsbeschaffung
❑ Einzelbeschaffung
❑ Fertigungssynchrone Beschaffung
❑ Just-in-Time-Beschaffung
❑ Beschaffungswege
❑ Beschaffungstermi
❑ Beschaffungskosten
❑ Bestellkosten
❑ Lagerhaltungskosten
❑ Lagerhaltungskostensatz
❑ Fehlmengenkosten

❑ Optimale Beschaffungsmenge
❑ Optimale Bestellhäufigkeit
❑ Angebot
❑ Angebotsprüfung
❑ Bestellung
❑ Kauf
❑ Erfüllungszeit
❑ Gewicht
❑ Verpackung
❑ Erfüllungsort
❑ Preis
❑ Zahlungsbedingungen
❑ Lieferbedingungen
❑ Beschaffungskontrolle
❑ Elektronische Kataloge
❑ E-Procurement
❑ MRO-Produkte
❑ Sourcing
❑ Auktionen

Seite 197 ff.

E. Materiallagerung

Die Materiallagerung erfasst die Vorgänge des Materialeinganges, des Materialeinlagerns und der Materialentnahme. Sie bietet in Verbindung mit der Bestandsführung, bei der die Bestände mengen- und wertmäßig erfasst werden, die Grundlage für eine umfassende Planung und Steuerung des Bestandes.

Als Materiallagerung werden entsprechend behandelt:

Materiallagerung	Materialeingang
	Materiallagerung
	Materialabgang

1. Materialeingang

Der Materialeingang geht in mehreren **Schritten** vor sich:

Der Materialeingang umfasst damit grundsätzlich:

1.1 Materialprüfung

Die Materialprüfung erfolgt im Verlaufe oder unmittelbar nach der Materialannahme. Sie umfasst folgende Tätigkeiten:

- **Belegprüfung**
- **Mengenprüfung**
- **Zeitprüfung**
- **Qualitätsprüfung**.

1.1.1 Belegprüfung

Im Unternehmen eintreffendes Material wird meist von Packlisten wie Transportpapieren, Warenbegleitscheinen oder Lieferscheinen begleitet, auf denen zumindest die Auftragsnummer der Bestellung, die Sachnummer und die Menge des Materials enthalten sind. Diese Daten werden mit den Bestellkopien verglichen, um eventuelle Fehler zu erkennen.

Es findet eine **Überprüfung** nach den Grundsätzen des Handelskaufes (§ 377 HGB) statt:

❑ Das eingehende Material ist auf **äußerlich erkennbare Schäden** hin zu **untersuchen**.

❑ Das eingehende **Material** ist mithilfe der beigefügten Begleitpapiere zu **identifizieren**.

❑ Die Existenz eines **Bestellsatzes** ist zu **überprüfen**. Sein Fehlen kann auf telefonische (Eil-)Bestellungen zurückzuführen sein.

Während die meisten Materialien beim Eingang aufgrund ihrer Begleitpapiere identifiziert werden, können auch Materialien mit unvollständigen oder fehlenden Begleitpapieren eintreffen.

1.1.2 Mengenprüfung

Der Belegprüfung schließt sich eine Mengenprüfung an. Sie erfolgt als ein **Vergleich** zwischen:

❑ Gelieferten Materialmengen und Mengen der Begleitpapiere
❑ Gelieferten Materialmengen und Mengen des Bestellsatzes
❑ Gelieferten Materialmengen und nach Fertigungsplan erforderlichen Mengen.

Der Vergleich kann erkennen lassen:

❏ **Überlieferungen**, die mehrere Gründe haben können, z. B.:

> ○ Lieferung der falschen Menge durch Lieferanten
> ○ Zusammenfassung mehrerer Bestellungen durch Lieferanten
> ○ Telefonische Bestellungen ohne schriftliche Dokumentation
> ○ Bestellung durch nichtberechtigte Personen/Bereiche

❏ **Unterlieferungen**, die häufig auf Fehler beim Lieferanten zurückzuführen sind, sofern keine Transportschäden festgestellt werden.

Bei Teilmengenlieferungen, Unterlieferungen und verspäteten Lieferungen kann der Materialeingangsbereich nicht allein entscheiden, welche Maßnahmen zu treffen sind, weil die Aufrechterhaltung der Fertigung gefährdet sein kann.

1.1.3 Zeitprüfung

Die Prüfung der Liefertermine ist Voraussetzung für eine geeignete Planung und Steuerung der Materialien im Unternehmen. Die Zeitprüfung wird durchgeführt als **Vergleich** zwischen:

❏ Liefertermin des Materials und dem im Bestellsatz festgelegten Termin
❏ Fertigstellungstermin und dem geplanten Termin bei Eigenfertigung

Abweichend vom Fälligkeitstermin kann die Lieferung erfolgen:

❏ **Vor dem Fälligkeitstermin**, was zu überhöhten Lagerbeständen führt und zusätzlichen Lagerplatz erfordert.

❏ **Nach dem Fälligkeitstermin**, was zu Schwierigkeiten bei der Fertigung führen kann.

Der Bedeutung des Wareneingangs ist in der Schnittstelle zwischen Lieferung und der weiteren Verwendung des Materials gemäß der logistischen Kette zu sehen. Hier hat der Empfänger der Ware seine Pflicht zur Untersuchung der Warensendung und evtl. der Mängelrüge wahrzunehmen.

(1) Welche Tätigkeiten laufen im Wareneingang ab?

(2) In welchen Einzelschritten läuft dies ab?

(3) Wie kann auf die Einhaltung der Liefertermine eingewirkt werden?

Seite 192

1.1.4 Qualitätsprüfung

Die Qualitätsprüfung beim Materialeingang hat den Zweck, nur solche Materialien einzulagern, welche die geforderte Qualität hinreichend erfüllen. Sie ist der wichtigste Teil der Materialprüfung und dient der Qualitätssicherung der eingehenden Materialien.

Die Verwendung ungeprüfter Materialien, die sich als qualitativ ungeeignet erweisen, kann zu Schwierigkeiten und Verzögerungen in der Fertigung und – damit verbunden – zu höheren Kosten führen.

Die an ein Material gestellten **Qualitätsanforderungen** (ISO 9000:2000) finden sich in Gesetzen und Verordnungen, DIN-Normen, Verbandsnormen, Gütebestimmungen sowie Beschaffungsvorschriften.

Für die Qualitätsprüfung sind mehrere **Festlegungen** notwendig:

❏ **Prüfvorschriften**, nach denen das Material zu prüfen ist
❏ **Ort** der Prüfung, z. B. im Prüflabor oder in der Werkstatt
❏ **Anforderungen** an die Prüfung, z. B. an Personal und Geräte.

Für die Durchführung der Qualitätsprüfung sind zu betrachten:

1.1.4.1 Umfang

Mit dem Umfang der Qualitätsprüfung wird festgestellt, wie viele Teile einer Materiallieferung und welche Eigenschaften des Materials zu prüfen sind. Er bezieht sich damit auf:

❏ Die **Häufigkeit der Prüfung**, also die Frage, ob z. B. jede 10. oder 15. Sendung oder in größeren Intervallen geprüft wird.

❏ Den **Umfang der** einzelnen **Prüfung**, der sich darauf bezieht, ob z. B. 10 %, 50 % oder 100 % einer Materiallieferung geprüft werden. Dementsprechend sind zu unterscheiden:

  • **Hundertprozentprüfung**

  • **Stichprobenprüfung**.

1.1.4.1.1 Hundertprozentprüfung

Die Hundertprozentprüfung, bei der jedes Stück einer Lieferung der Prüfung unterzogen wird, garantiert am sichersten die Einhaltung des geforderten Prüfstandards. Grundsätzlich können alle wesentlichen **Qualitätsmerkmale** geprüft werden. Wichtig sind aber nur solche Merkmale, welche die Funktionsfähigkeit und spätere Verwendbarkeit des Erzeugnisses beeinflussen.

Ungeeignet ist eine Hundertprozentprüfung:

❑ Aus **technischen Gründen**, wenn die Qualität nur durch zerstörende Prüfverfahren wie Lebensdauerversuche, Zerreißproben oder Crash-Tests zu bestimmen ist.

❑ Aus **wirtschaftlichen Gründen**, z. B. wegen der hohen Kosten bzw. weil der Lieferant bereits Prüfungen vorgenommen hat.

Es kann auch sein, dass die Materialien so rasch von der Fertigung benötigt werden, sodass eine Hundertprozentprüfung nicht durchführbar ist.

1.1.4.1.2 Stichprobenprüfung

Das kostengünstigere Stichprobenverfahren nimmt aus der Grundgesamtheit der jeweiligen Lieferung eine repräsentative **Stichprobe**, deren Umfang sich aus der Risikohöhe und der Wahrscheinlichkeit, mit der ein Fehlerereignis eintreten kann, bestimmt.

Die **Grundgesamtheit** ist die Menge aller Ereignisse oder Einheiten, die in die statistische Untersuchung einbezogen wird. Die Stichprobe wird ihr zufällig entnommen, d.h. jedes Element der Grundgesamtheit hat die gleiche Wahrscheinlichkeit, in die Stichprobe mit einbezogen zu werden. Verfahren dazu können z. B. sein:

❑ Das **Auslosen** und **Auswürfeln** der kleineren Stichproben
❑ Die Auswahl aus einer **Zufallszahlentabelle**
❑ Die Auswahl mit einem **Zufallszahlengenerator** bei IT-Einsatz.

Wesentliche **Bestandteile der Stichprobenprüfung** sind:

❑ Der **Stichprobenplan** als eine Vorschrift, in der Richtlinien zur Annahme oder Zurückweisung des beurteilten Loses in Abhängigkeit von den Prüfergebnissen dargestellt sind. Um die Handhabung zu erleichtern, werden in der betrieblichen Praxis verschiedene **Systeme** genutzt, z. B. das Dodge-Roming-System (USA).

Als **Stichprobenpläne** lassen sich unterscheiden:

Einfach-Stichproben-pläne	Bei ihnen wird die Entscheidung über Annahme oder Rückweisung eines Prüfloses auf der Grundlage einer Entnahme gefällt, weshalb ein relativ großer Stichprobenumfang nötig ist.
Mehrfach-Stichproben-pläne	Dabei wird Annahme oder Ablehnung einer Lieferung vom Ergebnis zweier Stichproben abhängig gemacht, wodurch der Umfang der Stichproben wesentlich geringer gehalten werden kann.

❑ Die **Stichprobenauswertung**, die erfolgt, indem die Ergebnisse der Prüfung in Diagrammform dargestellt werden. Damit lässt sich bildlich erkennen, ob eine Lieferung anzunehmen oder zurückzuweisen ist.

Mithilfe von **Annahmekennlinien** wird versucht, einen Zusammenhang zwischen der Annahmewahrscheinlichkeit als der Wahrscheinlichkeit der Annahme eines Prüfloses unter Berücksichtigung einer Anzahl fehlerhafter Einheiten und dem Anteil fehlerhafter Einheiten im Prüflos darzustellen.

1.1.4.2 Arten

Entscheidend für die Art und das Ausmaß der gütebestimmenden Eigenschaften sind die Anforderungen, die der Markt an ein Erzeugnis stellt. Damit ist die Qualität als diejenige Beschaffenheit beschrieben, die ein Erzeugnis zur Erfüllung vorgesehener Funktionen geeignet macht.

Mithilfe der Qualitätsprüfung kann das Vorhandensein bestimmter Eigenschaften festgestellt werden. Sie ist möglich als:

• **Attributprüfung**

• **Variablenprüfung**.

1.1.4.2.1 Attributprüfung

Bei der Attributprüfung erfolgt die Prüfung lediglich danach, ob ein Prüfmerkmal der Qualitätsnorm entspricht oder nicht. Sie wird auch **Gut-Schlecht-Prüfung** genannt.

Zur Prüfung wird dem Los eine Stichprobe entnommen. Die Zahl der durch die Prüfung festgestellten fehlerhaften Einheiten wird ermittelt und mit einer **Kennzahl** verglichen, welche die Anzahl der Einheiten festlegt, bei der das **Los noch angenommen** wird. Übersteigt die Zahl der fehlerhaften Einheiten die Kennzahl, ist das Los zurückzuweisen.

Die Durchführung der Attributprüfung ist einfach, da ein Mindeststichprobenumfang genügt. Die zu ermittelnden Werte sind üblicherweise in Tabellen dargestellt, aus denen sie leicht abzulesen sind.

1.1.4.2.2 Variablenprüfung

Bei der Variablenprüfung erfolgt bei einem vorgelegten Los die Entnahme einer Stichprobe. Sie wird auch als **messende Prüfung** bezeichnet. Mit ihrer Hilfe wird an jeder Einheit der Stichprobe das interessierende Qualitätsmerkmal gemessen.

Als Maß für die Qualität des Loses dient eine **Prüfgröße**. Sie stellt den Soll- oder Grenzwert dar, der eine Entscheidung über Annahme oder Ablehnung des Loses ermöglicht.

Da ein Messwert mehr Informationen über die einzelne Einheit enthält als die Angabe »gut« oder »schlecht«, reichen bei der Variablenprüfung meist **erheblich kleinere Stichprobenumfänge** als bei der Attributprüfung aus – gleiche Risiken vorausgesetzt.

Die Variablenprüfung kann deshalb in vielen Fällen trotz höherer Prüfkosten wirtschaftlicher als die Attributprüfung sein.

1.1.4.3 Ablauf

Die Durchführung der Qualitätsprüfung bezieht sich grundsätzlich auf alle Materialien, die von außerhalb des Unternehmens angeliefert werden. Um die Fertigung fehlerhafter Teile frühzeitig erkennen und eine Ausschussfertigung verhindern zu können, sind einzelne **Prüfschritte** zu beachten:

Erstellen von Prüfvorschriften, die das Prüfverfahren bestimmen
⇩
Information über Art, Dauer, Toleranz der Prüfung
⇩
Dokumentation der Prüfergebnisse, die meist grafisch erfolgt
⇩
Festlegen von Prüfungsstandards, oft zusammen mit Lieferanten

Die bei der Materialprüfung erzielten Ergebnisse sind in einem **Prüfbericht** zusammenzufassen, der dient als:

❑ **Fertigmeldung der Prüfarbeiten**, worauf das mängelfreie Material dem Bestand zugebucht und für Dispositionszwecke verwendet werden kann.

❑ **Überwachung von Reklamationen**, die in Bezug auf das fehlerhafte Material in Zusammenarbeit mit Arbeitsvorbereitung, Disposition und anfordernder Abteilung erfolgen muss.

❑ **Voraussetzung für die Rechnungsprüfung**, die rechnerisch erst dann erfolgt,
wenn die Lieferung nach Art und Menge geprüft ist.

> Die Industrie kennt folgende Fertigungstypen: Einzelfertigung,
> Kleinserienfertigung, Großserienfertigung, Massenfertigung. Da-
> bei macht die Komplexität der zugekauften Teile und Module eine
> Prüfung der Qualität und der Funktionsfähigkeit empfehlenswert.
> Der Einbau fehlerhafter Teile und eine evtl. Verschrottung hätte
> einen negativen Einfluss auf die Wertschöpfung.
>
> (1) Wie wird bei Einzelfertigung und Kleinserienfertigung vorge-
>   gangen?
>
> (2) Wie wird bei Großserienfertigung und Massenfertigung vorge-
>   gangen?
>
> (3) Wie werden Produkte behandelt, die just-in-time zugeliefert
>   werden?
>
> (4) Wie kann auf den Prüfungsumfang und die Prüfungskosten
>   eingewirkt werden?

Seite 193

1.2 Rechnungsprüfung

Die Rechnungsprüfung erstreckt sich auf einen Vergleich der Lieferantenrechnung
mit der Auftragsbestätigung, der Bestellung, den Materialbegleitpapieren und dem
Prüfbericht. Dabei findet eine **Prüfung** in dreifacher Hinsicht statt:

• **Sachliche Prüfung**

• **Preisliche Prüfung**

• **Rechnerische Prüfung**.

1.2.1 Sachliche Prüfung

Anhand der Unterlagen des Bestellvorganges ist die sachliche Richtigkeit der
Rechnung zu kontrollieren. **Abweichungen** zwischen der Bestellmenge und der
Liefermenge sind zu reklamieren, wenn sie über das vereinbarte oder handelsüb-
liche Maß hinausgehen.

Probleme ergeben sich, wenn:

❑ zur Rechnung eine entsprechende Lieferung nicht vorliegt
❑ eine Über- oder Unterlieferung erfolgt ist
❑ der Lieferant eine Teillieferung vornimmt, die Rechnung jedoch über den vollen
  Betrag lautet.

Als **Fragestellungen** bei der sachlichen Prüfung bieten sich an:

❏ *Liegen zur Lieferung kontierte Bedarfsmeldungen vor?*
❏ *Ist der Bedarf im Beschaffungsprogramm vorhanden?*
❏ *War die Bedarfsmeldung vollständig?*
❏ *Nahm der Lieferant selbstständig Änderungen vor?*
❏ *Wurden die Beschaffungsrichtlinien eingehalten?*

In der Praxis wird die sachliche Rechnungsprüfung meist durch die **Beschaffungsabteilung** wahrgenommen, während die rechnerische Prüfung von der Buchhaltung erfolgt.

1.2.2 Preisliche Prüfung

Häufig kann eine Überprüfung des Preises, wie er von der Beschaffungsabteilung in der Bestellung akzeptiert wurde, nicht erfolgen. Inwieweit der Preis eines Lieferanten hingenommen wurde, ohne dass eine Überprüfung des Marktpreises erfolgte, lässt sich bei manueller Organisation nur mit hohem Aufwand feststellen.

Fragestellungen bei der preislichen Prüfung können sein:

❏ *Weicht der vorliegende Preis wesentlich vom Marktpreis ab?*
❏ *Sind mindestens drei Preisangebote von Lieferanten eingeholt?*
❏ *Warum wurde ein Lieferant bei der Belieferung bevorzugt?*
❏ *Bevorzugt ein Einkäufer einen bestimmten Lieferanten?*
❏ *Liegt dessen Preis über dem Marktpreis?*

Die preisliche Prüfung kann sein:

❏ Eine **manuelle Rechnungsprüfung**, die vielfach nur bei A-Materialien erfolgen kann.

❏ Eine **automatisierte Rechnungsprüfung**, bei der sich im Rahmen der Rechnungsschreibung Prüfschritte einbauen lassen, die jede Bestellposition mit der Lieferposition und mit allgemeinen Marktdaten vergleichen. Damit ist es möglich, die Arbeit der Beschaffungsabteilung zu überprüfen, welche eine Erschwerung für das Unternehmen schädlichen Absprachen mit Lieferanten erfolgt.

1.2.3 Rechnerische Prüfung

Die rechnerische Prüfung bezieht sich insbesondere auf zwei **Aspekte**, die zu unterscheiden sind. Das sind mögliche Rechenfehler bei der Ermittlung der Rechnungssumme sowie möglicherweise mehrfache Rechnungstellung.

Das umfangreiche Nachrechnen der Rechnungen, wobei der Wert jeder Materialposition festgestellt und danach der Gesamtpreis ermittelt wird, erfolgt heute in vielen

Unternehmen nicht mehr, zumal Rechenfehler durch die maschinelle Erstellung der Rechnungen unwahrscheinlich sind.

2. Materiallagerung

Die Materiallagerung erfolgt in **Lägern** als Einrichtungen, die Materialien aufbewahren und verfügbar halten. Darin wird das gesamte Material im Unternehmen aufgenommen, wozu auch die Teile des Materials zählen, die sich in der Fertigung befinden. Der **Lagerprozess** beginnt mit der Übernahme des Materials und endet mit der Abgabe der Erzeugnisse aus dem Erzeugnis- oder Versandlager.

Die **Funktionen** der Läger sind:

❑ **Mengenmäßige Anpassung**, indem größere Mengen angeliefert werden als für die Fertigung kurzfristig erforderlich sind.

❑ **Zeitliche Anpassung**, weil die Materialien oft bereits vor ihrer Verwendung in der Fertigung bzw. Erzeugnisse vor ihrem Verkauf bereitstehen müssen.

❑ **Qualitative Anpassung**, wenn im Verlaufe der Lagerung eine Wertverbesserung eintritt, z. B. bei Holz oder Wein.

❑ **Wertmäßige Anpassung**, indem spezielle Situationen auf dem Beschaffungsmarkt oder Absatzmarkt ausgenutzt werden.

Die **Organisation** der Läger ist eine wichtige Voraussetzung für eine wirtschaftliche Lagerhaltung. Sie kann sich an folgenden **Prinzipien** orientieren:

❑ **Stofforientierung**, wenn gleichartige Lagergüter in Lägern mit speziellen Lagereinrichtungen zusammengefasst werden, z. B. Kabellager, Treibstofflager.

❑ **Verbrauchsorientierung**, wenn die Läger den im Fertigungsprozess anfallenden Materialbedarf befriedigen soll.

❑ **Zugriffsfreiheit**, wenn das Fertigungspersonal berechtigt ist, den Lägern bei Bedarf benötigtes Material zu entnehmen.

❑ **Zugriffsgebundenheit**, wenn sichernde Maßnahmen – z. B. Lagerpersonal – die Gewähr für ordnungsgemäße Entnahmen bieten.

Im Folgenden sollen betrachtet werden:

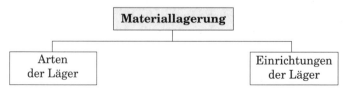

2.1 Arten der Läger

Es gibt eine Vielzahl unterschiedlicher Läger. Als wichtige Arten von Lägern sollen behandelt werden:

- **Funktionsbezogene Läger**
- **Stufenbezogene Läger**
- **Standortbezogene Läger**
- **Gestaltungsbezogene Läger**.

2.1.1 Funktionsbezogene Läger

Um die Lagerfunktionen optimal erfüllen zu können, bietet sich als Unterscheidung der Läger an:

Außerdem können noch **Hilfsläger** genannt werden. Das sind Läger, die Güter aufnehmen, die aus raumtechnischen Gründen nicht oder nur unter Gefährdung der Ordnung in Haupt- oder Nebenlägern aufgenommen werden können.

2.1.1.1 Hauptläger

Als Hauptläger werden Läger bezeichnet, welche die von ihnen aufgenommenen Güter aus **werksexternen Quellen** erhalten oder an werksexterne Bezieher abgeben. Meist werden sie als **Zentralläger** geführt, wobei die Materialien an einem Ort innerhalb des Betriebes bevorratet werden.

2.1.1.2 Nebenläger

Nebenläger haben keine Kontakte mit werksfremden Wirtschaftseinheiten, sondern beziehen das Material von werksinternen Quellen oder geben es an werksinterne Bezieher ab. Im Falle der Stofforientierung werden die Materialien nach Materialarten getrennt. Häufig findet aber eine räumliche Aufteilung nach der Verbrauchsorientierung statt.

2.1.2 Stufenbezogene Läger

Im Verlaufe des Fertigungsprozesses durchläuft das Material verschiedene Lagerstufen. Dementsprechend lassen sich unterscheiden:

2.1.2.1 Eingangsläger

Eingangsläger sind nach außen gerichtete Läger, die der Fertigung als Puffer zwischen Beschaffungsrhythmus und Fertigungsrhythmus dienen. Sie haben als **Aufgaben**:

❑ Laufende Versorgung der Fertigung mit Material
❑ Aufnahme von Material aus spekulativen Gründen
❑ Freihalten des Fertigungsablaufes von Marktschwankungen.

Nach der Abwicklung der im Rahmen des Materialeinganges erforderlichen Tätigkeiten werden die Materialien auf Anforderung den Werkstattlägern zugeführt.

2.1.2.2 Werkstattläger

Werkstattläger sind Zwischenläger, die im **Fertigungsbereich** die Materialien aufnehmen, wenn sie bereits eine oder mehrere Fertigungsstufen durchlaufen haben, aber noch eine weitere Bearbeitung erfahren sollen.

Die Größe der Werkstattläger ist weitgehend von der Art der Fertigung abhängig. Bei einer **Werkstattfertigung** entstehen meist mehrere Werkstattläger zwischen den einzelnen Fertigungsabschnitten. Bei einer **Fließfertigung** sind Werkstattläger weitgehend vermeidbar.

2.1.2.3 Erzeugnisläger

Die Lagerung, die nach dem Abschluss der Fertigung notwendig ist, erfolgt in den Erzeugnislägern, die Erzeugnisse, Ersatzteile, Halbfabrikate und Waren aufnehmen. Ihre **Organisation** hängt davon ab, ob unmittelbar an die Verbraucher bzw. Verwender, über Auslieferungsläger oder eine rechtlich selbstständige Vertriebsorganisation geliefert wird.

Erzeugnisläger dienen vorwiegend dazu, Schwankungen des Absatzmarktes aufzufangen, denn während die Fertigungsanlagen kontinuierlich genutzt werden müssen, weist der Absatz meist keine Kontinuität auf.

2.1.3 Standortbezogene Läger

Die Standorte der Läger sind so zu planen, dass die Fertigungsstellen fortlaufend mit den benötigten Materialien versorgt werden können. Der Bestimmung eines optimalen Standorts können zwei **Ausgangssituationen** zu Grunde liegen:

❑ Die räumliche Struktur ist vorgegeben.
❑ Die räumliche Struktur ist gestaltbar.

Bei den standortorientierten Lägern sind zu untersuchen:

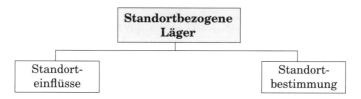

2.1.3.1 Standorteinflüsse

Die Wahl der Standorte und deren Gestaltung richten sich vor allem nach den Anforderungen der einzulagernden Materialien und der ablauftechnischen Eingliederung. Es sind zu unterscheiden:

❑ **Innerbetriebliche Einflussfaktoren**, die für die Wahl der Standorte von Bedeutung sind. Dazu zählen:

○ Art des Materials	○ Menge des Materials
○ Form des Materials	○ Volumen des Materials
○ Beschaffenheit des Materials	○ Häufigkeit des Materialeinganges.

Die innerbetrieblichen Einflussfaktoren sind in die Planung des Materialflusses einzubeziehen. So sind die Betriebsmittel und sonstigen Betriebseinrichtungen transportoptimal anzuordnen und durch Fördermittel zu verbinden, wodurch die Fertigungsflächen und Lagerflächen miteinander verknüpft werden.

Oft lässt sich eine volle zeitliche Abstimmung der Maschinen- und Fördereinheiten nicht erreichen.

❑ **Außerbetriebliche Einflussfaktoren**, wozu vor allem Vorschriften und Bestimmungen zählen, die von Behörden und Versicherungen festgelegt werden.

Beispielsweise gibt es Verordnungen, die das Errichten von Lägern an bestimmten Stellen untersagen. Gegebenenfalls müssen Baumaßnahmen im Lagerbereich aus umweltpolitischen Gründen getroffen werden, die ein Mehrfaches der üblichen Bausumme ausmachen können.

Die Wahl des Standorts wird auch maßgeblich davon beeinflusst, wie die Zuleitung und Versorgung des Unternehmens von außen, aber intern auch des Fertigungsbereiches mit Materialien erfolgt.

2.1.3.2 Standortbestimmung

Die Standortbestimmung der Läger erfolgt nach dem Grundsatz, dass die Fertigungsstätten unter Minimierung der Transportwege mit den benötigten Materialien versorgt werden. Dazu werden mathematische **Verfahren** eingesetzt, die den Transportkosten die entscheidende Rolle zuweisen.

Mit der Standortbestimmung stellt sich auch die Frage der Zentralisation oder Dezentralisation der Läger:

❑ Eine **Zentralisierung** bietet sich dort an, wo mehrere Lagerstellen verschiedener Unternehmensteile zentral zusammengefasst und wegen der Konzentrierung der Lageraufgaben größere Lagereinheiten gebildet werden können.

Neben der wirtschaftlichen und technischen Nutzung der Einrichtung von Speziallägern lässt sich die Kontrolle bei der Materialannahme und Materialabgabe rationeller gestalten. Zentrale Läger sind bei **Klein- und Mittelunternehmen** die vorherrschende Form.

❑ Eine **Dezentralisierung** der Läger kann zweckmäßig sein, wenn verschiedenartige Rohstoffe und schwere, sperrige Güter zu lagern sind. Vielfach ist die räumliche Entfernung zwischen dem Lagerstandort und dem jeweiligen Fertigungsbereich, wie er besonders bei **größeren Unternehmen** vorkommt, bestimmend für die Einrichtung von dezentralen Lägern.

Bei Stoffen, die z. B. wegen Hitze, Staub, Erschütterung eine sachgemäße Lagerung verlangen, erfolgt die Lagerung in separaten Lägern.

Läger sind vielfach in den Produktionsfluss integriert und folgen dem Produktionsdurchlauf. Dieser Ablauf ist: Wareneingang – Teilefertigung – Vormontage – Endmontage – Endprodukt.

(1) Wo entstehen Läger?
(2) Wie kann die Einlieferung der Materialien durch genormte Verpackungsbehälter unterstützt werden?
(3) Kann durch outsourcing die Planungssituation verbessert werden?

Seite 193

2.1.4 Gestaltungsbezogene Läger

Die Organisation und Gestaltung der Läger sollte am Materialfluss orientiert sein, um eine schnelle Versorgung der Verbrauchsstellen garantieren zu können. Je nach Unternehmensgröße, Materialien und Organisationsstruktur findet sich in der Praxis eine Vielzahl gestaltungsbezogener Läger. Dazu zählen:

2.1.4.1 Eingeschossläger

Eingeschossläger bieten sich an, wenn keine Notwendigkeit besteht, die Läger wegen einer Beschränkung der verfügbaren Lagerfläche über mehrere Geschosse zu verteilen. Der Antransport wie auch der Abtransport lassen sich leicht realisieren. Da die Fertigungshallen meist als Eingeschossbauten angelegt sind, empfiehlt sich die organisatorische Anbindung der Läger als Eingeschossläger.

Die Eingeschossläger können nach verschiedenen **Kriterien** unterteilt werden:

❑ Nach der **Bauart** gibt es:

Offene Läger	Sie sind Plätze ohne Schutz vor Witterungseinflüssen und bieten sich nur für Materialien an, die durch eine offene Lagerung keine Qualitätseinbußen erleiden.
Halboffene Läger	Sie sind überdachte Lagerflächen, meist zum Lagern von Fertigerzeugnissen. Wegen ihrer Verpackung ist eine Qualitätsminderung vielfach nicht zu befürchten.
Geschlossene Läger	Dabei handelt es sich häufig um eingeschossige Hallen oder um Gebäude, die Lagerzwecken dienen. Sie enthalten geeignete Einrichtungen sowie Funktionsräume, die dem Personal sachgerechtes Arbeiten ermöglichen.
Spezialläger	Sie sind für bestimmte Materialien geschaffen, z. B. flüssige, gasförmige und giftige Stoffe, um deren technologischer Beschaffenheit gerecht zu werden.

❑ Nach den zu **lagernden Objekten**, die ihrer Menge und ihres Raumbedarfes wegen zusammengefasst werden, bieten sich an:

Rohstoffläger	Sie dienen z. B. der Lagerung von Eisen und Stahl, Erz, Kohle, Gussteilen, NE-Metallen.
Fertigteile-läger	Sie werden z. B. für die Lagerung von Einzelteilen, Gruppenteilen, Motoren und Getrieben, Normteilen genutzt.
Hilfs-/Betriebs-stoffläger	In ihnen werden z. B. Werkzeuge, Installationsmaterial, Schmier-stoffe, Elektromaterial gelagert.

❏ Nach den ihnen zugeordneten **Funktionen** sind z. B. Reparaturläger, Monta-geläger oder Ersatzteilläger möglich. Die Vorratshaltung in diesen Lägern ist schwierig, da der genaue Bedarf in vielen Fällen nur geschätzt werden kann.

2.1.4.2 Mehrgeschossläger

Mehrgeschossläger sind Läger, welche die einzulagernden Materialien auf verschie-denen Ebenen aufbewahren. Sie ergeben sich häufig aus der Forderung nach einem reibungslosen und wirtschaftlichen Materialfluss.

Der Hochbau hat gegenüber Eingeschossbauten geringere Aufwendungen für Un-terhalts- und Betriebskosten. Dem steht allerdings höhere Kosten für Fundament, Deckenlast, Treppenhäuser sowie Transporteinrichtungen gegenüber.

Typisch für den Geschossbau ist das sich **langsam umschlagende Lager**. Dazu muss die Lagerkapazität auf den einzelnen Geschossebenen so groß sein, dass so-wohl das Ausgangsmaterial als auch das Eingangsmaterial reibungslos gelagert und transportiert werden können.

2.1.4.3 Hochregalläger

Eine zentrale Aufgabe der Materiallagerung ist es, die Materialien so zu speichern, dass sie leicht wiedergefunden und dem Fertigungsbereich in kurzer Zeit überstellt werden können. Das ist mithilfe von Hochregallägern möglich.

Hochregalläger sind in der Lage, durch ihre Bauweise erheblich mehr Palettenplätze zur Verfügung zu stellen. Durch automatisierte Hebe- und Förderzeuge entfallen breite Wegeflächen für Gabelstapler und können zur Lagerung genutzt werden.

Automatisierte Hochregalläger arbeiten mit einer großen Zahl spezialisierter Hebe- und Förderzeuge. Über **Steigfördersysteme** werden die Materialien – meist vom Materialeingang oder der Fertigung – zum Hochregallager gefördert. Dem Abtrans-port dienen **Abförderungssysteme**.

Die Abmessungen der Hochregalläger richten sich nach den verwendeten Paletten oder den sonstigen Lagereinheiten. Die einzelnen Regale sind durch Gänge vonein-ander getrennt, wobei die Gangbreite auf das Palettenmaß zugeschnitten ist.

Traditionelle Läger:
6 · 4 = 24 Behälter

Hochregal-Läger mit
gleicher Grundfläche
10 · 12 = 120 Behälter

Die für die Hochregallagerung typische Einordnung der Materialien wird als **chaotische Lagerung** bezeichnet. Das bedeutet, dass jede neu ankommende Lagereinheit auf einen – vom System ausgewählten – freien Platz abgelegt wird.

Diese Form der willkürlichen Zuordnung des Lagerplatzes ermöglicht gegenüber der herkömmlichen Form der festen Platzvergabe eine erhebliche Platzersparnis.

Hochregallager (HRL) haben gegenüber traditionellen Lägern den Vorteil, dass über ein automatisiertes Zugriffsystem die vielen Lagerplätze schnell erreicht werden können.

Voraussetzung sind HRL-Rechner, die jederzeit Auskunft geben können, welches Material welchen Lagerplatz belegt und welcher Platz mit welchem Material belegt ist.

(1) Warum finden sich HRL bevorzugt im Kommissionierungsbereich des Warenausgangs bzw. im Ersatzteillager?

(2) Wie kann verhindert werden, dass im HRL Materialien mit hoher Umschlagshäufigkeit lange Transportwege haben?

(3) Was bedeutet chaotische Lagerung?

Seite 193

2.2 Einrichtung der Läger

Für die Einrichtung der Läger steht eine Vielzahl von Sachmitteln zur Verfügung, deren Anwendbarkeit vom einzelnen Lagerobjekt abhängt. Als Einflussgrößen sind zu berücksichtigen:

• **Regale**

• **Packmittel**

• **Fördermittel**.

2.2.1 Regale

Die Regale werden in verschiedenen Formen und Materialien angeboten und stellen die traditionellen Einrichtungen dar. Es gibt sie als Systeme im Baukasten, die sich individuell an das jeweilige Lager anpassen lassen. In der Praxis bedient man sich verschiedener **Regalsysteme**. Das sind z. B. die folgenden Regale:

❑ **Durchlaufregale**, bei denen von der einen Seite beschickt und von der anderen Seite entnommen werden kann.

❑ **Compactregale**, die so zusammengestellt werden, dass Zwischengänge entfallen bzw. nur bei Entnahme aufgeschoben werden.

❑ **Paternosterregale**, die so angeordnet sind, dass vertikale Bewegungen ermöglicht werden.

❑ **Palettenregale**, die zur Aufnahme genormter Paletten dienen. Hier hat sich heute die Euro-Palette durchgesetzt.

2.2.2 Packmittel

Packmittel dienen dazu, Materialien zu transportieren und zu lagern. Gleichzeitig schützen sie die Materialien. Der Transport und die Lagerung in genormten Behältern hat eine wesentliche Senkung der Verpackungs- und Transportkosten zur Folge. Als **Arten** von Packmitteln können unterschieden werden:

❑ **Container**, die Behälter darstellen, deren Größe genormt ist. Sie lassen sich wechselweise auf verschiedenen Transportmitteln einsetzen.

❑ **Collico-Behälter**, die sich durch einen stabilen Behälteraufbau auszeichnen, der einen hohen Schutz gewährleistet.

❑ **Paletten**, die tragbare Plattformen mit oder ohne Aufbau zu einer Ladeeinheit sind. Sie fassen Materialien zusammen.

2.2.3 Fördermittel

Die technische Entwicklung der Fördermittel führte in den letzten Jahren im Lagerbereich dazu, die Transportkapazität bei gleichem Bedienungspersonal zu steigern. Zu den **Arten** der Fördermittel zählen:

❑ **Ladegeräte** zum Beladen und Entladen der Materialien, z. B. als Bodenfahrzeuge, Krane.

❑ **Transportgeräte**, deren Einsetzbarkeit vom Lagerort, der Lagereinrichtung und dem Transportweg zur Fertigungsstelle abhängt.

❑ **Lagerhilfsgeräte**, die für unterschiedliche Tätigkeiten genutzt werden, z. B. Zählen, Messen, Wiegen, Kommissionieren.

In Supermärkten sind Regale, Packmittel und Fördermittel im Einsatz. Je nach Warentyp finden sich unterschiedliche Einsatzformen.

(1) Wie wird das Wiederauffüllen realisiert bei Waschmitteln, Küchenrollen, Weine?

(2) Wie sollten Milch, Säfte, Bier gelagert werden?

(3) Wo ist eine Blocklagerung sinnvoll?

(4) Welche Fördermittel stehen in Baumärkten zur Verfügung?

Seite 193

3. Materialabgang

Materialabgänge stellen bestandsvermindernde Lagerbewegungen dar. Sie sind mengenmäßig genau zu erfassen. Es lassen sich die folgenden **Phasen** des Materialabganges unterscheiden:

3.1 Anforderung

Anforderungen werden von unterschiedlichen Bereichen an das Lager gegeben, dessen Aufgabe es ist, sie zu erfassen und die Materialien für den Abgang bereitzuhalten:

❑ Überwiegend kommen Anforderungen von der **Fertigungsplanung**. Sie beziehen sich auf Fertigungsaufträge, Baugruppen und einzelne Materialien.

❑ Häufig gibt es auch Anforderungen aus den Bereichen **Konstruktion**, **Qualitätsprüfung** und vorbeugende **Wartung**.

❑ Weiterhin erfolgen Anforderungen im Rahmen von **Kundenaufträgen**, z. B. für Reparaturteile oder Ersatzteile.

3.2 Auslagerung

Unter der Auslagerung wird vor allem das Kommissionieren verstanden, das in zwei **Formen** erfolgen kann:

❑ Findet die Zusammenstellung des Auftrages an den Lagerplätzen statt, so bezeichnet man dies oft als »**Mann zu Ware**«, d. h. der Mitarbeiter hat die Waren aus verschiedenen Lagerplätzen zu holen.

❑ Werden die Waren eines Auftrages durch automatisierte Lagergeräte aus dem Hochregallager zum Entnahmepunkt gebracht, so bezeichnet man dies oft als »**Ware zu Mann**«. Die Ware muss lediglich am Entnahmepunkt aus den Behältern entnommen werden.

Diese Form der Auslagerung nutzt die Regaleinrichtungen optimal. Hier werden laufend Aufträge in eine **Warteschlange** gebracht und anschließend kommissioniert. Dies erlaubt es, eiligen Aufträgen eine höhere Priorität gegenüber anderen Aufträgen zuzuordnen.

Bei der organisatorischen Gestaltung der Belieferungsprozesse gibt es das **Bringsystem**, bei dem das Lagerpersonal verschiedene Bedarfsstellen anfährt und mit Material versorgt. Um Engpässe zu vermeiden, wird genügend Material bereitgestellt.

Arbeitet die Fertigung nach dem Prinzip von **teilautonomen Gruppen**, versorgen sich diese Gruppen bei Bedarf selbst mit Material. Diese Verfahrensweise hat positive Auswirkungen auf Lagerflächen und Stellflächen.

3.3 Erfassung

Das Erfassungsproblem stellt sich bei allen Formen des Materialausganges. Es kann sich auf die Lieferung an Kunden, die Materialbereitstellung für die Fertigung, sonstige interne Bereitstellungen sowie Rücklieferung an den Lieferanten beziehen.

Im **Warenausgang** werden Waren mit hoher Wertigkeit bewegt. Dies setzt ein erhebliches Vertrauen in die Mitarbeiter voraus und bedingt eine hohe Einsatzbereitschaft der Ladehilfsgeräte und Anlagen. Hier laufen die Kundenbedarfe ein, die zeitgenau zu erfassen sind, um eine exakte Bedarfsplanung zu ermöglichen.

Die Planung einer hohen Verfügbarkeit an Personal und Transportmitteln ermöglicht eine verzögerungsarme Bearbeitung. Kommissionierungen und Tourenpläne werden optimiert.

43

Erläutern Sie, was unter folgenden Begriffen zu verstehen ist, die Sie in diesem Kapitel kennen gelernt haben:

❑ Materiallagerung   ❑ Stufenbezogene Läger
❑ Materialprüfung   ❑ Standortbezogene Läger
❑ Belegprüfung   ❑ Gestaltungsbezogene Läger
❑ Mengenprüfung   ❑ Regale
❑ Zeitprüfung   ❑ Packmittel
❑ Qualitätsprüfung   ❑ Fördermittel
❑ Rechnungsprüfung   ❑ Auslagerung
❑ Funktionsbezogene Läger

Seite 197 ff.

F. Materialverteilung

Die Materialverteilung ist die zusammenfassende Bezeichnung für sämtliche Aktivitäten, die den Materialfluss zum, im und vom Unternehmen betreffen. Sie soll den Materialfluss vom Rohstofflieferanten bis zum Verbraucher oder Verwender wirtschaftlich gestalten und damit einen Beitrag dazu leisten, indem sie die Kosten für Transport, Umlagerung, Einlagerung und Lagerbestandskontrollen minimiert.

Eine intensive Beschäftigung mit der Materialverteilung ist aus mehreren Gründen notwendig:

❑ Die **Kosten der Materialverteilung** steigen ständig. So betragen die Gesamtkosten für Lagerung, Verladung und Transport unternehmensabhängig zwischen 15 % und 35 % des Umsatzes.

❑ Der **Lieferbereitschaftsgrad** als Prozentsatz der Bedarfsanforderungen, die in der Planperiode durch den Lagervorrat gedeckt sind, stellt eine der wesentlichsten kostenbezogenen Einflussgrößen der Materialwirtschaft dar.

❑ Die **Abnehmer** versuchen in starkem Maße, die **Lagerhaltung** auf die Lieferanten **abzuwälzen**, kleinere Aufträge in kurzen Abständen zu beschaffen. Dadurch steigen bei den Lieferanten die Lagerhaltungskosten und Auftragsabwicklungskosten.

❑ Die **Abnehmer** fordern verstärkt eine **breitere** und **tiefere Erzeugnispalette**, was bei den Lieferanten zu höheren Lieferbereitschaftskosten, Lagerhaltungskosten und Auftragsbearbeitungskosten führt.

Um die Materialverteilung zu optimieren, wurden verschiedene **Konzepte** entwickelt:

❑ Die **Logistik** als Summe aller Tätigkeiten, die sich mit der Planung, Steuerung und Kontrolle des gesamten Flusses innerhalb und zwischen Wirtschaftseinheiten befasst, der sich auf Materialien, Personen, Energie und Informationen bezieht – siehe ausführlich *Oeldorf/Olfert*.

   Sie befasst sich nicht nur mit Transportprozessen, sondern auch mit Prozessen der Lagerung oder Speicherung sowie der zeitlichen Verfügbarkeit von Leistungen.

❑ Das **Material Management**, bei dem es um Fragen des Materialflusses geht. Dieser Teilfunktion des betrieblichen Versorgungssystems muss besondere Aufmerksamkeit gewidmet werden, da allein zwischen 10 % und 20 % der Personalkosten im Fertigungsbereich auf Tätigkeiten des Materialtransports entfallen.

   Die **Bereiche** des Material Managements liegen sowohl innerhalb des Unternehmens als auch im Distributionskanal zwischen dem Unternehmen und seinem Abnehmer.

❑ Die **Physical Distribution**, unter der verstanden werden kann:

Im weiteren Sinne	Dabei handelt es sich um die **Logistik**, welche die Aufgaben der Steuerung, Lagerung und Bewegung **aller Materialien** innerhalb des Unternehmens und zwischen dem Unternehmen und seinen Kunden umfasst.
Im engeren Sinne	Physical Distribution wird hier als Gestaltung des Flusses der **verkaufsfähigen Erzeugnisse** von dem Abschluss der Fertigung bis zum Empfang bei den Abnehmern verstanden. Da die Absatzwege feststehen, beschränkt sich ihre Aufgabe darauf, das richtige Material in der gewünschten Menge und zum richtigen Zeitpunkt bei minimalen Kosten am Ort der Nachfrage verfügbar zu machen

Im Rahmen der Materialverteilung sollen betrachtet werden:

Material-verteilung	Tätigkeiten
	Optimierung
	Risiken
	Kommissionierung

1. Tätigkeiten

In der Vergangenheit wurden die Tätigkeiten der Materialverteilung meist durch verschiedene Unternehmensabteilungen abgewickelt. Inzwischen werden sie vielfach als Teile einer einzigen Funktion betrachtet. Als Tätigkeiten der Materialverteilung lassen sich nennen:

1.1 Auftragsbearbeitung

Die Auftragsbearbeitung verwaltet alle Auftragsdaten, von der Angebotserstellung über den Auftrag und die Auftragsdurchführung bis zur Auslieferung der fertiggestellten Erzeugnisse. Während die Erstellung der Daten zur Rechnungserstellung noch von der Auftragsbearbeitung wahrgenommen wird, zählen die Rechnungsbegleichung, Offene-Posten-Buchhaltung und die Verkaufsstatistiken nicht mehr hierzu.

Ziel der Auftragsbearbeitung ist es, sämtliche Auftragsdaten fehlerfrei und ohne Verzögerung zu erfassen, um eine **pünktliche Auslieferung** und eine verbesserte Beantwortung bei Kundenanfragen zu erreichen.

Aufträge durchlaufen folgende **Schritte**:

❑ **Erfassung der Aufträge**, wobei die Erzeugnisse auf Gültigkeit geprüft und gegebenenfalls Kreditprüfungen der Kunden veranlasst werden.

❑ **Prüfung der Verfügbarkeit**, die zeigen soll, ob die Aufträge als Sofortaufträge ausgeführt werden können oder sie im Fertigungsplan zu berücksichtigen sind, da über sie lagermäßig nicht verfügt werden kann.

❑ Die **Steuerung der Aufträge**, wodurch diese überwacht und erforderliche Änderungen berücksichtigt werden, welche die Fertigstellungstermine beeinflussen können.

❑ **Kundenanfragen**, die bearbeitet werden müssen. Sie beziehen sich häufig auf den Arbeitsfortschritt bzw. auf die Liefertermine.

Die Auftragsbearbeitung arbeitet eng mit anderen Funktionsbereichen des Unternehmens zusammen, insbesondere der Konstruktions- und Entwicklungsabteilung, der Lagerwirtschaft und der Fertigungssteuerung.

Ein Unternehmen stellt Elektronikbauteile und Steuergeräte her. Diese sind in den Grundkomponenten bereits vorgefertigt. Geht ein Kundenauftrag ein, so werden die Teile in der Montage kundenbezogen fertig gestellt (2 Tage). Werden Sonderanfertigungen benötigt, so sind zusätzlich Entwicklungsarbeiten und Tests durchzuführen (8 Tage). Die Kommissionierung und die Verpackung beträgt 1 Tag, der Versand 1 Tag.

(1) Welche Ablaufschritte ergeben sich?

(2) Welche Gesamtzeit ergibt sich bei einem Normalauftrag?

(3) Welche Gesamtzeit ergibt sich bei einem Spezialauftrag?

Seite 194

1.2 Versand

Sobald Aufträge fertig gestellt sind, werden sie zur Auslieferung bereitgestellt. Dazu sind im Auslieferungslager entsprechende Pläne aufzustellen, welche die Arbeitsbelastung des Versandpersonals und die Kapazität der Transportmittel zu berücksichtigen haben.

Die bei der Auftragsannahme festgelegten **Lieferanweisungen** sind zu beachten. Sie können sich auf die Verpackung, die Verladung sowie die Auslieferung beziehen. Insbesondere müssen hier auch geäußerte **Kundenwünsche** entsprechend berücksichtigt werden.

1.3 Lagerführung

Die Voraussetzung zur Erfüllung der Distributionsfunktion sind ausreichende Lagerbestände. Bei der Führung von Lagerbeständen unterscheidet man:

❑ **Erzeugnisläger**, die zur Aufnahme aller verkaufsfähigen Erzeugnisse, Ersatzteile und Waren dienen. Darin sind die hauptsächlich nachgefragten Güter in ausreichender Menge bereitzuhalten. **Aufträge**, die aus den Lagerbeständen erfüllt werden, sind:

Sofort-aufträge	Sie werden unmittelbar nach Auftragseingang erfüllt. Da Aufträge verschiedener Kunden um den gleichen Lagerbestand konkurrieren können, erfolgt eine **Reservierung** im Lagerbestand für die Kunden, die ihren Auftrag zuerst gemeldet hatten. Daraufhin werden **Ausfasspapiere** erstellt, die zum Empfang der Güter berechtigen.
Lager-aufträge	Sie werden zunächst – i. d. R. IT-mäßig – erfasst. Danach wird der vorhandene Lagerbestand auf seine Verfügbarkeit überprüft. Ist genügend Lagerbestand vorhanden, erfolgt eine **Reservierung**, und der Lagerbestand wird gekennzeichnet. Wird der Auftrag mit den Auftragspapieren ausgeliefert, erfolgt eine Reduzierung des verfügbaren Lagerbestandes.
	Sind die Materialien nicht im Lager vorrätig, muss im Fertigungsplan überprüft werden, wann die Erzeugnisse fertig gestellt sein werden. Daraufhin erfolgt eine Reservierung beim offenen Auftragsbestand. Durch die Erstellung einer Auftragsbestätigung wird sichergestellt, dass noch nicht ausgelieferte Aufträge richtig ausgeliefert werden.

❑ **Außenläger**, die vielfach zwischen der Fertigungsstätte und den Kunden aufgebaut werden. Da die Lagerbestandsführung vom Unternehmen zentral gesteuert wird, richtet sich der Fertigungsplan nach den jeweiligen Lagerplänen der einzelnen Außenläger.

Es besteht ein **zeitlicher Unterschied** zwischen dem Bedarf des Kunden und dem Bedarf für eine Wiederauffüllung der Läger, die vor allem losgrößenbedingt sind. Um den Kundenbedarf bei den Lägern zu bestimmen, erfolgt eine nach den einzelnen Außenlägern getrennte Bedarfsvorhersage für jedes Lagerteil.

1.4 Transport

Aufträge, die versandfertig sind, werden täglich ermittelt. Um eine Liste der zu vergebenden Aufträge zu erhalten, müssen die Aufträge mit späteren Lieferterminen bis zur Verfügbarkeit des bestellten Erzeugnisses zurückgehalten werden.

Mit dem Schreiben der Versandpapiere ist zu überprüfen, ob die im Auftrag verein-barten Transportmittel verfügbar sind. Werden die Versandpapiere IT-mäßig erstellt, können die verfügbaren Versandkapazitäten automatisch berücksichtigt werden.

Die **Freigabe von Aufträgen** an den Versand löst folgende **Tätigkeiten** aus:

❑ **Lagertätigkeiten**, die auf der festgelegten Reihenfolge der Versandtätigkeiten im Lager beruhen. Werden Zeiten der Lagertätigkeiten pro Lagerteil gespeichert, lassen sich zukünftige **Belastungsprofile** ermitteln.

❑ **Verpackungstätigkeiten**, mit denen sicherzustellen ist, dass die einzelnen Packmittel den Laderaum optimal nutzen, um damit Leerkosten zu vermeiden. Hier ist auf genormte Verpackungsgrößen (Postpakete, Europaletten) zu achten. Dadurch werden Transportkosten durch ein optimales Paket- und Behälterma-nagement gespart.

Der **Verbrauch** von Verpackungsmaterialien ergibt sich:

> ○ Bei **kleineren Verpackungseinheiten**, z. B. Kisten, Kartons, Aufkleber oder Etiketten, aufgrund von Daten der Vergangenheit
>
> ○ Bei **größeren Verpackungseinheiten** wie Kisten, Fässern oder Collicos gege-benenfalls bereits bei der Stücklistenauflösung

❑ **Transporttätigkeiten**, denen eine Belastungsplanung der Transportmittel zu Grunde liegt. Deren Belastung hängt davon ab, ob große Strecken zu überbrücken sind oder kleinere Lieferungen in den umliegenden Orten zu erfolgen haben.

Bei Lieferungen mit großen Entfernungen ist es sinnvoll, Sammelladungen zu bestimmten Knotenpunkten zusammenzustellen. Nach der Art der **Transport-wege** lassen sich unterscheiden:

Feste Transportwege	Lieferungen auf festen Transportwegen werden i. d. R. dort durch-geführt, wo die Transporte in einer fest vorgegebenen Reihenfolge zu erfolgen haben.
Variable Transportwege	Lieferungen auf variablen Transportwegen werden nach dem Umfang der Aufträge, der gewünschten Lieferfähigkeit gegenüber den Kunden sowie der Fahrzeit festgelegt. So entstehen vielfach unterschiedliche Auslieferungstouren.

Die einzelnen Tätigkeiten der Materialverteilung werden inzwischen verstärkt als eine einheitliche Funktion betrachtet.

Bei innerbetrieblichen wie kundenbezogenen Transporten sind Zeitaspekte und Kostenrelevanz zu beachten. Fuhrpark und Transportmittel verursachen fixe Kosten, die optimal zu planen sind. Werden verschiedene Außenläger geführt, so sind in diesen Lägern Mindestbestände vorzuhalten.

Einen hohen Kostenanteil stellen die Verpackungsaktivitäten dar. Hier wäre zu prüfen, ob nicht genormte Behälter eingesetzt werden, die in einem Behältermanagement zu planen sind. Kostenintensiv sind Leerfahrten und Fahrten mit geringer Beladung. Hier sollte die Belieferung zwischen Hersteller und Abnehmer in Transportlosen erfolgen.

(1) Welche Vorgehensweise bei Außenlägern schlagen Sie vor?

(2) Wie kann der Rücklauf bei Behältern gesichert werden?

(3) Sind feste oder variable Transporttouren vorteilhaft?

Seite 194

2. Optimierung

Die Materialverteilung muss schnell und zuverlässig erfolgen. Gegenüber den Abnehmern erfordert dies eine optimale Gestaltung des Lieferservice und der damit verbundenen Distributionskosten:

2.1 Lieferservice

Der Lieferservice ist ein Maß für die Wettbewerbsfähigkeit, das von erheblicher Bedeutung für den Erfolg eines Unternehmens ist. Einflussfaktoren, die auf den Lieferservice wirken, sind:

❑ Die **Lieferzeit**, die möglichst kurz sein sollte, was durch eine schnelle Bearbeitung der einzelnen damit verbundenen **Arbeitsschritte** möglich ist, z. B. als:

○ **Auftragsübermittlung** und **Auftragsbearbeitung** mithilfe moderner IT-gestützter Erfassungsgeräte

○ **Kommissionierung** mithilfe mechanisierter Lagereinrichtungen und genormten Verpackungseinheiten

○ **Verpackung**, **Verladung**, **Transport** mithilfe von Einheiten, die zugleich Lager-, Verpackungs- und Verladeeinheiten sind

❑ Der **Lieferbereitschaft**, welche die Verfügbarkeit der Güter darstellt. Ihre Erhöhung ist z. B. durch eine erhöhte Zahl bzw. günstigerer Standorte von Außenlägern möglich.

Diese Maßnahmen der Erhöhung müssen nicht zwangsläufig zu Kostensteigerungen führen. Dies kann der Fall sein, wenn z. B. gleichzeitig eine sinnvollere Lagerhaltungspolitik möglich ist.

❑ Der **Lieferzuverlässigkeit**, wofür i.d.R. ein Sicherheitsbestand für Lagerartikel zu halten ist. Die Höhe dieses Bestandes richtet sich sowohl nach dem Vorhersagefehler der Vergangenheit als auch nach dem gewünschten Lieferbereitschaftsgrad.

2.2 Distributionskosten

Die Materialverteilung umfasst für sämtliche von ihr zu leistenden Aufgaben folgende **Gesamtkosten**:

$$K_V = K_T + L_{HKf} + L_{HKv} + K_U$$

K_V = Gesamtkosten der Verteilung
K_T = Transportkosten von der Fertigung zum Lager
L_{HKf} = Fixe Lagerhaltungskosten
L_{HKv} = Variable Lagerhaltungskosten
K_U = Kosten für entgangenen Umsatz aufgrund durchschnittlicher Lieferzeit

Die Beachtung dieser Kosten bestimmt die Entscheidung über Zahl, Standort und Größe der **Außenläger**. Ihre optimale Zahl liegt – ohne Berücksichtigung des Lieferservice – dort, wo die Gesamtkosten minimal sind:

Ein Großteil der Distributionskosten fällt als **Vertriebskosten** an, die sein können:

❏ **Einzelkosten des Vertriebs**, wozu Kosten für Kundendienst, Spezialverpackung, Transport vom Lager zum Kunden zählen. Sie lassen sich einzeln erfassen und einem Auftrag zurechnen.

❏ **Gemeinkosten des Vertriebs**, die für Werbung, Verkaufsförderung, Akquisition, Vertriebsleitung und Vertriebsverwaltung anfallen und sich nicht einem bestimmten Auftrag zurechnen lassen.

Die Vertriebskosten müssen detailliert aufgegliedert sein, damit sie Kostenanalysen unterzogen werden können.

Unternehmen sind heute bestrebt, kundenorientiert zu handeln. Dazu gehört auch die Versorgung der Kunden mit Ersatzteilen, Ausfallteilen und Verschleißteilen. Hierbei können keine Lagerhaltungsmodelle über konkrete Abgänge zu Grunde gelegt werden. Ein hoher Sicherheitsbestand und damit ein hoher Servicegrad verursachen beträchtliche Kosten.

(1) Wie können Ersatzteile eingeteilt werden?

(2) Welche Vorgehensweise schlagen Sie vor?

(3) Gibt es weitere Kriterien für die Bevorratung?

(4) Haben Vertragshändler heute alle Ersatzteile auf Lager?

Seite 194

3. Lagerrisiken

Die Außenläger werden eingerichtet und unterhalten, weil Fertigungs- und Verwendungsaktivitäten zu verschiedenen Zeiten, an verschiedenen Orten und in unterschiedlichen Mengen auftreten. Als **Einflussgrößen** sind zu berücksichtigen:

3.1 Bestellzeitpunkt

Läger werden im Zeitablauf abgebaut. Dies bedeutet, dass zu einem in der Zukunft liegenden Zeitpunkt eine Bestellung erfolgen muss. Dieser Zeitpunkt ist der **Bestellpunkt**.

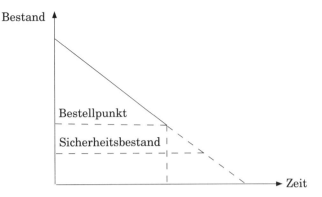

Dabei stellen sich bei Außenlägern die Probleme des Bestellbestandes, der Bestellmenge und des Sicherheitsbestandes in gleicher Weise, wie dies für die Innenläger im Rahmen des Kapitels C ausführlich dargelegt wurde.

Der **Lieferbereitschaftsgrad** ist festzulegen, der den Bestellzeitpunkt beeinflusst.

3.2 Bestellmenge

Die Frage der Bestellmenge kann auch als **Bestellfrequenz** gesehen werden. Bei der Versorgung der Außenläger sind die gleichen Kriterien zu beachten, wie im Kapitel D ausführlich dargestellt wurde.

Die **optimale Bestellmenge** als Häufigkeit der Versorgung durch den Fertigungsbereich ergibt sich vor allem aus:

❏ **Bestellkosten**, die im Materialverteilungsbereich als Kosten der Auftragsbearbeitung und Kosten der Einlagerung anfallen.

❏ **Lagerhaltungskosten**, die insbesondere Raum-, Kapital-, Steuer-, Versicherungskosten und Abschreibungen darstellen.

4. Kommissionierung

Kommissionierung nennt man das Zusammenstellen von bestimmten Teilmengen aufgrund einer Bestellung. Handelt es sich nicht um sporadische Entnahmen, die rein manuell durchgeführt werden, wie bei einem Ersatzteil- oder Instandhaltungslager, sind zur rationellen Durchführung der Kommissionierung **spezielle Kommissioniergeräte** notwendig, mit denen die Möglichkeit besteht:

❑ **Wegezeit** zu reduzieren, indem der Kommissionierer auf einem Fahrzeug die Regale entlang fährt;

❑ **Greifzeit** zu optimieren, indem eine Hubeinrichtung eine Vertikalbewegung ausführt.

Hier haben sich folgende Arten entwickelt:

4.1 Mann zur Ware

Der Mitarbeiter geht ins Lager und holt sich seine Ware. Diese statische Bereitstellung der Ware an festen Lagerplätzen bezeichnet man als **Mann-zur-Ware-System**. Diese Art ist sehr zeitaufwändig und für einen hohen Lagerumschlag nicht geeignet.

4.2 Ware zum Mann

Die Ware wird z. B. von einem Hochregallager zum Mann gebracht. Hier wird Ware von Menschen oder Automaten aus dem Lager an einen festgelegten Platz in der Regel außerhalb der Regaleinrichtung gebracht, damit dort die Artikel für den Kommissionierauftrag entnommen werden können.

Nur bei bestimmten Produkteigenschaften (ähnliche Formen und Abmessungen, wie bei Arzneimittelschachteln, CD-Verpackungen) lassen sich **vollautomatische Kommissioniersysteme** einsetzen. Werden ganze Paletten entnommen, eignet sich ein Hochregalstapler.

Sind bei internem Bedarf die Waren in der Kommissionierzone auftragsspezifisch zusammengestellt, gibt es ablauforganisatorisch grundsätzlich zwei **Prinzipien** für den Transport zur Verbrauchsstelle:

❑ Das **Bringprinzip** (Push), dessen Vorteil darin bestehen kann, dass das Lagerpersonal nach dem Kommissionieren auch mit dem innerbetrieblichen Transport betraut ist und auf dem Weg zur Verwendestelle mehrere Abladestellen bedient. Mit der räumlichen und zeitlichen Abstimmung kann eine wirtschaftliche Nutzung der vorhandenen Transportmittel und des Lagerpersonals gegeben sein. Diese Organisationsform findet sich oft in Klein- und Mittelbetrieben.

❑ Das **Hol- oder Ziehprinzip** (Pull), das oft bei Gruppenarbeit mit Eigenverantwortung für das Produktionsergebnis realisiert ist und dessen Vorteil darin zu sehen ist, dass die Gruppe selbst den geeigneten Zeitpunkt der Materialversorgung unter Beachtung der noch bestehenden Vorräte festlegen kann. Dies ist wichtig bei Massenfertigung, wo oft nur geringe Stellflächen für die großen Mengen an Einsatzstoffen vorhanden sind.

4.3 Warenausgang

Untersuchungen des Materialflusses im Warenausgang sind in der VDI-Richtlinie 3300 genauer beschrieben. In jedem Betrieb wird Material bewegt und gelagert. Die Bedingungen für einen wirtschaftlichen Materialfluss gelten also für Unternehmungen, unabhängig von ihrer Größe, ihren individuellen Aufgaben und den Wirtschaftszweigen.

Materialflussuntersuchungen sollen helfen, Kosten zu senken, z. B.:

❑ Personalkosten für das Transportieren
❑ Betriebsmittelkosten für Fördergeräte
❑ Raumkosten für die Lagerhaltung
❑ Kapitalkosten für die Materialbestände.

Bei externen Bedarfen werden die Waren nach der Kommissionierung für den außerbetrieblichen Transport vorbereitet. Die notwendigen logistischen Tätigkeiten des Warenausgangs entsprechen im Wesentlichen denen des Wareneingangs.

Für den Materialfluss sind die Eigenschaften der Erzeugnisse, ihre Verpackung und die Transportmittel zu berücksichtigen. Sind die Artikel auf einem umschließenden Transportmittel gelagert, können sie direkt für die Verladung bereitgestellt werden. Enthält eine Palette stapelfähige Transport- oder Verpackungsmittel (z. B. Kisten, Schachteln), so werden diese je nach Art und Gewicht mit Stretch- oder Schrumpffolie umhüllt.

Auf der Informationsseite sind die notwendigen Unterlagen zu erstellen (Versand-, Zollpapiere) und der Versand mit eigenem oder fremdem Transporteur in die Wege zu leiten.

Immer häufiger wird auch von einer vierten Phase, der **Entsorgungslogistik**, gesprochen, bei der der Güterfluss in umgekehrter Richtung fließt. Hier sind es beschädigte oder falsch ausgelieferte Güter, die vom Kunden an den Lieferanten in Form von Retouren zurückgehen. Dazu gehören auch das Leergut, die zu entsorgenden Abfallstoffe sowie die im Rahmen des Recycling zur Wiederverwendung oder -verwertung zurückzuführenden Güter

Die **Steuerungsfunktion** im Warenausgang besteht in der Steuerung der Prozesskette nach den Forderungen eines optimalen Informations- und Materialflusses. Diese Kriterien orientieren sich unmittelbar an den Unternehmenszielen und beinhalten:

❑ Kurze Durchlaufzeiten
❑ Hohe Flexibilität zum Absatzmarkt
❑ Hohe Liefertreue
❑ Niedrige Bestände.

Das **Logistikmanagement** beschäftigt sich vor allem mit Zielsetzungen wie der Reduzierung von Kosten, der Verbesserung des Lieferservices, höherer Qualität und Flexibilität. Im Einzelnen sind als Aufgaben zu nennen:

❑ Verminderung der Leerfahrten von Transporteinheiten

❑ Transportmittel zu planen

❑ Anteil des Nutzfahrzeugs an der Güterverteilung zu organisieren

❑ Erhöhung der zeitlichen, gewichts- und/oder volumenmäßigen Auslastung der Transporteinheiten

❑ Bildung durchgängiger Transportketten

❑ Durchsetzung einer Harmonisierung der Verpackungsmodalitäten und Ladehilfsmittel.

Ziel des Logistikmanagements ist es, alle Versorgungs- und Entsorgungsfunktionen, die mit der Beschaffung, der Herstellung und der Verteilung von Gütern zusammenhängen zu möglichst geringen Kosten durchzuführen. Damit nimmt das Logistikmanagement einen hohen Stellenwert in der Managementhierarchie ein, da es bei der Verbesserung der Wettbewerbsfähigkeit im Unternehmen darum geht, Durchlaufzeiten zu verkürzen, Bestände zu senken und Termintreue zu garantieren.

47 ⟩ Erläutern Sie, was unter folgenden Begriffen zu verstehen ist, die Sie in diesem Kapitel kennen gelernt haben:

❑ Materialverteilung   ❑ Transport
❑ Logistik   ❑ Lieferservice
❑ Material Management   ❑ Distributionskosten
❑ Physical Distribution   ❑ Kommissionierung
❑ Auftragsbearbeitung   ❑ Hol-Bringprinzip
❑ Versand   ❑ Supply-Chain-Manage-
❑ Lagerführung   ment

Seite 197 ff.

G. Materialentsorgung

Mit der Bereitstellung der Materialien ist es dem Unternehmen möglich, seine Leistungserstellung zu bewirken. Wenn die Materialien in vollem Umfang in die Erzeugnisse eingegangen sind, ist der materialwirtschaftliche Prozess abgeschlossen. Es kann aber auch sein, dass Materialien nicht oder nicht in vollem Umfang zu Bestandteilen der Erzeugnisse geworden sind und deshalb eine weitere materialwirtschaftliche Maßnahme notwendig wird, die Materialentsorgung.

Als **Materialentsorgung** sollen folgende Maßnahmen verstanden werden (*Maier / Rothe*):

❏ Das Erfassen, Sammeln, Selektieren, Separieren, Einstufen der Rückstände nach der Möglichkeit der Verwertung, ihrer Gefährlichkeit und Umweltbelastungswirkung

❏ Das Aufbereiten, Umformen, Regenerieren, Bearbeiten sowie Sichern der Materialien

❏ Die Suche nach Abnehmern sowie der Verkauf oder die Abgabe der zu entsorgenden Materialien an Dritte.

Die Materialentsorgung hat in den letzten Jahren für die Unternehmen beträchtlich an **Bedeutung** gewonnen. Im Rahmen der Materialentsorgung sollen nachfolgend behandelt werden:

Materialentsorgung	Abfallrecht
	Abfallwirtschaft

1. Abfallrecht

Abfallrechtliche Vorschriften können vom Bund und den Ländern erlassen werden. Das Grundgesetz gibt den Ländern die Möglichkeit, Umweltgesetze zu erlassen, solange und soweit der Bund von seinem Gesetzgebungsrecht keinen Gebrauch macht. Weiterhin ist es den Ländern möglich, Ausführungsgesetze zu Rahmengesetzen des Bundes zu erlassen.

Es sollen dargestellt werden:

1.1 Abfallgesetze

Wichtige Gesetze, welche die Abfallwirtschaft betreffen, sind z. B.:

❑ Das **Gesetz zur Förderung der Kreislaufwirtschaft und Sicherung der umweltverträglichen Beseitigung von Abfällen (KrW/AbfG)** von 1994. Der im Gesetz enthaltene Kreislaufgedanke soll vermitteln, dass die Beseitigung eines Stoffes als Abfall und damit auch sein Ausscheiden aus dem Wirtschaftskreislauf die Ausnahme sein soll.

❑ Das **Bundesimmissionsschutzgesetz (BImSchG)**, welches das Abfallrecht ergänzt und der umfassenden bundeseinheitlichen Regelung der Luftreinhaltung und Lärmbekämpfung dient, um Menschen, Tiere, Pflanzen und andere Sachen vor schädlichen Umwelteinwirkungen zu schützen.

1.2 Abfallverordnungen

Verordnungen, die als Grundlagen für die Abfallwirtschaft dienen, sind z. B.:

❑ Die **Abfallbestimmungsverordnung** von 1987, welche sich auf die Anforderungen an die Entsorgung bezieht, die für bestimmte überwachungsbedürftige Abfälle als Sonderabfälle zu berücksichtigen sind.

❑ Die **Abfallnachweisverordnung** von 2002, worin geregelt wird, für welche Produktionsanlagen und Abfallarten der Nachweis über Menge, Art und Beseitigung zu führen und zu erbringen ist (Abfallbegleitschein).

❑ Die **Verordnung über Betriebsbeauftragte für Abfall** von 1977, in der Verfahrensalternativen und Voraussetzungen für die Genehmigung von Abfalltransporten festgelegt werden, sowie das Einsammeln und Befördern von Abfällen geregelt ist.

Die Verordnung enthält auch eine detaillierte Verfahrensbeschreibung zur Erlangung der Transportgenehmigung. Außerdem wird die Bestellung des Betriebsbeauftragten für bestimmte ortsfeste Abfallbehandlungsanlagen und Abfall erzeugenden Anlagen sowie seine Pflichten geregelt.

❑ Die **Verpackungsverordnung** von 2006, mit welcher die Flut des Verpackungsmülls eingedämmt werden soll, der rund 50 % des gesamten Hausmülls und hausmüllähnlichen Gewerbemülls ausmacht.

> ○ **Transportverpackungen** müssen vom Hersteller oder Handel zurückgenommen werden, um sie wieder zu verwenden bzw. stofflich zu verwerten.
>
> ○ Für **Getränkeverpackungen** ist ein Pfand zu erheben, das für Einwegverpackungen höher sein kann als für Mehrwegverpackungen.

Bei allen Gesetzen wird verlangt, dass die eingesetzten Verfahren nach dem derzeitigen Stand der Technik zu konzipieren sind. Hierunter werden Verfahren, Geräte und Anlagen verstanden, die die Anforderungen aus den Gesetzen wirkungsvoll unterstützen.

(1) Beschreiben Sie das Ziel des BImSchG und geben Sie Beispiele!

(2) Beschreiben Sie das Ziel des Abfallgesetzes (AbfG) und geben Sie Beispiele!

(3) Wie kann dies sichergestellt werden?

Seite 195

2. Abfallwirtschaft

Die Abfallwirtschaft ist die Gesamtheit der planmäßigen Aktionen und die Organisation, die der Vermeidung und Verringerung von Abfallstoffen sowie der Behandlung von Abfallstoffen unter besonderer Berücksichtigung der Wirtschaftlichkeit der angestrebten Verfahren dienen (*Bloech*).

Als **Abfälle** sind alle beweglichen Sachen zu verstehen, deren sich der Besitzer entledigen will oder deren geordnete Entsorgung zur Wahrung des Wohls der Allgemeinheit, insbesondere des Schutzes der Umwelt, geboten ist.

Die Abfallwirtschaft kann sich beziehen auf:

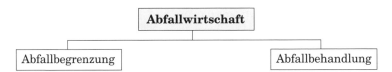

2.1 Abfallbegrenzung

Der beste Weg umweltgerechte Unternehmenspolitik zu betreiben, ist die Begrenzung des Abfalls. Damit wird das Problem der Abfallbehandlung minimiert. **Arten** der Abfallbegrenzung sind:

❑ Die **Abfallvermeidung**, welche eine Strategie darstellt, die eine Entstehung von Abfällen vor, während und nach dem betrieblichen Leistungsprozess gänzlich unterbindet. Sie ist bereits bei der Auswahl der Materialien, Fertigungsverfahren und Distributionswege in geeigneter Weise zu berücksichtigen.

❑ Die **Abfallverminderung**, welche angestrebt werden sollte, wenn eine absolute Abfallvermeidung nicht erreichbar ist. Dabei ist zu versuchen, möglichst wenig und dann auch nur solche Abfälle in Kauf zu nehmen, die eine hohe, wirtschaftlich sinnvolle Recyclingfähigkeit aufweisen.

Auf geringstmögliche Abfälle ist bereits bei der Planung und Entwicklung der Erzeugnisse sowie der verwendeten Technologien zu achten.

2.2 Abfallbehandlung

Lassen sich die Abfälle nicht vermeiden und nur begrenzen, müssen sie entsorgt sowie mithilfe geeigneter und rechtmäßig zugelassener Verfahren behandelt werden. Dabei lassen sich grundsätzlich folgende **Strategien** der Abfallbehandlung unterscheiden:

❏ Das **Recycling**, mit dem Abfälle, die an sich für den Leistungsprozess des Unternehmens nicht mehr verwertbar sind, durch geeignete Prozesse für diesen oder einen anderen Leistungsprozess wieder verwendbar gemacht werden. Gleiches gilt für die Rückgewinnung und Nutzung von Stoffen oder Energieeinheiten aus gebrauchten Enderzeugnissen.

Recyclingstrategien sind:

Wieder-verwertung	Der Abfall, der häufig einer bestimmten Vorbehandlung oder Aufbereitung unterzogen werden musste, wird unter teilweiser oder völliger **Gestaltungsauflösung** als Erzeugnisstoff in dem gleichen, bereits durchlaufenen Transformationsprozess bzw. Einsatzbereich wiederholt eingesetzt.
Weiter-verwertung und Weiter-verarbeitung	Hier werden Produktionsrückstände oder »verbrauchte« Produkte bzw. Altstoffe nicht in dem für sie ursprünglich vorgesehenen Fertigungsprozess eingesetzt. Die Weiterverwertung findet in einem noch nicht durchlaufenen, anders gearteten Fertigungsprozess oder Einsatzbereich statt, nachdem das neue Erzeugnis durch biologische, chemische, mechanische oder thermische Behandlung entsprechend vorbehandelt wurde.
Wieder-verwendung	Das gebrauchte oder schon einmal eingesetzte Produkt wird für den gleichen oder ähnlichen Verwendungszweck, für den es ursprünglich hergestellt wurde, wiederholt benutzt, wobei es gegebenenfalls einer entsprechenden Vorbehandlung unterzogen werden muss.
Weiter-verwendung	Es handelt sich um eine Alternative der Reststoffverwendung, bei der das gebrauchte Produkt für einen Verwendungszweck benutzt wird, für den es ursprünglich nicht hergestellt wurde, d. h. seinen Einsatz nicht in dem als Erstverwendung vorgesehenen Zweck findet.

❏ Die **Abfallvernichtung**, die erfolgt, wenn die Abfälle mangelnde oder fehlende Recyclingfähigkeit aufweisen oder bei ihrer Verwertung nicht recycelbare bzw. nicht deponiefähige Rückstände ergeben. Dazu bieten sich chemische, physikalische, elektrotechnische, biologische und thermische Verfahren an.

Aus dem Vernichtungsprozess können ökologisch problemlose, wiederzuver-
wendende Stoffe zurückbleiben, aber auch ökologisch gefährliche Stoffe, die auf
Deponien abzulagern sind.

❑ Die **Abfallbeseitigung**, die sich ebenfalls auf nicht verwertbare Abfälle bezieht,
wobei zu unterscheiden sind:

Abfalldiffusion	Abfälle werden an die Umweltmedien abgegeben und dort verteilt (diffundiert). **Handlungsweisen** können sein: ○ Die **Verdünnung** der Abfälle und ihre **Zuleitung** in Umweltmedien. ○ Die **Konzentration** der Abfälle als kompaktes räumliches Zusammenfassen, dem sich die geordnete Deponierung anschließt.
Abfall-ablagerung	Der geordneten Ablagerung bzw. Deponierung kommt noch immer die größte Bedeutung zu. Die **Deponie** ist eine Anlage zur dauerhaften, geordneten und kontrollierten Ablagerung von Abfall. Technische Standards sollen die gefahrlose, unproblematische Deponierung sichern.

Die Abfälle müssen zwecks Abfallbehandlung genau erfasst, in geeigneter Weise
sortiert und gesammelt werden. Bei ihrem Transport sind gegebenenfalls **Beför-
derungsvorschriften** zu beachten.

49

Eine der Grundaufgaben ist Vermeidung vor Verwertung vor Entsorgung. Ergänzen Sie folgende Tabelle:

Aufgabe	Inhalt	Beispiel
Vermeiden		Wegfall von Verpackungen
	Suche nach Alternativen	schadstoffarme LKWs, Wiederverwendung von Kühlmitteln
Verwenden	Mehrfache Verwendung gebrauchter Produkte und Verpackungen	
Verwerten		Altglas, Altpapier, PET-Flasche
Vernichten		Deponie

Seite 195

Die Materialwirtschaft ist bei etwa zwei Drittel der Unternehmen für die Materialentsorgung zuständig.

50 Erläutern Sie, was unter folgenden Begriffen zu verstehen ist, die
Sie in diesem Kapitel kennen gelernt haben:

❏ Materialentsorgung   ❏ Abfallbegrenzung
❏ Abfallrecht   ❏ Abfallbehandlung
❏ Abfallgesetze   ❏ Recycling
❏ Abfallverordnungen   ❏ Abfallvernichtung
❏ Abfall   ❏ Abfallbeseitigung
❏ Abfallwirtschaft

Seite
197 ff.

Lösungen
zu den Übungen

01

	Arten der Materialien	Bestimmungsorte der Materialien
1	Waren	Sie gehen als zugekaufte Güter in das Fertigwarenlager.
2	Roh-, Hilfs-, Betriebsstoffe Zulieferteile	Sie werden als fremdbezogene Teile dem Eingangslager zugeleitet.
3	Roh-, Hilfs-, Betriebsstoffe Zulieferteile	Sie werden für die Fertigung bereitgestellt.
4	Erzeugnisse	Sie fließen als Fertigerzeugnisse dem Fertigwarenlager zu.
5	Abfälle	Sie werden in einer Deponie in geordneter Weise abgelagert.
6	Waren	Sie werden als zugekaufte Güter an die Kunden geliefert.
7	Erzeugnisse	Sie gehen als Fertigerzeugnisse vom Fertigwarenlager an die Kunden.

02

(1)

Teile-nummer	Verbrauchs-wert in €	Werte kumuliert	Anteile prozentual	Posi-tion	Mengen prozentual	Güter
1181	120.000	120.000	40,0 %	1	10,0 %	A
1180	90.000	210.000	70,0 %	2	20,0 %	
1177	30.000	240.000	80,0 %	3	30,0 %	B
1174	20.000	260.000	86,7 %	4	40,0 %	
1178	15.000	275.000	91,7 %	5	50,0 %	
1175	8.000	283.000	94,3 %	6	60,0 %	C
1176	8.000	291.000	97,0 %	7	70,0 %	
1179	5.000	296.000	98,7 %	8	80,0 %	
1182	3.000	299.000	99,7 %	9	90,0 %	
1183	1.000	300.000	100,0 %	10	100,0 %	

(2)

(3) Vorteile einer ABC-Analyse liegen für Unternehmen grundsätzlich darin:

○ das Wesentliche vom Unwesentlichen zu trennen
○ die Schwerpunkte der Rationallisierungsarbeit gezielt festzulegen
○ wirtschaftlich nicht wirkungsvolle Anstrengungen zu vermeiden
○ die Wirtschaftlichkeit zu steigern.

(4) Für die **C-Güter** ist eine vereinfachte Behandlung zu empfehlen, z. B. indem:

○ mit Lieferanten monatliche oder Sammelrechnungen vereinbart werden
○ telefonische Bestellungen vorgenommen werden
○ die Zu- und Abgänge der Materialien pauschal gebucht werden
○ die Sicherheitsbestände großzügig festgelegt werden
○ die Meldebestände durch Markierungen gekennzeichnet werden
○ weniger häufig größere Mengen bestellt werden.

 (1)

Rohstoffe	Textilballen, Karosserie, Motor, Getriebe, Spanplatten
Hilfsstoffe	Nähfaden, Scharniere, Lacke
Betriebsstoffe	Putzmittel

(2) Anzüge, Automobile, Küchen

(3) Textilballen, Getriebe, Spanplatten

 (1)

Materialeingang	Materialentnahme, Identitätsprüfung, Mengenprüfung, Qualitätsprüfung
Materiallagerung	Einlagerung, Auslagerung, Kommissionierung
Materialabgang	Terminkontrolle, Qualitätsprüfung

(2) Vergleich Lieferschein mit Bestellung
Überprüfung des Liefertermins
Erstellung der Materialeingangspapiere

 (1) Erstellen der Versandpapiere und Rechnungen, Ermitteln von optimalen Tourenplänen

(2) Boden-, Regallagerung, Fachboden-, Palettenregale
Einfuhr-, Durchlauf-, Umlaufregale, Paternosterregale
Blocklager, Hochregallager

 (1) Bundesimmissionsschutzgesetz (BImSchG) als Schutz vor Immissionen jeglicher Art
Wasserhaushaltsgesetz (WHG)
Abfallgesetz (AbfG)

(2) Kontrolle der Einhaltung der Gesetze
Hinwirkung auf Entwicklung und Durchführung Umwelt schonender Produkte und Prozesse
Hinweise auf Mängel
Einweisung und Schulung von Mitarbeitern

(1)

Betriebliche Einflussfaktoren	Organisation und Größe des Unternehmens, Art und Vielfalt der Materialien, Kosten des Materials (hinsichtlich ABC-Verteilung), Personalkapazität
Außerbetriebliche Einflussfaktoren	Größe und Anzahl der Lieferanten, Marktmacht der Lieferanten, Standort der Lieferanten

(2) Einrichtung einer Stabsstelle Materialwirtschaft in der Zentrale
Einrichtung von Abteilungen Materialwirtschaft in den einzelnen Geschäftsbereichen

(1) Es werden folgende Abteilungen geschaffen: Beschaffungsmarktforschung, Einkauf, Terminüberwachung und Rechnungsprüfung. Diese Abteilungen bearbeiten Aufgaben für die jeweiligen Produktgruppen, z. B. Elektronik, Kunststoffe, Bauteile.

(2) Gliederungsprinzipien können sein:

nach Märkten: BRD, Europa, Asien, Amerika
nach Branchen: Elektro, Elektronik, Stahl- und Gussteile

(1)

Auftrags-steuerung	Marktdaten oder konkrete Kundendaten aus dem Produktionsprogramm, Freigabe, Verfolgung und Abschluss der Aufträge, Liefertermin
Kalkulation	Berechnung der Kosten- und Lieferdaten über die Machbarkeit des Auftrags
Primärbedarf	Ableitung der Fertigungsmengen aus dem Produktionsprogramm
Material-wirtschaft	Ermittlung konkreter Bedarfs-, Bestands- und Bestelldaten

(2) Die Betriebsdatenerfassung hat die Aufgabe, die im Produktionsprozess anfallenden Verbräuche an Materialmengen und deren Kosten zu erfassen. Daneben werden auch Auftragsdaten, Maschinendaten und Lohndaten festgehalten.

(1) Beschaffungswirtschaft, Lagerwirtschaft, Materialverteilung, Abfallwirtschaft

(2) Dies kann durch Elemente nach DIN EN ISO 9000 geschehen. Hier besonders durch Elemente wie »Lenkung fehlerhafter Produkte« und »Korrektur- und Vorbeugungsmaßnahmen«.

11 ⟩ *Siehe MiniLex S. 197 ff.*

12 ⟩ (1)

	Lageraufträge	Kundenaufträge
Einzelfertigung		x
Massenfertigung	x	
Kleinserienfertigung		x
Großserienfertigung	x	

(2) Großserien- und Massenfertigung erstellen ihre Produkte für den anonymen Markt. Hier werden Marktprognosen zu Grunde gelegt, die den Bedarf des Marktes festlegen. Dieser Bedarf ist mit hoher Unsicherheit verbunden.

Bei Einzelfertigung, Kleinserienfertigung liegen konkrete Kundenaufträge vor. Hier kann von einer hohen Planungssicherheit ausgegangen werden.

13 (1) Eine Beeinflussung der Bestellzeit ist möglich durch Bestellung mittels EDIFAKT, Auftragsbestätigung mittels E-Mail, Nachtauslieferung, Einsatz von automatischen Einlagerungsgeräten, Schichtarbeit.

(2)

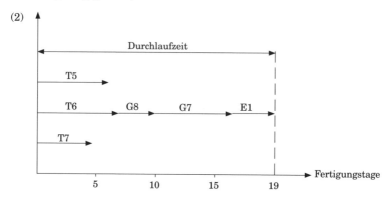

(3) Bestellzeit: 3 Tage · 4 = 12 Tage; Durchlaufzeit = 19 Tage; Fabriktag 150 − 31 = 119. Der Auftrag ist zum Fabriktag 119 zu starten.

14 (1)

E1		
Stufe	**Bezeichnung**	**Menge**
1	B	1
.2	T2	3
.2	C	2
..3	T3	2
..3	T1	4
1	T1	1
1	C1	1
.2	T3	2
.2	T1	4

(2)

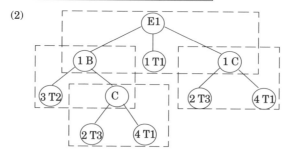

E 1		B		C	
Bezeichnung	**Menge**	**Bezeichnung**	**Menge**	**Bezeichnung**	**Menge**
B	1	T2	3	T3	2
T1	1	C	2	T1	4
C	1				

 (1)

Stufe	Anzahl Teile	Anzahl Teile
0	1.000 E1	
1	2.000 G1	
2	5.000 G2	11.000 T1
3	10.000 T3	15.000 T4

(2) Beispielrechnung für T4:

E1 · 2G1 · 2G2 · 3T4 = 12 · 1.000 = 12.000
E1 · 1G2 · 3T4   = 3 · 1.000 = 3.000
Gesamt   = **15.000**

 (1) MAD = $\dfrac{5 + 8 + 3}{3}$

MAD = **5,33**

Die Vorhersagen schwanken mit einem Wert von ca. 5,5 um den tatsächlichen Wert.

(2) Erhöht sich der MAD um 20 % (ca. 6,5), so sollte der Sicherheitsbestand um diese Größe erhöht werden, um alle Problemfälle abdecken zu können.

17 > *Siehe MiniLex S. 197 ff.*

18 >

(1) B_P = Sicherheitsbestand + Beschaffungszeitraum · Verbrauch$_D$

(2) B_P = 8.000 + 5 · 2.000
   B_P = **18.000 Stück**

(3) Bei einem Sicherheitsbestand von 8.000 Stück könnte eine Lieferverzögerung von 4 Tagen aufgefangen werden.

(4) Folgende Programmschritte sind vorzusehen:

   ○ Bei jedem Verbrauch ist zu prüfen, ob aktueller Bestand < Bestellbestand
   ○ Bei Unterschreitung des Bestellpunktes erfolgt eine Bestellauslösung in der optimalen Bestellmenge

 (1)

Bestellung / Bestelltermin	fest	variabel
fest	s, S, T/s, Q, T	S, T
variabel	s, Q	s, S

(2) Bei der heute üblichen Steuerung der Vorgänge mittels EDV sind Strategien, die zu bestimmten Zeitpunkten (T) überprüfen, nicht sinnvoll. Besonders die Erfassung der Daten mittels Scanner erlauben eine präzise taggenaue Bestandsführung.

(1) Zyklische Überprüfung des Lagerbestandes (z. B. wöchentlich)
Auslösung einer Bestellung auf den Höchstbestand
Notwendigkeit höherer Lagerbestände

(2) Variable Bestellmenge und feste Bestellzeitpunkte

(3)

(1) Heutige Techniken erlauben eine Minimierung der Überprüfungs- und Sicherheitszeiten durch eine hohe Qualität durch den Lieferanten. Die Wiederbeschaffungszeit wurde stark gekürzt durch just-in-time.

(2) Abbau der Lagerbestände und zeitgleiche Belieferung.

(1) Genaue Erfassung der Bewegungen durch Lieferscheine und Materialentnahmescheine

Entnahmen enthalten neben Materialnummer und Stückzahl auch Kostenart (Roh-, Hilfs-, Betriebsstoffe), belastete Kostenstelle und Kostenträger (Auftragsnummer)

(2) Der Bestand am Ende des Monats beträgt 700 Stück.

(1)

Materialeingang	Bestellung
Eigenfertigung	Fertigungsauftrag
Interne Entnahme	Werkstattauftrag
Externe Entnahme	Kundenauftrag
Reservierung	Kundenauftrag
Beschaffung	Bestellung
Stornierung	Löschung/Fertigungsauftrag

(2) Neben dem effektiven Bestand werden geführt:
Verfügbarer Bestand, Disponierter Bestand, Bestellbestand, Werkstattbestand, Fertigungsauftragsbestand

(1) Zunächst fällt auf, dass große Unterschiede zwischen Angebotspreis und Einstandspreis festzustellen sind. Ein Einwirken auf die Rabattprozente, die Bezugskosten sowie die Vernachlässigung des Mindermengenzuschlags bringt günstigere Preise.

(2) Für die interne Verrechnung wird häufig mit Durchschnittspreisen gearbeitet, um Kostenkalkulationen übersichtlicher zu gestalten. Hier wäre ein Preis von ca. 4.200 € ein sinnvoller Wert.

Siehe MiniLex S. 197 ff.

(1) Für den Konzern gilt:

(a) Die einzelnen Produktionsbereiche arbeiten selbstständig auf unterschiedlichen Märkten. Daher ist der Einkauf dezentral den einzelnen Standorten zuzuordnen. Probleme einer mangelnden Führungsrolle des Einkaufs in der Zentrale begegnet man mit der Einrichtung einer Stabsstelle »Einkaufsmarketing«, die einen Zugriff auf sämtliche Einkaufs- und Beschaffungsdaten besitzt.

(b) Da eine Gliederung der Produktion nach Standorten vorliegt, sollte nach Erzeugnisgruppen gegliedert sein. Allerdings sind gewisse Ähnlichkeiten bei den Produkten LKW und Omnibusse zu sehen. Hier könnte die Motorenproduktion einer übergeordneten Stelle zugeordnet werden.

(2) Vorteile zentraler Beschaffung in Klein- und Mittelbetrieben sind:

○ Die zeitliche Steuerung der Materialien und die Kontrolle der Beschaffungstätigkeit sind relativ leicht möglich.

○ Das Zusammenfassen des Gesamtbedarfes in großen Bestellmengen lässt eine kostengünstige Beschaffung durch Ausnutzen von Preisstaffeln und Mengenrabatten erwarten.

○ Das Zusammenführen der Materialanforderungen kann die Beschaffung – vor allem bei nicht gerechtfertigter Unterschiedlichkeit der Materialien – in die Lage versetzen, auf Standardisierung hinzuarbeiten.

○ Das Standardisieren und Zusammenführen des Bedarfes der einzelnen Fertigungsbereiche ermöglichen eine bessere Disposition der Lagerbestände, die insgesmt geringer gehalten werden können.

○ Das Betreuen einzelner Beschaffungsmärkte durch qualifiziertes Personal ermöglicht es, das Marktgeschehen intensiver zu beobachten.

(1) Die Einkäufer sind heute – auch im Hinblick auf ständige Verbesserungen – gefordert, sich über die Beschaffungsmärkte Kenntnisse zu verschaffen. Maßnahmen sind:

○ Messebesuche
○ Besuche beim Lieferanten und Lieferantenbewertungen
○ Informationen über Referenzkunden des Lieferanten
○ Qualitätsnachweise des Lieferanten

(2) Hier stehen heute viele Möglichkeiten der Informationsgewinnung zur Verfügung:

○ Suche nach Lieferanten in Branchenverzeichnissen
○ Abfragen von Lieferantendatenbanken
○ Suchen im Internet

 (1) Strategische Forderungen sind:

Güter	Qualität der Güter, Entwicklung von Systemkomponenten, Einhalten von Umweltstandards
Märkte	Globalisierung, Erkennen neuer Märkte, Wechselkursrisiko, Angebots-Nachfragesituation
Preise	Lieferservice, Garantieleistungen, Preis-Leistungsverhältnis
Lieferanten	Flexibilität, gute Erfahrungen in der Vergangenheit, technisches Know-how

(2) Diese Lieferanten liefern keine Einzelteile sondern Komponenten und Baugruppen. Damit reduziert sich für den Abnehmer die Anzahl der Lieferanten, andererseits garantieren diese auch die Qualität der gesamten Komponenten und Baugruppen.

 (1) Gesamtbedarf auf Tagesgrößen herunterbrechen
Schnelles Reagieren auf Liefertermine

(2) Produktionsvereinheitlichung durch Normung, Typung, Modulbauweise
Einsatz von Prognoseverfahren (gleitende Mittelwerte)
Rechtzeitiges Erkennen von Versorgungslücken durch Gapanalysen
Integration der Materialversorgung in den gesamten Materialfluss

 (1)

Ein Rentner füllt im Supermarkt Regale auf	V	C
Firma Würth ergänzt nach Lieferrhythmus das Schraubenlager beim Kunden	V	C
Mercedes-Benz beliefert die Reparaturabteilung der Niederlassung mit angeforderten Teilen	B	A
Eine Firma liefert Cockpits und Airbags direkt an die Fertigungsstraße	B	B
Der Apothekengroßhandel beliefert alle 4 Stunden die Apotheken	B	B

(2) Nur bei A- und B-Gütern erfolgt die Belieferung aufgrund einer Bedarfsanforderung. C-Güter werden aus Kostengründen nach festen Rhythmen aufgefüllt.

(1) $K_Z = \dfrac{1.000 \cdot 120 \cdot 12}{2 \cdot 100} = \mathbf{7.200\ €}$

(2) $L_S = \dfrac{117.000 \cdot 2 \cdot 100}{120.000} = \mathbf{195\ \%}$

(3) $K_Z = 7.200\ €$
$L_K = 117.000\ €$
Gesamtkosten = **124.000 €/Jahr** oder **10.350 €/Mon.**

(1) Summe der Bindungsdauer minus Lieferantenziel = 20 + 8 + 3 + 12 + 5 – 15 = 33
Kapitalbedarf = 33 · 5.000 = **165.000 €**

(2) Die kumulierten Werte der Lagerdauern sind 28 Tage. Dies scheint heute nicht mehr gerechtfertigt. Hier kann durch eine bessere Organisation der Prozesse eine spürbare Reduzierung erreicht werden. Lassen sich die Dauern auf 14 Tage reduzieren und die Endmontage in 10 Tagen realisieren, so beträgt die Durchlaufzeit jetzt 32 – 15 = 17 Tage.

Kapitalbedarf = 17 · 5.000 = **85.000 €**

(1) $X_{opt} = \sqrt{\dfrac{200 \cdot 2.000 \cdot 60}{5 \cdot 20}}$

$X_{opt} = \mathbf{489{,}8\ Stück}$

(2) Bei einer gerundeten Beschaffungsmenge von 500 Stück erfolgen 4 Bestellungen pro Jahr.

(3) Die Bestellkosten zeigen folgenden Verlauf:

1	10	100	500	1.000	2.000
60	6	0,60	0,12	0,06	0,03

Es zeigt sich, dass die fixen Bestellkosten bei 500 Einheiten 0,12 €, bei 2.000 Einheiten 0,03 € betragen.

(1) Hier wird eine Fülle von Kriterien angeführt:
Konditionen, Zusatzleistungen, Kulanz, Marktanteile, Produktbreite, technisches Know-how, Bereitschaft zu gemeinsamer Wertanalyse, Systemlieferant

(2) Eine Analyse könnte folgendes Bild ergeben:

Kriterien	Gewicht	Unternehmen A		Unternehmen B	
Preis	5	4	20	5	25
Qualität	2	4	8	3	6
Lieferzeit	2	4	8	4	8
Service	1	3	3	2	2
			39		41

Da das Unternehmen B einen Wert von 41 erzielt, ist ihm der Vorzug zu geben.

(1) Das Erstellen und Versenden einer Auftragsbestätigung entfällt; kein Zeitverzug; Beschaffenheit der Ware ist durch Vorkontakte geklärt.

(2) Durch die fehlerhafte Belieferung gerät der Lieferant in Lieferverzug; hier ist eine Konventionalstrafe zu erwarten.

(3)

Rahmenvertrag	Es ist keine Menge festgelegt (gilt für C-Teile).
Kauf auf Abruf	Es ist der Abrufzeitraum festgelegt.
Konsignations-lagervertrag	Der Lieferant unterhält auf eigene Kosten ein Lager aus dem sich der Verbraucher bedient. Erst mit der Entnahme entsteht eine Zahlungsverpflichtung.
Streckengeschäft	Das Unternehmen führt die Lieferung nicht selbst aus, sondern beauftragt ein Unternehmen, das die Lieferung direkt an den Verbraucher weiterleitet. Es entstehen keine Lager- und Organisationskosten.

(1) Festpreis, unbestimmter Preis (auf der Basis der Kostenkalkulation des Lieferanten am Liefertag), Preisgleitklausel (zur Ermittlung des Preises in der Zukunft), Bagatellklausel (wenn der Preis schwankend ist)

(2) Gewährung eines Skontos (2 % oder 3 % bei Monatsziel), Gewährung eines Kredits (ohne Mehrkosten), Gewährung von Mehrfachrabatten durch zähes Verhandeln (Schaufensterrabatt, Rabatt für erste Inbetriebnahme)

(3) EXW (ex works – ab Werk)
CIF (cost, insurance, freight – frei Haus)

Siehe Minilex S. 197 ff.

(1) Identifizierung des Materials
Prüfen der Lieferberechtigung nach Menge, Zeit, Vollständigkeit
Quantitätsprüfung zur Feststellung evtl. Fehlmengen

(2) Zeitnahe und vollständige Annahme und Kontrolle

Weitergabe der Materialien an die bedarfsauslösende Stelle (Lager, Produktion, Vertrieb)

Eingabe der Daten in das Materialsystem

Aufnahme der Kenndaten zur Pflege der Lieferantenbewertung

(3) Früherer Versand durch den Lieferanten

Auswahl eines anderen Spediteurs

Auswahl anderer Transportmittel

(1) Typisch sind hier zugekaufte Produkte, die einen hohen Spezialisierungsgrad aufweisen und häufig zum Sondermaschinenbau zählen. Viele elektronische Bauteile und Komponenten werden bezogen und eingebaut. Diese Teile können aus wirtschaftlichen Gründen im eigenen Unternehmen nicht geprüft werden.

(2) Hier werden die Produkte vom Unternehmen selbst entwickelt und einer intensiven Qualitätsprüfung unterzogen. Diese Prüfungen werden vor dem Ablauf der Bandfertigung durchgeführt. Zugekaufte Materialien werden stichprobenartig geprüft.

(3) Werden Teile direkt an das Band geliefert, so hat der Zulieferer die Fehlerfreiheit zu garantieren. Heute werden 40 bis 100 ppm (parts per million) als fehlerhaft akzeptiert.

(4) Einsatz von Stichprobenverfahren, Daten zur Lieferantenbeurteilung, Checklisten, ABC-Analysen, FMEA (Fehler-Möglichkeit und Einflussanalyse)

(1) In allen Bearbeitungsstufen, da der Ablauf nicht vollständig synchronisiert werden kann. Hier handelt es sich um die Optimierung und das Zusammenspiel von Ladeeinheit, Lagersystem und Transportsystem. Um den Fluss zu optimieren sollten Vorgänge wie Umladen, Handhaben und sonstiges Einwirken vermieden werden.

(2) Der Lieferant verpflichtet sich am Behältermanagement des Unternehmens teilzunehmen. Damit können zugelieferte Teile in Behältern direkt an den Ort der Weiterverarbeitung gebracht werden.

(3) Werden Teile der Produktion an Zulieferer outgesourct, so kann der Zulieferer verpflichtet werden, fertigungssynchron an die Montage zu liefern. Damit entfallen Einlagerungen und sonstige Lagertätigkeiten ebenso, wie der Zulieferer eine Pufferfunktion übernimmt.

(1) Im Wareneingang werden unnötige Ein- und Auslagerungen vermieden. Daher bevorzugt man hier eine fertigungssynchrone Anlieferung und Bereitstellung. Im Warenausgang sind Waren – speziell im Konsumgüterbereich – für Kundenaufträge bereitzustellen. Trotz hoher Kosten sind automatisierte Kommissioniersysteme vorteilhaft.

(2) Waren können nach ihrer Umschlagshäufigkeit in Klassen eingeteilt werden. Es empfiehlt sich, Waren mit hohem Umschlag im HRL in einen vorderen A-Bereich zu lagern.

(3) Der HRL-Rechner vergibt die Regalplätze unter Beachtung des Umschlags und verteilt die Waren in ABC-Bereiche sowie in verschiedene Gänge.

(1) Gabelstapler holen ganze Paletten aus Regalplätzen oberhalb der Verkaufsregale und platzieren die Waren in die Regale.

(2) Hier sind Durchlaufregale sinnvoll, die auf Rollenbahnen – durch Abschrägung – die Waren nach vorne gleiten lassen. Damit kann das FIFO-Prinzip wegen des Verfalldatums realisiert werden.

(3) Sonderartikel werden in einem Sonderbereich gestapelt.

(4) Dem Kunden werden zwei Arten von Wagen angeboten: normale und Wagen für sperrige Güter (Bretter, Baumaterial). Daneben kann auch mittels Gabelstapler transportiert werden.

 Siehe MiniLex S. 197 ff.

(1)
Prüfen der Aufträge auf Machbarkeit

⇩

Erfassen der Kundenauftragsdaten

⇩

Korrektur der Auftragsdaten um evtl. Lagerbestände

⇩

Ermittlung des Liefertermins und Mitteilung an Kunden

⇩

Erstellung der Auftragspapiere, Frachtpapiere, Lieferschein, Rechnung

⇩

Durchführung des Transports durch Spediteur

(2) Ein Normalauftrag kann in 4 Tagen abgewickelt werden.

(3) Bei einem Spezialauftrag ergeben sich 12 Tage. Hier sollte auf die Entwicklungszeit eingewirkt werden.

(1) Zurückverlagern der Bestände zum Hersteller
Einsatz optimaler Lagerhilfsmittel
Zusammenführen der Transporteinheiten zu kostenoptimalen Transporten

(2) Die Behälter im Unternehmensverbund zu den Kunden werden geplant. Der Behälterumlauf ist abgestimmt auf die Ladekapazitäten und das Ladegut. Damit lassen sich Bestände verringern.

(3) Werden Materialien just-in-time ausgeliefert, wird man eine feste Tourenplanung bevorzugen. Wird die Ladekapazität nicht voll genutzt, sollten mehrere Aufträge zu einer Ladung zusammengefasst werden.

(1) Es empfiehlt sich die Anwendung einer ABC-Analyse, die zeigt, dass ein sehr niedriger Anteil der Ersatzteile den größten Anteil am Umsatz mit Ersatzteilen darstellen.

(2) Dezentrale Bevorratung der umsatzstärksten Ersatzteile; sonst zentrale Bevorratung

(3) Vielfach ist die Funktionstüchtigkeit einer Anlage (z. B. Zeitungsdruck, Roboter im Automobilbau) zwingend notwendig. Hier muss das Ausfallverhalten, die Instandhaltungsstrategie und die Ausfallkosten beachtet werden.

(4) Hier sind lediglich C-Teile vorrätig, in anderen Fällen erfolgt eine Belieferung aus dem Zentrallager.

47

Siehe MiniLex S. 197 ff.

48

(1)
| Schutz des Bürgers vor jeglichen Immissionen | Licht, Strahlen, Ruß, Staub, Gase |

(2)
| Benutzung eines Gewässers durch Erlaubnis oder Bewilligung | Einleiten von Stoffen, Entnehmen und Ableiten von Wasser, Einleiten von Abwasser |

(3)
| Verwertung, Ablagerung, Einsammeln, Lagern als geordnete Entsorgung zur Wahrung des Wohls der Allgemeinheit | Kunststoffverordnung, Altöl, Klärschlamm |

49

Aufgabe	Inhalt	Beispiel
Vermeiden	Vorsorge treffen, dass Abfall nicht entsteht	Wegfall von Verpackungen
Vermindern	Suche nach Alternativen	Schadstoffarme LKW´s, Wiederverwendung von Kühlmitteln
Verwenden	Mehrfache Verwendung gebrauchter Produkte und Verpackungen	Mehrfachverpackungen, Mehrwegcontainer
Verwerten	Produkte oder Teile werden einer erneuten Verwendung zugeführt	Altglas, Altpapier, PET-Flasche
Vernichten	Abfallbeseitigung	Deponie

50

Siehe MiniLex S. 197 ff.

MiniLex

Das **MiniLex** enthält die wichtigsten Begriffe, die in diesem Buch behandelt werden. Weitere Begriffe finden sich in:

Olfert / Rahn, Lexikon der Betriebswirtschaftslehre, Kiehl Verlag

ABC-Analyse	Sie ist ein Instrument, das dazu dient, die Materialien im Unternehmen nach der Verteilung ihrer Werthäufigkeit in A-Güter, B-Güter und C-Güter zu klassifizieren. Dies geschieht in vier **Schritten**: ○ **Erfassung der Jahresbedarfswerte** für jede Materialart durch Multiplikation der jeweiligen Mengen und Preise ○ **Sortierung der einzelnen Jahresbedarfswerte** vom höchsten Bedarfswert (Rang 1) bis zum niedrigsten Bedarfswert (Rang n) ○ **Ermittlung der Prozentanteile** der einzelnen Jahresbedarfswerte im Verhältnis zum gesamten Jahresbedarf ○ **Festlegung der Wertgruppen** (A, B, C) auf der Grundlage der kumulierten Prozentanteile
ABC-Güter	**A-Güter** weisen einen Mengenanteil von ca. 15 % und einen Wertanteil von ca. 80 % auf. Der Mengenanteil der **B-Güter** beträgt ca. 35 %, während der Wertanteil ca. 15 % ausmacht. **C-Güter** verfügen über einen Mengenanteil von ca. 50 % und einen Wertanteil von ca. 5 %.
Abfall	Dabei handelt es sich um alle **beweglichen Sachen**, deren sich der Besitzer entledigen will oder deren geordnete Entsorgung zur Wahrung des Wohls der Allgemeinheit, insbesondere des Schutzes der Umwelt, geboten ist.
Abfall-begrenzung	Sie sollte das vorrangige Ziel der Abfallwirtschaft darstellen, zumal bei einer erfolgreichen Begrenzung von Abfällen die Probleme minimiert werden, die mit der Abfallbehandlung verbunden sind. **Arten** der Abfallbegrenzung sind: ○ Die **Abfallvermeidung**, welche eine Strategie darstellt, die eine Entstehung von Abfällen vor, während und nach dem betrieblichen Leistungsprozess gänzlich unterbindet. ○ Die **Abfallverminderung**, welche angestrebt werden sollte, wenn eine absolute Abfallvermeidung nicht erreichbar ist. Dabei ist zu versuchen, möglichst wenig und dann auch nur solche Abfälle in Kauf zu nehmen, die eine hohe, wirtschaftlich sinnvolle Recyclingfähigkeit aufweisen.
Abfall-behandlung	Abfälle müssen, soweit sie nicht vermeidbar sind, entsorgt sowie mithilfe geeigneter und rechtmäßig zugelassener Verfahren behandelt werden. **Strategien** der Abfallbehandlung sind dabei: ○ Recycling ○ Abfallvernichtung ○ Abfallbeseitigung

Abfall-beseitigung	Sie kann sein: ○ **Abfalldiffusion**, wobei Abfälle an Umweltmedien abgegeben und dort verteilt (diffundiert) werden, z. B. indem sie verdünnt oder konzentriert werden. ○ **Abfalllagerung**, der heute noch die größte Bedeutung zukommt. Sie geschieht in Deponien als Anlagen zur dauerhaften, geordneten und kontrollierten Ablagerung.
Abfallgesetze	Wichtige Gesetze sind z. B.: ○ Gesetz zur Förderung der Kreislaufwirtschaft und Sicherung der umweltverträglichen Beseitigung von Abfällen (KrW/AbfG) ○ Bundesimmissionsschutzgesetz (BImSchG)
Abfallrecht	Abfallrechtliche Vorschriften können vom Bund und den Ländern erlassen werden. Das Grundgesetz gibt den Ländern die Möglichkeit, Umweltgesetze zu erlassen, solange und soweit der Bund von seinem Gesetzgebungsrecht keinen Gebrauch macht. Weiterhin ist es den Ländern möglich, Ausführungsgesetze zu Rahmengesetzen des Bundes zu erlassen. Zu unterscheiden sind: ○ Abfallgesetze ○ Abfallverordnungen
Abfall-vernichtung	Sie kann erfolgen, wenn die Abfälle mangelnde oder fehlende Recyclingfähigkeit aufweisen, bei ihrer Verwertung nicht recycelbare Rückstände hervorrufen bzw. nicht deponiefähige Rückstände ergeben. Die **Kosten** der Abfallvernichtung sind vielfach sehr hoch.
Abfall-verordnungen	Zu den wichtigen Verordnungen zählen z. B.: ○ Abfallbestimmungsverordnung ○ Verordnung über Betriebsbeauf- ○ Abfallnachweisverordnung tragte für Abfall ○ Verpackungsverordnung
Abfall-wirtschaft	Sie ist die Gesamtheit der planmäßigen Aktionen und die Organisation, die der Vermeidung und Verringerung von Abfallstoffen sowie der Behandlung von Abfallstoffen unter besonderer Berücksichtigung der Wirtschaftlichkeit der angestrebten Verfahren dienen. Die Abfallwirtschaft kann sich beziehen auf: ○ Abfallbegrenzung ○ Abfallbehandlung
Angebot	Es ist eine an eine bestimmte Person bzw. an ein bestimmtes Unternehmen gerichtete **Willenserklärung**, Güter zu den angegebenen Bedingungen zu liefern und kann mündlich oder schriftlich abgegeben werden. Das Angebot ist: ○ **Verbindlich**, wenn der Anbieter sich verpflichtet innerhalb der gesetzlichen oder vertraglichen Bindungsfrist die angebotene Leistung zu erbringen. ○ **Unverbindlich**, wenn die Bindung an das Angebot eingeschränkt oder ausgeschlossen wird.

Angebots-prüfung	Sie erfolgt unter zwei **Gesichtspunkten**: ○ Mit der **formellen Angebotsprüfung** soll sichergestellt werden, dass die Anfrage des Unternehmens und das Angebot des Lieferanten sachlich übereinstimmen. Sie bezieht sich auf alle vom anfragenden Unternehmen gesetzten Daten. ○ Die **materielle Angebotsprüfung** erfolgt unter Anlegung bestimmter Kriterien, die üblicherweise sind: – Qualität des Materials – Marktstellung des Lieferanten – Preis des Materials – Ruf des Lieferanten – Lieferfrist – Standort des Lieferanten – Flexibilität des Lieferanten

Anschaffungs-wert	Das ist der bei der Beschaffung des Materials zu zahlende Preis. Er wird auch als **Einstandspreis** bezeichnet und kann sich zusammensetzen aus:
	
	      Angebotspreis
	   – Rabatt
	   – Bonus
	   + Mindermengenzuschlag
	   = Zieleinkaufspreis
	   – Skonto
	   = Bareinkaufspreis
	   + Bezugskosten
	      Verpackung/Fracht/Rollgeld
	      Versicherung/Zoll
	   = **Anschaffungswert**

Auftrags-bearbeitung	Sie verwaltet alle Auftragsdaten, von der Angebotserstellung über den Auftrag und die Auftragsdurchführung bis zur Auslieferung der fertig gestellten Erzeugnisse und erstellt die Daten zur Rechnungserstellung.
Auktion	Die Auktion ist eine **Methode zur Preisfindung**, wie sie auf konventionellen oder elektronischen Plätzen durchgeführt wird (vgl. EBAY). Bei der **Rückwärtsauktion/Reverse Auktion** geben die Lieferanten Gebote ab und unterbieten sich dadurch. Den Zuschlag erhält bei Auktionsende der Lieferant, der das preislich niedrigste Angebot abgegeben hat.
Auslagerung	Darunter wird vor allem das Kommissionieren verstanden, das in zwei **Formen** erfolgen kann: ○ Die Zusammenstellung der Materialien eines Auftrages an den Lagerplätzen wird oft als »**Mann zu Ware**« bezeichnet. ○ Die Bereitstellung der Materialien eines Auftrages durch automatisierte Lagergeräte im Hochregallager wird häufig als »**Ware zu Mann**« genannt.
Baukasten	Er bildet ein **Ordnungsprinzip**, das den Aufbau einer Zahl verschiedener Dinge aus einer Sammlung genormter Bausteine ermöglicht.
Baukasten-stückliste	Sie enthält Zusammenbauten, deren struktureller Aufbau aber nur bis zur jeweils nächstniedrigeren Stufe dokumentiert wird. In der Baukastenstückliste wird – im Gegensatz zur Strukturstückliste – stets **nur eine Fertigungsstufe** dargestellt.

Bedarfsauflösung	Sie ist im Rahmen der programmorientierten Bedarfsermittlung mithilfe deterministischer Methoden möglich als: ○ Analytische Bedarfsauflösung ○ Deterministische Bedarfsauflösung
Bedarfsauflösung, analytische	Bei ihr werden die **Baukastenstücklisten** und **Strukturstücklisten** zur Ermittlung des Nettobedarfes herangezogen. Verfahren der analytischen Bedarfsauflösung sind: ○ Fertigungsstufen-Verfahren ○ Renetting-Verfahren ○ Dispositionsstufen-Verfahren ○ Gozinto-Verfahren
Bedarfsauflösung, synthetische	Sie erfolgt auf der Grundlage der **Verwendungsnachweise.** Bei der Bedarfsauflösung wird nicht vom Erzeugnis ausgegangen, sondern von den einzelnen Teilen, deren Verwendung festgestellt und deren Bedarf ermittelt wird.
Bedarfsermittlung, programmorientierte	Sie ist ein zukunftsorientiertes Verfahren, das auf zwei **Informationsquellen** beruht: ○ Fertigungsprogramm ○ Erzeugnisse Mit ihrer Hilfe werden als **Bedarfsarten** festgestellt: ○ Bruttobedarf ○ Nettobedarf
Bedarfsermittlung, verbrauchsorientierte	Sie erfolgt im Rahmen der Bedarfsvorhersage. Dabei wird der zukünftige Materialbedarf aufgrund von **Vergangenheitswerten** prognostiziert. Dies ist möglich, wenn sie eine gewisse **Regelmäßigkeit** aufweisen als: ○ Konstant verlaufende Werte ○ Saisonabhängig ○ Trendbeeinflusste Werte verlaufende Werte
Belegprüfung	Die Daten des eingehenden Materials von Packlisten wie Transportpapieren, Warenbegleitscheinen oder Lieferscheinen, auf denen zumindest die Auftragsnummer der Bestellung, die Sachnummer und die Menge des Materials enthalten sind, werden bei der Belegprüfung mit den Bestellkopien verglichen, um eventuelle Fehler zu erkennen.
Beschaffung, fertigungssynchrone	Bei ihr handelt es sich um eine Kombination von Vorratsbeschaffung und Einzelbeschaffung. Das Unternehmen beschafft einerseits in Abstimmung mit der Fertigung, andererseits werden **rahmenmäßige Lieferverträge** über große Materialmengen abgeschlossen.
Beschaffungskontrolle	Ihr ist besondere Aufmerksamkeit zu widmen als: ○ **Kostenkontrolle**, die sich vor allem bezieht auf: – Beschaffungskosten – Lagerhaltungskosten – Bestellkosten – Fehlmengenkosten ○ **Ablaufkontrolle**, bei der es im Wesentlichen geht um: – Bestellmengenkontrolle – Lieferterminkontrolle
Beschaffungskosten	Sie umfassen alle **bestellmengenabhängigen Kosten**, die durch den Fremdbezug von Material entstehen und ergeben sich nach dem Schema, das als »Anschaffungswert« dargestellt wird.

Beschaffungs-marktforschung	Sie ist das systematisch und methodisch einwandfreie Untersuchen eines Beschaffungsmarktes mit dem Ziel, Entscheidungen in diesem Bereich zu treffen und zu erklären.
Beschaffungs-menge, *optimale*	Die Beschaffungsmenge gilt als optimal, wenn die Kosten für die Bereitstellung und Lagerung zusammen ein Minimum ergeben. Rechnerisch ergibt sich die optimale Beschaffungsmenge: $$x_{opt} = \sqrt{\frac{200 \cdot M \cdot K_B}{E \cdot L_{HS}}}$$ x_{opt} = Optimale Beschaffungsmenge M = Jahresbedarfsmenge E = Einstandspreis pro Mengeneinheit K_B = Bestellkosten je Bestellung L_{HS} = Lagerhaltungskostensatz
Beschaffungs-prinzipien	Das sind: ○ Vorratsbeschaffung ○ Just-in-Time-Beschaffung ○ Einzelbeschaffung ○ Sourcing-Strategien ○ Fertigungssynchrone Beschaffung
Beschaffungs-termine	Nach der unterschiedlichen Ermittlung der Beschaffungstermine gibt es: ○ Die **verbrauchsgesteuerte Beschaffung**, die durchgeführt werden kann als: – Bestellpunkt-Verfahren – Bestellrhythmus-Verfahren ○ Die **bedarfsgesteuerte Beschaffung**, die auf der Bedarfsermittlung durch Stücklistenauflösung basiert.
Beschaffungs-wege	Bei der Beschaffung von Materialien können als Beschaffungswege genutzt werden: ○ **Direkte Beschaffungswege**, insbesondere durch unmittelbares Beschaffen beim Hersteller, aber auch durch Nutzung von: – Einkaufsbüros – Einkaufsgemeinschaften ○ **Indirekte Beschaffungswege**, bei denen zwischen dem Hersteller und dem beschaffenden Unternehmen ein Absatzorgan geschaltet wird, das sein kann: – Handel – Kommissionär – Importeur
Beschaffungs-zeit	Sie umfasst folgende Zeiten: ○ Bestellvorgang ○ Transport ○ Auftragsbestätigung ○ Materialannahme Dazu können noch **Lieferfristen** oder **Lieferverzögerungen** kommen.
Bestand, *disponierter*	Er umfasst die Bestandsmengen des Lagers, die für bereits laufende Aufträge geplant sind und wird auch **Vormerkung** oder **Reservierung** genannt.
Bestand, *verfügbarer*	Er stellt eine Teilmenge des Lagerbestandes dar. Seine Ermittlung muss vorgenommen werden, wenn Vormerkungen für den Fertigungsplan oder offene Bestellungen zu bestimmten Terminen gegeben sind: Bestand am Lager + Offene Bestellungen – Vormerkungen _____ = **Verfügbarer Bestand**

Bestands-bewegungen	Dabei handelt es sich um Vorgänge, die eine Änderung des Bestandes bewirken. Sie können sein: ○ **Körperliche Bestandsbewegungen** als Zugänge und Abgänge ○ **Nichtkörperliche Bestandsbewegungen**, die darstellen: – Reservierungen – Beschaffungen – Stornierungen
Bestands-ergänzung	Um sie vornehmen zu können, ist es erforderlich, den Lagerbestand zu überprüfen. Ist der Meldebestand erreicht, muss die Bestellung der benötigten Materialmenge erfolgen. Zu unterscheiden sind: ○ **Verbrauchsbedingte Bestandsergänzung**, die mithilfe des Bestellpunkt-Verfahrens bzw. des Bestellrhythmus-Verfahrens möglich ist. ○ **Bedarfsbedingte Bestandsergänzung**, bei der die Isteindeckungszeit und die Solleindeckungszeit zu unterscheiden sind.
Bestands-führung	Ihre Aufgabe ist es, den Materialbestand festzustellen, indem die durch die Bedarfsrechnung realisierten Materialabgänge erfasst und bewertet werden. Dementsprechend sind zu unterscheiden: ○ **Mengenerfassung**, die erfolgen kann mithilfe der: – Skontrationsmethode – Inventurmethode – Retrograden Methode ○ **Werterfassung**, bei der sich anbieten: – Anschaffungswert – Wiederbeschaffungswert – Tageswert – Verrechnungswert
Bestands-strategien	Sie dienen dazu, im Rahmen von Lagerhaltungsproblemen Entscheidungen darüber herbeizuführen, wann und wie viel Materialien bereitzustellen sind. Sie werden auch **Lagerhaltungsstrategien** genannt und können sein: ○ (S, T)-Strategie ○ (s, S, T)-Strategie ○ (s, S)-Strategie ○ (s, Q, T)-Strategie ○ (s, Q)-Strategie
Bestands-überwachung	Sie umfasst: ○ Eingangsüberwachung ○ Verfügbarkeits- ○ Entnahmeüberwachung überwachung
Bestell-häufigkeit, *optimale*	Sie lässt sich mithilfe der folgenden Formel ermitteln: $$n_{opt} = \sqrt{\frac{M \cdot E \cdot L_{HS}}{200 \cdot K_B}}$$ n_{opt} = Optimale Bestellhäufigkeit M = Jahresbedarfsmenge E = Einstandspreis pro Mengeneinheit K_B = Bestellkosten je Bestellung L_{HS} = Lagerhaltungskostensatz
Bestellkosten	Sie werden auch Bestell**abwicklung**skosten genannt und sind Kosten, die innerhalb des Unternehmens für die Materialbeschaffung anfallen. Die Bestellkosten sind von der Anzahl der Bestellungen abhängig.

Bestellpunkt-Verfahren	Der Bestellpunkt ist die Menge des verfügbaren Lagerbestandes, bei der eine Bestellung ausgelöst wird. Er ist Grundlage des Bestellpunkt-Verfahrens, das in zwei **Arten** praktiziert wird:
	○ Der **sofortigen Lagerergänzung**, die bei Materialien erfolgt, deren Wiederbeschaffung zwischen zwei Lagerabgängen vorgenommen werden kann, weil ihre Beschaffungszeiten entsprechend kurz sind:
	$$B_M = (T_W + T_U) \cdot P + B_S$$ B_M = Meldebestand T_W = Wiederbeschaffungszeit T_U = Überprüfungszeit beim Eingang des Materials P = Materialbedarf B_S = Sicherheitsbestand
	○ Der **langfristigen Lagerergänzung**, bei der davon ausgegangen wird, dass zwischen der aufgrund des erreichten Meldebestandes erfolgten Bestellauslösung und dem Eintreffen der Materialien dem Lager noch mehrmals Materialien entnommen werden.
Bestell-rhythmus-Verfahren	Es ist durch festgelegte Beschaffungsrhythmen und variable Bestellmengen gekennzeichnet, deren Umfang vor allem vom Verbrauch zwischen den Überprüfungszeitpunkten abhängt.
	Da der Bestand zwischen den Überprüfungszeitpunkten unbekannt ist, muss der Bedarf während der Überprüfungszeit berücksichtigt werden. Der **Bestellpunkt** als Meldebestand ergibt sich:
	$$B_M = \frac{V_T\,(T_W + T_U)}{T_P} + B_S$$ B_M = Bestellpunkt V_T = Verbrauch in Tagen T_W = Wiederbeschaffungszeit in Tagen T_U = Überprüfungszeit in Tagen T_P = Vorhersageperiode in Tagen B_S = Sicherheitsbestand
Bestellung	Sie stellt die Willenserklärung einer Person bzw. eines Unternehmens dar, bestimmte Güter zu den angegebenen Bedingungen zu kaufen und ist an **keine** besondere **Form** gebunden. Deshalb kann sie erfolgen:
	○ Schriftlich ○ Fernmündlich ○ Mündlich
	Liegt ein Angebot des Lieferanten vor und wird – ohne Abweichung zum Angebot – bestellt, entsteht mit der Bestellung ein **rechtswirksamer Vertrag**.
Betriebsstoffe	Sie bilden selbst **keinen Bestandteil** des fertigen Erzeugnisses, sondern werden mittelbar oder unmittelbar bei der Herstellung des Erzeugnisses verbraucht. Zu den Betriebsstoffen rechnen alle Güter, die den Leistungsprozess ermöglichen und in Gang halten.
Bruttobedarf	Er wird als programmorientierter Bedarf ermittelt:
	○ Durch die Multiplikation des Primärbedarfes mit den Mengenangaben der Erzeugnisbestandteile aus den Stücklisten ergibt sich der **Sekundärbedarf**.
	○ Außerdem ist der **Zusatzbedarf** als ungeplanter Bedarf zu berücksichtigen, der zusätzlich von einem Teil benötigt wird.

	Sekundärbedarf + Zusatzbedarf = **Bruttobedarf**
CAD	**Computer Aided Design** ist das computergestützte Entwerfen von Einzelteilen, Baugruppen und ganzen Erzeugnissen. Sie werden entwickelt, konstruiert und technisch berechnet. Außerdem erfolgt die Erstellung der erforderlichen Unterlagen.
CAM	**Computer Aided Manufactoring** dient der Steuerung und Überwachung der Betriebsmittel, insbesondere der Werkzeugmaschinen, Lager- und Transportsysteme. Mit seiner Hilfe wird damit der eigentliche Fertigungsvorgang gesteuert und überwacht.
CAE	**Computer Aided Engineering** wird zur Simulation konstruktiver Merkmale eingesetzt und zeigt, wie sich konstruktive Änderungen auswirken. Damit wird die Konstruktion von Einzelteilen, Baugruppen und Erzeugnissen erheblich wirtschaftlicher. Es ermöglicht, Fertigungsgüter bereits vor Erstellung eines Prototyps zu optimieren.
CIM	**Computer Integrated Manufacturing** stellt eine Verknüpfung der primär betriebswirtschaftlichen Module im Rahmen eines Produktionsplanungs- und Produktionssteuerungssystems (PPS) mit den primär technischen Modulen dar.
Dispositions-stufen-Verfahren	Es wird genutzt, wenn einzelne Teile in mehreren Erzeugnissen und/oder in verschiedenen Fertigungsstufen vorkommen. Damit jedes Teil aber nur einmal aufgelöst werden muss, werden beim Dispositionsstufen-Verfahren alle gleichen Teile auf die unterste Verwendungsstufe heruntergezogen, die als **Dispositionsstufe** bezeichnet wird.
Distributions-kosten	Sie stellen die Gesamtkosten der im Rahmen der Materialverteilung zu leistenden Aufgaben dar: $$K_V = K_T + L_{HKf} + L_{HKv} + K_U$$ K_V = Gesamtkosten der Verteilung K_T = Transportkosten von der Fertigung zum Lager L_{HKf} = Fixe Lagerhaltungskosten L_{HKv} = Variable Lagerhaltungskosten K_U = Kosten für entgangenen Umsatz aufgrund durchschnittlicher Lieferzeit
Durchlaufzeit	Ein Großteil der Distributionskosten fällt als **Vertriebskosten** an. Sie ergibt sich aus der Differenz von Fertigungstermin und Anlieferungstermin: ○ Die Durchlaufzeit setzt sich aus den einzelnen **Arbeitszeiten** zusammen, die in den Arbeitsplänen festgelegt sind. ○ Zu berücksichtigen sind auch die erforderlichen **Förderzeiten**, **Liegezeiten**, **Kontrollzeiten**. ○ Außerdem können **Sicherheitszeiten** hinzukommen, mit denen unplanmäßige Verzögerungen aufgefangen werden können.

ECR	Nach European ECR-Boards ist dies eine gemeinsame Initiative und enge Zusammenarbeit von Herstellern und Händlern mit dem Ziel, die Versorgungskette zu optimieren, um so dem Verbraucher einen höheren Nutzen durch niedrigere Kosten, besseren Service und eine breitere Produktpalette zu bieten.
Einzelbeschaffung	Bei ihr werden die Materialien in der benötigten Menge jeweils erst zum Zeitpunkt ihrer Verwendung beschafft.
Elektronische Kataloge	Elektronische Produktkataloge werden von Lieferanten angeboten. Eine **Beschleunigung der Anbahnungs-** und **Aushandlungsphase** als auch eine Online-Abfrage aktueller Preise und Verfügbarkeiten (vgl. Amazon) wird dadurch ermöglicht.
E-Procurement	Hierunter wird die **elektronische Abwicklung** von **Beschaffungsvorgängen** verstanden. Die einzelnen Phasen werden über das Internet (auch Intranet, Extranet) abgewickelt.
Erfüllungsort	Er ist der Ort, an dem die Übergabe des Materials zu erfolgen hat als: ○ Gesetzlicher Erfüllungsort (Sitz des Lieferanten) ○ Vertraglicher Erfüllungsort (zwischen Partnern vereinbart) ○ Natürlicher Erfüllungsort (den Umständen nach) Am Erfüllungsort geht die **Gefahr** für das Material über.

Erfüllungszeit	Sie ist die Zeit, zu welcher der Lieferant das Material zu übergeben hat:
	
	○ Ist **nichts vereinbart**, kann der Lieferant sofort liefern, das beschaffende Unternehmen sofortige Lieferung verlangen.
	
	○ **Vertraglich** können festgelegt werden:
	  – **Promptgeschäfte**, bei denen die Lieferung sofort zu erfolgen hat.
	  – **Lieferungsgeschäfte**, bei denen eine spätere Erfüllungszeit vereinbart wird.

ERP-Systeme	Diese Systeme beinhalten einzelne Bausteine in einem integrierten Softwaresystem. Die Bausteine oder Module ermöglichen den Unternehmen die **Abwicklung ihrer Geschäftsprozesse** in den einzelnen betriebswirtschaftlichen Funktionen
Erzeugnisbeschreibung	Sie kann erfolgen mithilfe von: ○ Stücklisten ○ Verwendungsnachweisen
Erzeugnisse	Dazu werden alle vom Unternehmen selbst gefertigten Vorräte an Gütern gerechnet. Sie können sein: ○ **Fertigerzeugnisse** als vom Unternehmen selbst gefertigte Vorräte, die versandfertig sind. Sie werden auch als Erzeugnisse bzw. Enderzeugnisse genannt. ○ **Unfertige Erzeugnisse**, die alle Vorräte an Erzeugnissen umfassen, welche noch nicht verkaufsfähig sind, für die aber im Unternehmen bereits Kosten entstanden sind.
Fabrikkalender	Mit ihm wird ein Zeitrahmen festgelegt, der Perioden gleicher Länge ent-hält. In ihm werden nur **Arbeitstage** berücksichtigt, die fortlaufend nummeriert sind. Zu unterscheiden sind:

	o Dreistelliger Arbeitstage-Kalender (000 bis 999; umfasst ca. 4 Jahre)
	o Jahresbezogener Arbeitstage-Kalender (000 bis ca. 250)
Fehler-vorhersage	Die mithilfe der stochastischen Methoden errechneten Werte sind Vorhersagewerte, d. h. bei ihnen besteht die **Gefahr fehlerhafter Aussagen**. Daher erscheint es zweckmäßig, eine Fehlervorhersage durchzuführen, die auf der mittleren quadratischen bzw. mittleren absoluten Abweichung beruhen können.
Fehlmengen-kosten	Sie fallen an, wenn das beschaffte Material den Bedarf der Fertigung nicht deckt, wodurch der Leistungsprozess teilweise oder ganz unterbrochen wird.
Fertigungs-programm	Es wird auf der Grundlage des Absatzprogrammes erstellt und legt fest, welche Aufträge von der Fertigung in bestimmten Perioden durchzuführen sind. Das Fertigungsprogramm stellt den Ausgangspunkt für die Ermittlung des Materialbedarfes dar.
Fertigungs-stufen-Verfahren	Bei ihm können die Teile des Erzeugnisses in der Reihenfolge der Fertigungsstufen aufgelöst werden. Es wird auch **Baustufen-Verfahren** genannt.
	Voraussetzung für die Anwendbarkeit des Fertigungsstufen-Verfahrens ist, dass in den Erzeugnissen keine Teile vorhanden sind, die auf verschiedenen Stufen vorkommen.
Fifo-Verfahren	Es kann zur Ermittlung der Anschaffungskosten bzw. Herstellungskosten gleichartiger Gegenstände des Vorratsvermögens verwendet werden. Hierbei wird unterstellt, dass die zuerst angeschafften oder hergestellten Gegenstände auch zuerst verbraucht oder veräußert werden (*first in – first out*).
Fördermittel	Die technische Entwicklung der Fördermittel führte in den letzten Jahren im Lagerbereich dazu, die Transportkapazität bei gleichem Bedienungspersonal zu steigern. Es gibt z. B.:
	o **Ladegeräte** zum Beladen und Entladen der Materialien, z. B. als Bodenfahrzeuge, Krane.
	o **Transportgeräte**, deren Einsetzbarkeit vom Lagerort, der Lagereinrichtung und dem Transportweg zur Fertigungsstelle abhängt.
	o **Lagerhilfsgeräte**, die für unterschiedliche Tätigkeiten genutzt werden, z. B. Zählen, Messen, Wiegen, Kommissionieren.
Gewicht	Das der Preisberechnung zu Grunde liegende Gewicht kann sein:
	o **Bruttogewicht** als Gewicht des Materials einschließlich Verpackung
	o **Nettogewicht** oder **Reingewicht** als Gewicht ohne Verpackung
	Die Differenz zwischen Bruttogewicht und Nettogewicht – das Gewicht der Verpackung – wird als **Tara** bezeichnet.
Glättung, *exponentielle*	Sie ist die wichtigste Methode der verbrauchsbedingten Ermittlung des Materialbedarfes. Bei ihr besteht die Möglichkeit, die Daten zu gewichten, was mithilfe des Glättungsfaktors α erfolgt, der zwischen den Werten 0 und 1 liegt.

○ Je **kleiner** α ist, umso stärker werden weiter zurück liegende Perioden gewichtet.

○ Je **größer** α ist, umso stärker erfolgt die Gewichtung jüngerer Perioden.

Mit der exponentiellen Glättung erster Ordnung ist eine Vorhersage bei **konstantem Bedarf** möglich:

$$V_n = V_a + \alpha\,(T_i - V_a)$$

V_n =   Neue Vorhersage
V_a =   Alte Vorhersage
T_i =   Tatsächlicher Bedarf der abgelaufenen Periode
α =   Glättungsfaktor

Um **Trends** zu berücksichtigen, wird die exponentielle Glättung zweiter Ordnung eingesetzt.

Gozinto-Verfahren	Es ist ein Verfahren, bei dem mathematische Methoden zur Bedarfsermittlung eingesetzt werden. Die Grundlage bildet der **Gozinto-Graph**, der die Zusammensetzung der Erzeugnisse darstellt.
Grunddatenverwaltung	Sie stellt zur Verfügung: ○ Die für die Materialwirtschaft und Zeitwirtschaft benötigten Stammdaten. ○ Die für einen konkreten Fertigungsauftrag benötigten Daten des Fertigungsplanes.
Hilfsstoffe	Sie gehen zwar unmittelbar in das zu fertigende Erzeugnis ein, aber im Vergleich zu den Rohstoffen erfüllen sie lediglich eine **Hilfsfunktion**, da ihr mengen- und wertmäßiger Anteil gering ist.
Höchstbestand	Er gibt an, welche Materialmenge maximal am Lager vorhanden sein darf. Mit seiner Hilfe sollen ein überhöhter Lagervorrat und damit eine zu hohe Kapitalbindung am Lager vermieden werden.
Hol-Bring-prinzip	**Bringsysteme** (auch Pushprinzip genannt) produzieren auf Vorrat. Dies bedingt Lagerbestände vor der Produktion als auch Bestände an Fertigprodukten. **Holsysteme** (auch Pullprinzip genannt) ziehen nur bei Bedarf Produkte aus der Produktion. Dies hat den Vorteil, dass der Kunde den Zeitpunkt der Endmontage bestimmt und damit die Lagerbestände abgebaut werden.
Inventur	Mit ihr wird der tatsächliche Bestand des Vermögens und der Schulden für einen bestimmten Zeitpunkt durch **körperliche Bestandsaufnahme** mengenmäßig und wertmäßig erfasst. Die Inventur dient dazu, die tatsächlich vorhandenen Bestände aufzunehmen und sie den Buchbeständen gegenüberzustellen. Sie kann erfolgen als: ○ Stichtagsinventur ○ Verlegte Inventur ○ Permanente Inventur ○ Stichprobeninventur
Inventur, *permanente*	Sie ist durch eine **Zweiteilung des Aufnahmeaktes** in eine körperliche Bestandsaufnahme und eine buchmäßige Bestandsaufnahme gekennzeichnet:

	○ Die körperliche **Bestandsaufnahme** kann an einem beliebigen Zeitpunkt des Geschäftsjahres vorgenommen werden. ○ Die **Fortschreibung** erfolgt bis zum Bilanzstichtag hinsichtlich Art, Menge und Wert der einzelnen Vermögensgegenstände. **Voraussetzung** ist eine ordnungsgemäße Lagerbuchführung.
Inventur, *verlegte*	Eine Inventur zum Bilanzstichtag ist nach § 241 Abs. 3 HGB dann nicht erforderlich, wenn eine körperliche Bestandsaufnahme für einen Tag innerhalb der letzten drei Monate vor oder der beiden ersten Monate nach dem Schluss des Geschäftsjahres aufgestellt wurde oder wird. Entsprechend muss eine wertmäßige **Fortschreibung** oder **Rückrechnung** auf den Bilanzstichtag vorgenommen werden.
Inventurmethode	Bei ihr sind keine Lagerbuchhaltung und kein Belegwesen erforderlich. Der Materialbestand ergibt sich lediglich durch eine Inventur als Endbestand. Der Zugang der Materialien ist dabei zu berücksichtigen: $$\begin{array}{l} \text{Anfangsbestand} \\ +\ \text{Zugang} \\ -\ \text{Endbestand} \\ \hline =\ \textbf{Verbrauch} \end{array}$$ Die Inventurmethode wird auch **Befundrechnung** oder **Bestandsdifferenzierung** genannt.
Isteindeckungszeit	Dabei handelt es sich um die Zeit, bis zu welcher der verfügbare Bestand unter Zugrundelegung des zu erwartenden Bedarfes ausreicht. Der erste Tag der Periode, deren Bedarf nicht mehr gedeckt werden kann, liegt außerhalb der Isteindeckungszeit.
Just-in-Time-Beschaffung	Dabei handelt es sich um die Versorgung nach dem »**Supermarktprinzip**«, d. h. die Lagereinheiten werden ergänzt, wenn ein Bedarf gegeben ist.
Kauf	Ein Kauf kann sein: ○ **Kauf nach Probe** als fester Kauf nach einer Warenprobe, einem Muster oder nach früheren Lieferungen. ○ **Kauf zur Probe** als fester Kauf einer kleinen Warenmenge zum Stückpreis, der für eine große Warenmenge zu zahlen wäre. ○ **Kauf auf Probe**, bei dem sich das Unternehmen das Recht vorbehält, das Material innerhalb einer Frist zurück zu geben. ○ **Kauf auf Basis einer bestimmten Qualität**, wobei eine bestimmte Qualitäts-Preis-Relation vereinbart wird. ○ **Kauf en bloc** als Kauf größerer Partien oder ganzer Warenläger ohne Zusicherung einer bestimmten Güte zum Pauschalpreis.
Kommissionierung	Die Aufgabe einer reibungslosen Versorgung mit benötigten Materialien obliegt heute meist **Logistikunternehmen**. Diese stellen die einzelnen Bedarfspositionen zusammen, um diese dem Kunden weiterzuleiten. Hier holen die Lagerarbeiter die Materialien nicht persönlich aus den Regalen, sondern Fördereinrichtungen bringen diese an einen Kommissionierpunkt. Eine hohe Mechanisierung bei geringem Personaleinsatz ist die Folge.

Kundenauftrag	Bei ihm besteht ein **direkter Bezug** des Unternehmens **zu den Abnehmern** der Erzeugnisse, für die unmittelbar gefertigt wird. Häufig werden dabei Materialien verwendet, die speziell hierfür beschafft oder gefertigt werden müssen. Der **Primärbedarf** ergibt sich aus den Auftragseingängen der einzelnen Kunden.
Lagerauftrag	Er stellt die Grundlage der industriellen Leistungserstellung dar, wenn dem Unternehmen ein **anonymer Markt** gegenübersteht. Die Gesamtheit der Lageraufträge einer Periode bildet das Fertigungsprogramm, das i. d. R. auf den Erkenntnissen der Marktforschung beruht. Mit ihrer Hilfe wird der **Primärbedarf** prognostiziert.
Lagerbestand	Das ist der Bestand, der sich körperlich zum Planungs- und Überprüfungszeitpunkt im Lager befindet. Seine Höhe hängt vom Umfang der Lagerzugänge und Lagerabgänge ab. Als **Kennzahl** des Lagerbestandes wird vielfach verwendet: $$B_D = \frac{\text{Anfangsbestand} + \text{Endbestand}}{2} \qquad B_D = \text{Durchschnittlicher Bestand}$$ Der Lagerbestand kann sein: ○ Verfügbarer Bestand ○ Disponierter Bestand
Lager-bewegungen	Sie führen zu **Bestandsveränderungen** und werden von verschiedenen betrieblichen Abteilungen veranlasst, insbesondere als: ○ **Abgänge**, die zu einer Verminderung der Bestände führen ○ **Zugänge**, die sich aus Lieferungen sowie aus Auftragsfertigungsmeldungen ergeben.
Lager-buchhaltung	Mit ihr werden sämtliche **Zugänge** und **Abgänge** erfasst, die aufgrund von Lieferscheinen bzw. Materialentnahmescheinen erfolgen. Sie kann, je nach Rationalisierungsgrad, unterschiedlich organisiert sein.
Lagerführung	Sie hat sicher zu stellen, dass ausreichende Lagerbestände verfügbar sind. Bei der Lagerführung sind zu unterscheiden: ○ **Erzeugnisläger**, die zur Aufnahme aller verkaufsfähigen Erzeugnisse, Ersatzteile und Waren dienen. Darin sind die hauptsächlich nachgefragten Güter in ausreichender Menge bereitzuhalten. ○ **Außenläger**, die vielfach zwischen der Fertigungsstätte und den Kunden aufgebaut werden.
Lagerhaltungs-kosten	Sie umfassen alle Kosten, die durch die Lagerung von Material verursacht werden und werden ermittelt: pro Einheit $\boxed{L_{HK} = E \cdot L_{HS}}$ insgesamt $\boxed{L_{HK} = B_P \cdot L_{HS}}$ wobei $\boxed{L_{HS} = p \cdot L_S}$ L_{HK} = Lagerhaltungskosten $\qquad$ p = Zinssatz L_{HS} = Lagerhaltungskostensatz $\quad$ E = Einstandspreis L_S = Lagerkostensatz $\qquad\qquad$ B_D = Durchschnittlich im Lager gebundenes Kapital

Lagerhaltungs-kostensatz	Er setzt sich zusammen aus: ○ Dem **Zinssatz**, der meist als kalkulatorischer Zinssatz des Unternehmens angesetzt wird. ○ Dem **Lagerkostensatz**, der sich ergibt: $$L_S = \frac{K_L \cdot 100 \cdot 2}{B_L \cdot E} \quad \text{oder} \quad L_S = \frac{K_L \cdot 100}{B_D}$$ L_S = Lagerkostensatz B_D = Durchschnittlich im Lager gebundenes K_L = Lagerkosten Kapital B_L = Lagerbestand E = Einstandspreis
Lager-statistik	Sie wird als **Ergebnis der Bestandsführung** erstellt und kann sein: ○ Bestandsstatistik ○ Bewegungsstatistik
Läger, funktions-bezogene	Als funktionsbezogene Läger sind zu unterscheiden: ○ **Hauptläger**, die Läger darstellen, welche die von ihnen aufgenommenen Güter aus werksexternen Quellen erhalten oder an werksexterne Bezieher abgeben. Meist werden sie als **Zentralläger** geführt. ○ **Nebenläger**, die keine Kontakte mit werksfremden Wirtschaftseinheiten haben, sondern das Material von werksinternen Quellen beziehen oder es an werksinterne Bezieher abgeben. Außerdem können **Hilfsläger** genannt werden. Das sind Läger, welche Güter aufnehmen, die aus raumtechnischen Gründen nicht oder nur unter Gefährdung der Ordnung in Haupt- oder Nebenlägern aufgenommen werden können.
Läger, gestaltungs-bezogene	Je nach Unternehmensgröße, Materialien und Organisationsstruktur gibt es: ○ **Eingeschossläger**, die sich anbieten, wenn keine Notwendigkeit besteht, die Läger wegen einer Beschränkung der verfügbaren Lagerfläche über mehrere Geschosse zu verteilen. Nach ihrer Bauart gibt es: – Offene Läger – Geschlossene Läger – Halboffene Läger – Spezialläger ○ **Mehrgeschossläger**, die Läger sind, welche die einzulagernden Materialien auf verschiedenen Ebenen aufbewahren. Sie ergeben sich häufig aus der Forderung nach einem reibungslosen und wirtschaftlichen Materialfluss. ○ **Hochregalläger**, die automatisiert sind und mit einer großen Zahl spezialisierter Hebe- und Förderzeuge arbeiten. Über Steigfördersys-teme werden die Materialien zu ihnen gefördert. Dem Abtransport dienen Abfördersysteme.
Läger, standort-bezogene	Die Standorte der Läger sollen sicherstellen, dass die Fertigungsstellen fortlaufend mit den benötigten Materialien versorgt werden können. Dabei stellt sich auch die Frage: ○ Der **Zentralisierung**, die sich dort anbietet, wo mehrere Lagerstellen verschiedener Unternehmensteile zentral zusammengefasst und wegen der Konzentrierung der Lageraufgaben größere Lagereinheiten gebildet werden können.

	○ Der **Dezentralisierung**, die zweckmäßig sein kann, wenn verschieden-artige Rohstoffe und schwere, sperrige Güter zu lagern sind.
Läger, stufenbezogene	Sie können unterteilt werden in: ○ **Eingangsläger**, die nach außen gerichtete Läger sind, welche der Fertigung als Puffer zwischen Beschaffungsrhythmus und Fertigungsrhythmus dienen. ○ **Werkstattläger**, die Zwischenläger darstellen, welche im Fertigungsbereich die Materialien aufnehmen, wenn sie bereits eine oder mehrere Fertigungsstufen durchlaufen haben, aber noch weitere Bearbeitungen erfahren sollen. ○ Die **Erzeugnisläger**, die Erzeugnisse, Halbfabrikate, Ersatzteile und Waren aufnehmen.
Lean Management	Lean Management führt zu einer Verschlankung der Unternehmenshierarchie und bewirkt, dass Entscheidungen auf der operativen Ebene bewirkt werden. Dies führt zu einer Delegation von Verantwortung auf die ausführende Ebene.
Lieferbedingungen	Sie umfassen verschiedene **Regelungen**, insbesondere: ○ Lieferbereitschaft ○ Rücktrittsmöglichkeiten ○ Lieferzeit ○ Verpackungskosten-Berechnung ○ Lieferart ○ Frachtkosten-Berechnung ○ Umtauschmöglichkeiten ○ Versicherungskosten-Berechnung
Lieferbereitschaftsgrad	Er wird als Prozentsatz der Bedarfsanforderungen ermittelt, die in der Planperiode durch den Lagervorrat gedeckt werden: ○ Lieferbereitschaftsgrad als **Bedarfsservice L_B** $$L_B = \frac{\text{Anzahl der bedienten Bedarfspositionen}}{\text{Anzahl aller Bedarfspositionen}} \cdot 100$$ ○ Lieferbereitschaft als **Stückservice L_S** $$L_S = \frac{\text{Anzahl sofort bedienter Menge}}{\text{Gesamtmenge der Nachfrage}} \cdot 100$$
Lieferservice	Er ist ein Maß für die Wettbewerbsfähigkeit des Unternehmens. Einflussfaktoren, die auf den Lieferservice wirken, sind: ○ Die **Lieferzeit**, die möglichst kurz sein sollte, was durch eine schnelle Bearbeitung der einzelnen damit verbundenen Arbeitsschritte möglich ist. ○ Die **Lieferbereitschaft**, welche die Verfügbarkeit der Güter darstellt. Ihre Erhöhung ist z. B. durch mehr Außenläger möglich. ○ Die **Lieferzuverlässigkeit**, wofür i.d.R. ein Sicherheitsbestand für Lagerartikel zu halten ist.
Logistik	Sie stellt die Summe aller Tätigkeiten dar, die sich mit der Planung, Steuerung und Kontrolle des gesamten Flusses innerhalb und zwischen Wirtschaftseinheiten befasst, und sich bezieht auf:

	○ Materialien ○ Energie ○ Personen ○ Informationen Als **Teilgebiete** der Logistik werden unterschieden: ○ Beschaffungslogistik ○ Absatzlogistik ○ Fertigungslogistik ○ Abfalllogistik
Markt	Er ist die wirtschaftlich bedeutsame Umwelt eines Unternehmens, mit der es durch bestimmte Beziehungen verbunden ist oder Beziehungen anstrebt.
Marktanalyse	Sie wird einmalig oder in bestimmten Intervallen durchgeführt und dient der Erforschung von Beschaffungsmarktdaten zu einem bestimmten Zeitpunkt. Damit ermöglicht sie Aussagen über marktbezogene Grundstrukturen.
Markt-beobachtung	Sie befasst sich mit der Entwicklung der Beschaffungsmärkte im Zeitablauf und dient dazu, die Veränderungen der Beschaffungsmarktdaten offen zu legen.
Material	Zum Material werden gerechnet: ○ Rohstoffe ○ Erzeugnisse ○ Hilfsstoffe ○ Waren ○ Betriebsstoffe ○ Verschleißwerkzeuge ○ Zulieferteile
Materialbedarf	Er kann sein: ○ Primärbedarf ○ Sekundärbedarf ○ Tertiärbedarf
Material-beschaffung	Sie hat die für die Fertigung erforderlichen Materialien und zum Verkauf bestimmten Waren im Unternehmen zur Verfügung zu stellen, wobei die Materialien: ○ In der erforderlichen Menge, Art und Qualität bereitzustellen sind. ○ Unter Beachtung des Prinzips der Wirtschaftlichkeit, also kostenoptimal.
Material-entsorgung	Darunter werden folgende **Maßnahmen** verstanden: ○ Erfassen, Sammeln, Selektieren, Separieren, Einstufen der Rückstände nach ihrer Verwertbarkeit, Gefährlichkeit und Umweltbelastungswirkung ○ Aufbereiten, Umformen, Regenerieren, Bearbeiten, Sichern der Materialien ○ Suche nach Abnehmern sowie der Verkauf oder die Abgabe der zu entsorgenden Materialien an Dritte.
Material-lagerung	Sie erfasst die Vorgänge des Materialeinganges, des Materialeinlagerns, der Materialentnahme und bietet in Verbindung mit der Bestandsführung, bei der die Bestände mengen- und wertmäßig erfasst werden, die Grundlage für eine umfassende Planung und Steuerung des Bestandes.
Material Management	Bei ihm geht es um Fragen des Materialflusses. Dem Material Management muss besondere Aufmerksamkeit gewidmet werden, da zwischen 10 % und 20 % der Personalkosten im Fertigungsbereich auf Tätigkeiten des Materialtransports entfallen.

Material-prüfung	Sie erfolgt im Verlaufe oder unmittelbar nach der Materialannahme und besteht aus: ○ Belegprüfung ○ Zeitprüfung ○ Mengenprüfung ○ Qualitätsprüfung
Material-verteilung	Sie ist die zusammenfassende Bezeichnung für sämtliche Aktivitäten, die den Materialfluss zum, im und vom Unternehmen betreffen und soll den **Materialfluss** vom Rohstofflieferanten bis zum Verbraucher oder Verwender wirtschaftlich gestalten.
Material-wirtschaft	Sie umfasst alle unternehmenspolitischen Maßnahmen der Planung, Durchführung und Kontrolle der Materialbeschaffung, Materiallagerung, Materialverteilung und Materialentsorgung.
Matrix-Organisation	Bei ihr werden die verschiedenen Funktionen eines Unternehmens in einer zweidimensionalen Anordnung vertikal und horizontal gegeneinander angeordnet und miteinander verbunden. Dabei werden die einzelnen Abteilungen eines Unternehmens horizontal angeordnet, während vertikal die Funktionen aufgetragen werden, die zentral von der Unternehmensleitung ausgeübt und häufig mit Richtlinienkompetenzen ausgestattet sind.
Meldebestand	Er wird auch **Bestellpunkt** genannt und ist der Bestand, bei dessen Unterschreiten eine Bestellung ausgelöst wird. Der Zeitpunkt der Bestellung muss so frühzeitig liegen, dass der Sicherheitsbestand im Verlaufe der Beschaffungsdauer nach Möglichkeit nicht angegriffen wird. Der Meldebestand kann auf unterschiedliche Weise berechnet werden, z. B.: $$\boxed{B_M = 2 \cdot \text{Sicherheitsbestand}} \quad B_M = \text{Meldebestand}$$
Mengenprüfung	Sie erfolgt, um Unterlieferungen oder Überlieferungen feststellen zu können, durch den **Vergleich**: ○ Gelieferter Materialmengen und Mengen der Begleitpapiere ○ Gelieferter Materialmengen und Mengen des Bestellsatzes ○ Gelieferter Materialmengen und nach Fertigungsplan erforderlichen Mengen
Mengen-standardisierung	Bei ihr handelt es sich um die »**Normung**« des **Materialverbrauches**, indem der Materialbedarf sorgfältig ermittelt und die prognostizierte Menge nach Beendigung des Leistungsprozesses mit der tatsächlich benötigten Menge verglichen wird.
Mengen-stückliste	Sie ist eine unstrukturierte Stückliste, die lediglich dokumentiert, welche Bestandteile mengenmäßig in den Erzeugnissen enthalten sind. Die Mengenstückliste wird auch Mengen**übersicht**sstückliste genannt.
Methode, *retrograde*	Bei ihr kann der Stoffverbrauch aus den erstellten Halb- und Fertigerzeugnissen abgeleitet werden. Sie wird auch als **Rückrechnung** bezeichnet. Von einem hergestellten Erzeugnis ausgehend wird zurückgerechnet, welches Material in welchen Mengen in das Erzeugnis eingegangen ist, wobei auch

die Abfälle in der Rechnung berücksichtigt werden, die bei der Fertigung notwendigerweise angefallen sind. Der **Soll-Verbrauch** ergibt sich:

$$\text{Soll-Verbrauch} = \frac{\text{Hergestellte}}{\text{Stückzahl}} \cdot \frac{\text{Soll-Verbrauchsmenge}}{\text{pro Stück}}$$

Mittelwert-Verfahren	Der Mittelwert ist für eine Bedarfsvorhersage geeignet, wenn der **Bedarfsverlauf** der Materialien **konstant** ist. Zu unterscheiden sind:

○ Der **gleitende Mittelwert** als einfachste Methode der Bedarfsvorhersage, bei der die Verbrauchszahlen der Vergangenheit zu Grunde gelegt werden:

$$V = \frac{T_1 + T_2 + \dots + T_n}{n}$$

V = Vorhersagewert für die nächste Periode
T_i = Materialbedarf der Periode i
n = Anzahl der betrachteten Perioden

○ Der **gewogene gleitende Mittelwert**, der es ermöglicht, die einzelnen Perioden zu gewichten. Dabei wird jüngeren Perioden i.d.R. ein größeres Gewicht zugemessen als älteren Perioden, um trendmäßige Entwicklungen besser erkennen zu können.

$$V = \frac{T_1 G_1 + T_2 G_2 + T_3 G_3 + \dots + T_n G_n}{G_1 + G_2 + G_3 + \dots + G_n}$$

G = Gewicht der Periode i

MRO-Produkte	Diese indirekten Produkte stehen für **Maintenance-Repair-Operating**. Sie sind **Verbrauchsmaterial** und gehen damit nicht in das Endprodukt ein. Die Beschaffung dieser Produkte verursacht einen hohen Bestellaufwand, der durch seinen geringen Wert nicht gerechtfertigt ist.
MRP I/ MRP II	Die ursprüngliche Aufgabe im Produktionsprozess bestand in der **Ermittlung des Bedarfs**. Dieser Ansatz wurde später erweitert durch die Einbindung von Kapazitätsüberlegungen, um dabei die **zeitliche Komponente** in der Produktion zu berücksichtigen. Hier werden heute ausschließlich Softwareprogramme eingesetzt.
Nettobedarf	Er wird als programmorientierter Bedarf ermittelt:

Sekundärbedarf
+ Zusatzbedarf
_____
= **Bruttobedarf**
– Lagerbestände   *als tatsächlich im Lager vorhandene Bestände*
– Bestellbestände   *als nächstes im Lager eintreffende Bestände*
+ Vormerkbestände   *als für andere Aufträge reservierte Bestände*
= **Nettobedarf**

Normung	Sie stellt eine Vereinheitlichung von **Einzelteilen** durch das Festlegen von Merkmalen der Materialien dar, z. B.:

○ Größe   ○ Form   ○ Qualität
○ Abmessung   ○ Farbe

Die Normung bezieht sich auf:

○ Internationale Normen (ISO-Normen)   ○ Verbandsnormen (VDI, VDE)
○ Deutsche Normen (DIN-Normen)   ○ Werksnormen

Nummern-schlüssel	Als Nummernschlüssel gibt es: ○ **Systematische Nummernschlüsssel**, deren Ordnungsprinzip auf einer strengen Logik beruht. Sie können sein: – Klassifizierende Nummernschlüssel – Verbundschlüssel ○ **Systemfreie Nummernschlüssel**, bei denen jedem Gegenstand eine systemfreie Zahl-Nummer oder Ident-Nummer zugeteilt und die Klassifizierungsmerkmale in einem ergänzenden, nebengeordneten Klassi-fizierungsschlüssel erfasst werden.
Nummern-schlüssel, *klassifizierende*	Bei ihnen hängen die Klassifizierungsmerkmale hierarchisch voneinander ab. Jeder Gegenstand lässt sich aufgrund der aneinander gereihten Klassifizierungsschlüssel und Informationsschlüssel eindeutiger erkennen bzw. benennen. Sie werden auch als **sprechende Nummernschlüssel** bezeichnet.
Nummerung	Sie wird auch **Verschlüsselung** genannt und hat die Aufgabe, Gegenstände einem einheitlichen Ordnungsprinzip zu unterwerfen, die sachlich zusammengehören, und dient folgenden **Zwecken**: ○ Identifikation ○ Klassifizierung ○ Information Dazu werden verschiedene Arten bzw. Systeme von Nummernschlüsseln genutzt.
Operations Management	Dies ist der Kernbereich der Leistungserstellung und beinhaltet Auftragsplanung, Einkaufs- und Bestandsführung, Produktionsplanung und Produktionsgestaltung. Qualitätsmanagement, Logistikmanagement und Produktions-Controlling sind damit selbstverständliche Teilgebiete des Operations Management.
Organisations-prinzipien	Der Aufbau der betrieblichen Funktionsbereiche kann sich an zwei Prinzipien orientieren, die sich auch kombinieren lassen: ○ Dem **Verrichtungsprinzip**, bei dem die einzelnen Einheiten in den Funktionsbereichen nach dem organisatorischen Ablauf gegliedert werden. ○ Dem **Objektprinzip**, das durch eine Gliederung gekennzeichnet ist, die sich an den Materialgruppen bzw. Erzeugnisgruppen orientiert.
Packmittel	Sie dienen dazu, Materialien zu transportieren, zu lagern und zu schützen. Die Nutzung genormter Behälter senkt die Verpackungs- und Transportkosten dabei merklich. Packmittel können sein: ○ **Container**, die Behälter darstellen, deren Größe genormt ist und sich wechselweise auf verschiedenen Transportmitteln einsetzen lassen. ○ **Collico-Behälter**, die sich durch einen stabilen Behälteraufbau auszeichnen, der einen hohen Schutz gewährleistet. ○ **Paletten**, die tragbare Plattformen mit oder ohne Aufbau zu einer Ladeeinheit sind.

Physical Distribution	Darunter kann verstanden werden: ○ **Im weiteren Sinne** die Logistik, welche die Aufgaben der Steuerung, Lagerung und Bewegung aller Materialien innerhalb des Unternehmens und zwischen dem Unternehmen und seinen Kunden umfasst. ○ **Im engeren Sinne** die Gestaltung des Flusses der verkaufsfähigen Erzeugnisse von dem Abschluss der Fertigung bis zum Empfang bei den Abnehmern.
PPS-System	Es ist ein rechnerunterstütztes System zur mengen-, termin- und kapazitätsgerechten Planung, Veranlassung und Überwachung der Fertigungsabläufe.
Preis	Der Preis für das zu beschaffende Material kann sein: ○ **Fester Preis**, der vertraglich genau festgelegt ist. ○ **Fester Ausgangspreis**, der sich aufgrund äußerer Einflüsse ändern kann. ○ **Tagespreis** als Preis, der an einem bestimmten Tag gültig ist. ○ **Unbestimmter Preis**, der mit Ungewissheit verbunden ist.
Primärbedarf	Das ist der Bedarf des Marktes an: ○ Erzeugnissen ○ Ersatzteilen ○ Verkaufsfähigen Gruppenteilen ○ Waren
Primär-forschung	Sie umfasst Untersuchungen, die speziell für die Zwecke der Beschaffungsmarktforschung durchgeführt werden und sollte sich grundsätzlich an die Sekundärforschung bei Bedarf anschließen, da ihre Kosten beträchtlich sind.
Prozess	Dabei handelt es sich um eine Abfolge von Aufgaben, zu deren Erfüllung bestimmte Eingaben (Inputs) benötigt werden, die durch den Einsatz von Methoden (Throughput) zu einem Ergebnis (Output) führen, das zur Wertschöpfung beiträgt.
Qualität	Darunter wird die Summe aller Aktivitäten verstanden, die innerhalb eines Unternehmens und seiner Außenbeziehungen zu Kunden und Lieferanten darauf ausgerichtet ist, die an das Unternehmen gestellten Erwartungen zu erfüllen. DIN ISO 8402 beschreibt die Qualität im Sinne der Beschaffenheit eines Gegenstandes als »die Gesamtheit von Merkmalen einer Einheit bezüglich ihrer Eignung, festgelegte und vorausgesetzte Erfordernisse zu erfüllen«.
Qualitäts-management	Es hat die Aufgabe, Ziele zu formulieren und diese durch aufbau- und prozessorganisatorische Regelungen zu realisieren.
Qualitäts-prüfung	Sie hat den Zweck, nur solche Materialien einzulagern, welche die geforderte Qualität hinreichend erfüllen. Nach ihrem Umfang sind zu unterscheiden: ○ Die **Hundertprozentprüfung**, bei der jedes Stück einer Lieferung der Prüfung unterzogen wird. Sie garantiert am sichersten die Einhaltung des geforderten Prüfstandards.

	○ Das **Stichprobenverfahren** bei dem zufällig aus der Grundgesamtheit der jeweiligen Lieferung eine repräsentative Stichprobe genommen wird, deren Umfang sich aus der Risikohöhe und der Wahrscheinlichkeit, mit der ein Fehlerereignis eintreten kann, bestimmt.
Rechnungs-prüfung	Sie erstreckt sich auf einen Vergleich der Lieferantenrechnung mit der Auftragsbestätigung, der Bestellung, den Materialbegleitpapieren und dem Prüfbericht. Dabei findet eine **Prüfung** in dreifacher Hinsicht statt: ○ Sachlich ○ Preislich ○ Rechnerisch
Recycling	Mit ihm werden Abfälle, die an sich für den Leistungsprozess des Unternehmens nicht mehr verwertbar sind, durch geeignete Prozesse für diesen oder einen anderen Leistungsprozess wieder verwendbar gemacht. **Recyclingstrategien** sind: ○ Die **Wiederverwertung**, wobei der Abfall unter teilweiser oder völliger Gestaltungsauflösung als Erzeugnisstoff in dem gleichen, bereits durchlaufenen Transformationsprozess bzw. Einsatzbereich wiederholt eingesetzt wird. ○ Die **Weiterverwertung und Weiterverarbeitung**, indem Produktionsrückstände oder »verbrauchte« Produkte bzw. Altstoffe nicht in dem für sie ursprünglich vorgesehenen Fertigungsprozess eingesetzt werden. ○ Die **Wiederverwendung**, bei der das gebrauchte oder schon einmal eingesetzte Produkt für den gleichen oder ähnlichen Verwendungszweck, für den es ursprünglich hergestellt wurde, wiederholt benutzt wird. ○ Die **Weiterverwendung**, die eine Alternative der Reststoffverwendung darstellt, bei der das gebrauchte Produkt für einen Verwendungszweck benutzt wird, für den es ursprünglich nicht hergestellt wurde.
Regale	Sie werden in verschiedenen Formen und Materialien angeboten und stellen die traditionellen Einrichtungen der Läger dar. Als **Regalsysteme** werden z. B. unterschieden: ○ **Durchlaufregale**, bei denen von der einen Seite beschickt und von der anderen Seite entnommen werden kann. ○ **Compactregale**, die so zusammengestellt werden, dass Zwischengänge entfallen bzw. nur bei Entnahme aufgeschoben werden. ○ **Paternosterregale**, die so angeordnet sind, dass vertikale Bewegungen ermöglicht werden. ○ **Palettenregale**, die zur Aufnahme genormter Paletten dienen, z. B. der häufig genutzten Euro-Paletten.
Reihenfolge-Verfahren	Bei ihm werden die einzelnen Vorratsbehälter, in denen sich das Material befindet, so hintereinander angeordnet, dass ein Abgang stets auf das älteste Stück zugreift. Neue Zugänge werden hinter den zeitlich letzten Zugängen angefügt. Als Kontrollgröße für die Bestellauslösung dient der Mindestbestand, bei dessen Erreichen eine Meldung erfolgt.
Renetting-Verfahren	Es ist in der Lage, einen Mehrfachbedarf in verschiedenen Erzeugnissen und/oder Fertigungsstufen zu berücksichtigen. Dabei erfolgt die Bedarfsermittlung für ein Mehrfachteil entsprechend oft, wobei jeweils der bis dahin entstandene Bedarf zu berücksichtigen ist.

Rohstoffe	Das sind Stoffe, die unmittelbar in das zu fertigende Erzeugnis eingehen und dessen **Hauptbestandteil** bilden.
Sekundär-bedarf	Dabei handelt es sich um den Bedarf an: ○ Rohstoffen ○ Einzelteilen ○ Baugruppen
Sekundär-forschung	Sie ist dadurch gekennzeichnet, dass zu anderen Zwecken dienendes Informationsmaterial ausgewertet wird. Grundsätzlich empfiehlt es sich bei jedem Beschaffungsmarktproblem, zunächst vorhandenes oder leicht beschaffbares »Sekundärmaterial« zu nutzen, weil die Fragestellungen der Marktforschung möglicherweise bereits hiermit ganz oder teilweise beantwortet werden können.
Sicherheit	Sie umfasst Arbeitssicherheit, Unfallverhütung und Gesundheitsschutz. In der Vergangenheit lag das Hauptaugenmerk auf dem technischen Arbeitsschutz. Inzwischen gehen die Sicherheitsbestrebungen weiter, indem sie sich von der Fertigung über die Nutzung der Produkte durch die Käufer bis hin zu ihrer Außerbetriebnahme erstrecken.
Sicherheits-bestand	Das ist der Bestand an Materialien, der normalerweise nicht zur Fertigung herangezogen wird. Er wird auch **eiserner Bestand**, **Mindestbestand** bzw. **Reserve** genannt und stellt einen Puffer dar, der die Leistungsbereitschaft des Unternehmens bei Lieferschwierigkeiten oder sonstigen Ausfällen gewährleisten soll. Die Ermittlung des Sicherheitsbestandes kann erfolgen: $$B_S = \frac{\text{Durchschnittlicher}}{\text{Verbrauch pro Periode}} \cdot \frac{\text{Beschaffungs-}}{\text{dauer}} \qquad B_S = \text{Sicherheitsbestand}$$
Skontrations-methode	Sie setzt das Vorhandensein einer Lagerbuchhaltung voraus und wird auch als **Fortschreibungsmethode** bezeichnet. In der Lagerbuchhaltung wird eine **Lagerkartei** bzw. **Lagerdatei** geführt, mit deren Hilfe die Veränderungen im Lager genau erfasst werden. Um den buchmäßigen **Endbestand** zu ermitteln, sind neben den Zugängen und Abgängen auch die Bestände an Materialien zu Beginn der Rechnungsperiode zu berücksichtigen: $$\begin{array}{l} \text{Anfangsbestand} \\ + \text{ Zugang} \\ - \text{ Abgang} \\ \hline = \textbf{Endbestand} \end{array}$$
Soll-eindeckungs-zeit	Sie gibt die Zeit an, bis zu welcher der Lagerbestand und Bestellbestand ausreichen sollte. Um Leistungsunterbrechungen zu vermeiden, müssen – vom Tag der Bestellung (T_X) ausgehend – abgedeckt sein: ○ Wiederbeschaffungszeit (T_W) ○ Sicherheitszeit (T_S) ○ Überprüfungszeit (T_U) ○ Länge der Planperiode (T_P) Entsprechend ergibt sich die Solleindeckungszeit (T_{Soll}): $$T_{Soll} = T_X + T_W + T_U + T_P + T_S$$

Sourcing	Sourcing-Strategien beschreiben die **Zusammenarbeit mit Lieferanten**. Neben der Möglichkeit jeweils nur Rohmaterialien zu beziehen, gehen die Unternehmen dazu über, eine Verringerung der Lieferantenzahl und der Fertigungstiefe herbeizuführen **(Single Sourcing)**. Werden Lieferanten zu Entwicklungspartnern **(Modular Sourcing)**, dann spricht man von Systemlieferanten. Wird der Standort der Lieferanten weltweit gewählt, spricht man von **Global Sourcing**.
Sparten-Organisation	Sie findet sich hauptsächlich in Großunternehmen mit völlig verschiedenartigen Erzeugnissen oder Erzeugnisgruppen. Für diese werden selbstständige Unternehmensbereiche – die Sparten oder Divisions – gebildet, die in eigener Verantwortung die Funktionen des Unternehmens wahrnehmen. Funktionen, die das Gesamtunternehmen betreffen, werden meist zentral geführt, wobei die zentralen Bereiche als Stabsstellen mit **funktionalem Weisungsrecht** ausgestattet sind. Die Sparten-Organisation wird auch **Divisional-Organisation** genannt.
Stab-Linien-Organisation	Bei ihr wird das Liniensystem mit dem Stabsprinzip verbunden. Dabei lässt sich die Unternehmensleitung von Fachkräften unterstützen, die als Stäbe tätig sind. Obgleich Stäbe grundsätzlich kein unmittelbares Weisungsrecht haben, wird ihnen in der Materialwirtschaft häufig ein **begrenztes funktionales Weisungsrecht** übertragen.
Standardisierung	Bei der Standardisierung des Materials handelt es sich um die **Vereinheitlichung von Gütern**, die sich auf bestimmte Eigenschaften und/oder Mengen bezieht. Dabei sind zu unterscheiden: ○ Normung ○ Mengenstandardisierung ○ Typung ○ Modularisierung
Stichproben-inventur	Sie ist eine Inventurmethode, bei der unter Anwendung der Stichproben-Theorie der Inventurwert eines Lagers in der Weise ermittelt wird, dass – vom Wert der entnommenen Stichproben ausgehend – durch Hochrechnung auf den Wert des gesamten Lagers geschlossen wird. Lediglich hochwertige Güter sollen vollständig aufgenommen und bewertet werden. Die Stichprobeninventur darf angewendet werden, wenn sie den Grundsätzen ordnungsmäßiger Buchführung entspricht. Der Aussagewert des auf diese Weise aufgestellten Inventars muss dem eines aufgrund einer körperlichen Bestandsaufnahme aufgestellten Inventars entsprechen (§ 241 Abs. 1 HGB).
Stichtags-inventur	Sie ist eine körperliche Bestandsaufnahme durch Zählen, Messen, Wiegen, die zeitnah zum Bilanzstichtag – innerhalb von zehn Tagen vor oder nach dem Bilanzstichtag - durchzuführen ist. Bestandsveränderungen bis zum bzw. vom Bilanzstichtag an sind durch **Wertfortschreibung** oder **Wertrückrechnung** zu berücksichtigen.
Struktur-stückliste	Sie ist eine nach fertigungstechnischen Strukturmerkmalen gegliederte Stückliste, die bei **mehrstufiger Fertigung** verwendet wird, und zeigt, in welcher Fertigungsstufe eine Baugruppe oder ein Einzelteil verwendet wird.
Stückliste	Dabei handelt es sich um ein Verzeichnis der Rohstoffe, Teil- und Baugruppen eines Erzeugnisses unter Angabe verschiedener Daten. Sie gibt Auskunft über den qualitativen und quantitativen Aufbau der Erzeugnisse.

Nach den **Verwendungszwecken** von Stücklisten sind zu unterscheiden:

- ○ Gesamtstückliste
- ○ Konstruktionsstückliste
- ○ Dispositionsstückliste
- ○ Einkaufsstückliste

- ○ Bereitstellungsstückliste
- ○ Ersatzteilstückliste
- ○ Kalkulationsstückliste

Ihrem **Aufbau** entsprechend gibt es:

- ○ Mengenstückliste
- ○ Strukturstückliste

- ○ Baukastenstückliste
- ○ Variantenstückliste

Supply-Chain-Management	Der Gesamtprozess der Beschaffung wird als Wertschöpfungskette betrachtet. Es wird dabei die **Lieferkette unternehmensübergreifend** gesehen und ein Ausgleich der Bedarfe innerhalb der Lieferkette herbeigeführt. Aus der Produktionsplanung des Abnehmers werden zwischen Handelsunternehmen und ihren Lieferanten bei kooperativer Disposition Bestands- und Kapazitätsdaten ausgetauscht und Produktions-, Distributions- und Materialbedarfsplanung abgestimmt.
Tageswert	Er wird bei der Bewertung der Verbrauchsmenge angesetzt, weil ein Wiederbeschaffungswert vielfach nicht ohne weiteres ermittelt werden kann. Der Tageswert kann sich beziehen auf den: ○ Tag des Angebotes ○ Tag des Umsatzes ○ Tag der Lagerentnahme ○ Tag des Zahlungseinganges
Tertiärbedarf	Das ist der Bedarf an: ○ Hilfsstoffen ○ Betriebsstoffen ○ Verschleißwerkzeugen
Transport	Ihm liegt eine Belastungsplanung der Transportmittel zu Grunde. Deren Belastung hängt davon ab, ob große Strecken zu überbrücken sind oder kleinere Lieferungen in den umliegenden Orten zu erfolgen haben. Nach Art der **Transportwege** lassen sich unterscheiden: ○ **Feste Transportwege**, die i.d.R. dort erfolgen, wo die Transporte in einer fest vorgegebenen Reihenfolge zu erfolgen haben. ○ **Variable Transportwege**, bei denen die Lieferungen nach dem Umfang der Aufträge der gewünschten Lieferfähigkeit gegenüber den Kunden sowie der Fahrzeit gegenübergestellt werden, wodurch unterschiedliche Auslieferungstouren entstehen können.
Typung	Sie stellt die Vereinheitlichung ganzer **Erzeugnisse** oder **Aggregate** dar, z. B. hinsichtlich: ○ Art ○ Ausführungen ○ Größe ○ Form Die Typung kann erfolgen: ○ **Überbetrieblich**, indem z. B. branchengleiche Unternehmen kooperieren oder Verbände zusammenarbeiten. ○ **Innerbetrieblich** durch Standardisierung der von Unternehmen erstellten Erzeugnisse, z. B. mithilfe von Baukästen.

Varianten-stückliste	Sie wird benutzt, um mehrere, jedoch nur mit geringfügigen Unterschieden versehene Erzeugnisse listenmäßig auf wirtschaftliche Weise zu beschreiben. Mit ihr ist es möglich, verschiedene Erzeugnisse in einer Stückliste zusammenzufassen. **Varianten** sind Veränderungen der Grundausführung eines Erzeugnisses, die durch Weglassen oder Hinzufügen von Einzelteilen entstehen und sich auf Gestalt, Beschaffenheit und Eigenschaften beziehen können.
Verbund-schlüssel	Bei ihnen werden Informationsschlüssel und/oder Klassifizierungsschlüssel mit dem Identifizierungsschlüssel verschmolzen. Die Auswahlmöglichkeiten werden dadurch auf eine einzige Ordnungsdimension eingeengt. Sie stellen **halbsprechende Nummernschlüssel** dar.
Verpackung	Zu unterscheiden sind: ○ Die **Aufmachungsverpackung** oder **Verkaufsverpackung**, die als Bestandteil des Materials angesehen werden kann, weshalb ihre Kosten i.d.R. im Preis enthalten sind. ○ Dies gilt mitunter nicht für die Kosten, die für eine **Versandverpackung** oder **Schutzverpackung** anfallen. Sie können gesondert berechnet werden. Bei einer Vereinbarung »**brutto für netto**« wird die Verpackung als Material mitgewogen und mitberechnet.
Verrechnungs-wert	Er ist ein über einen längeren Zeitraum festgelegter Wert, der künftige Preiserwartungen berücksichtigt. Der Verrechnungswert wird nach unternehmensspezifischen Gesichtspunkten gebildet und **nur** in der **Betriebs-buchhaltung** verwendet.
Versand	Dafür sind im Auslieferungslager entsprechende Pläne aufzustellen, welche die Arbeitsbelastung des Versandpersonals und die Kapazität der Transportmittel berücksichtigen. Der Versand erfolgt unter Beachtung: ○ Der bei Auftragsannahme festgelegten **Lieferanweisungen**, die sich auf Verpackung, Verladung und Auslieferung beziehen können. ○ Außerdem müssen auch geäußerte **Kundenwünsche** hinreichend berücksichtigt werden.
Verschleiß-werkzeuge	Sie stellen Werkzeuge dar, die nicht der ständigen Betriebsbereitschaft zuzurechnen sind. Es handelt sich um **Verbrauchsteile**, die ähnlich den Betriebsstoffen ständig neu zu ergänzen sind oder um Werkzeuge, die speziell für einen Auftrag angefertigt oder angeschafft und anschließend verschrottet werden.
Verwendungs-nachweis	Mit ihrer Hilfe wird offen gelegt, in welchen Erzeugnissen einzelne Bestandteile enthalten sind. Ihre Gliederung stellt sich **synthetisch** dar. Wie bei den Stücklisten lassen sich unterscheiden: ○ Mengenverwendungsnachweis ○ Baukasten- ○ Strukturverwendungsnachweis verwendungsnachweis
Vorhersage-häufigkeit	Bei der verbrauchsorientierten Ermittlung des Materialbedarfes hängt die Vorhersagehäufigkeit vor allem davon ab, in welcher Weise die Bestellmengen und Bestellzeitpunkte geplant werden. Hierfür gibt es Modelle, die sich mit **optimalen Bestandsstrategien** befassen.

Vorhersage-methoden	Zur verbrauchsbedingten Ermittlung des Materialbedarfes werden **stochastische Methoden** verwendet. Sie gehen von der Wahrscheinlichkeitstheorie aus und bedienen sich direkt oder indirekt messbarer Daten oder geschätzter Werte als: ○ Mittelwert-Verfahren ○ Regressionsanalyse ○ Exponentielle Glättung
Vorhersage-zeitraum	Für seine Größe sind bei der verbrauchsorientierten Bedarfsermittlung vor allem von Bedeutung: ○ Die **Basislänge** als zu betrachtender Zeitraum der Vergangenheit ○ Die **Beschaffungszeit** der Materialien als seine Untergrenze
Vorlaufzeit	Von besonderer Bedeutung für die termingerechte Materialbeschaffung ist die **Vorlaufverschiebung**, wenn die Fertigung mehrstufig durchgeführt wird, und es dadurch erforderlich wird, dass Teile unterer Fertigungsstufen zunächst gefertigt werden müssen, um sie für nächsthöhere Fertigungsstufen verfügbar zu machen.
Vorratsbehälter-Verfahren	Bei ihm werden nur die verbrauchten Mengen registriert. Das Auslösen einer Bestellung geschieht durch **Sichtkontrolle**. Wenn Behälter leer sind, wird eine Bestellung in der Höhe des leeren Behälters ausgelöst.
Vorrats-beschaffung	Bei ihr besteht keine Übereinstimmung von Beschaffungsmengen und Verbrauchsmengen zu einem bestimmten Zeitpunkt. Es wird eine relativ **große Materialmenge** in Zeitabständen beschafft, die periodisch, verbrauchsorientiert oder spekulativ sein können, und auf Lager genommen.
Waren	Das sind gekaufte Vorräte, die das Produktionsprogramm ergänzen und neben den selbst gefertigten Gütern – den Erzeugnissen – im Verkaufsprogramm des Unternehmens enthalten sind. Sie werden im Unternehmen weder bearbeitet noch verarbeitet.
Werkstoffe	Als Werkstoffe werden bezeichnet: ○ Rohstoffe ○ Hilfsstoffe ○ Betriebsstoffe
Wertanalyse	Ihre Zielsetzung ist es, den vom Kunden erwarteten **Nutzen** kostenminimal zu stiften. Dabei sollen Kostensenkungspotenziale beim Produkt bzw. dessen einzelnen Funktionen herausgefunden werden, ohne dass der angestrebte Nutzen vermindert wird. Der **Ablauf** der Wertanalyse erfolgt in mehreren festgelegten Schritten: ○ Ermittlung des Ist-Zustandes ○ Prüfung der Lösungen ○ Prüfung des Ist-Zustandes ○ Vorschlag und Einführung ○ Ermittlung von Lösungen
Wieder-beschaffungs-wert	Mit seinem Ansatz wird die Substanz des Unternehmens erhalten, indem in der Kostenrechnung der Wert angesetzt wird, der erforderlich ist, um das vorhandene Material zu einem späteren Zeitpunkt wieder zu beschaffen. Der Wiederbeschaffungswert wird auch als **Ersatzwert** bezeichnet.
Zahlungs-bedingungen	Dazu zählen insbesondere folgende vertragliche **Festlegungen**: ○ Der Zahlungsort als vertraglicher, ersatzweise gesetzlicher Ort ○ Der Zahlungszeitpunkt, der unterschiedlich geregelt sein kann ○ Ein Rabatt, der den Einstandspreis mindert.

Zeitprüfung	Sie wird durchgeführt als **Vergleich** zwischen: ○ Liefertermin des Materials und dem im Bestellsatz festgelegten Termin ○ Fertigstellungstermin und dem geplanten Termin bei Eigenfertigung.
Zulieferteile	Dabei handelt es sich um Güter, die einen hohen Reifegrad aufweisen und in die zu fertigenden Erzeugnisse eingehen. Sie können auch den **Rohstoffen** zugerechnet werden, was in der Praxis häufig der Fall ist.
Zusatzbedarf	Er ist der **ungeplante Bedarf**, der zusätzlich von einem Teil benötigt wird, z. B. als Mehrbedarf für Reparaturen oder als ausschussbedingter Mehrbedarf.

Literaturverzeichnis

A. Grundlagen

Abele/Kluge/Näher, Handbuch Globale Produktion, München 2006

Arnold/Isermann/Kuhn/Tempelmeier (Hrsg.), Handbuch Logistik, Berlin/Heidelberg/New York 2004

Arnolds/Heege/Tussing, Materialwirtschaft und Einkauf, 11. Auflage, Wiesbaden 2008

Arnold/Knoblich/Treis, Lexikon der Beschaffung und Materialwirtschaft, München 1996

Bichler, K., Beschaffungs- und Materialwirtschaft, 8. Auflage, Wiesbaden 2001

Boutellier/Locker, Beschaffungslogistik, München 1998

Brecht, U., Die Materialwirtschaft industrieller Unternehmen, 2. Auflage, Berlin 1993

Cordts/Lensing, ABC-Analyse, Preisanalyse für Einkäufer, 3. Auflage, Wiesbaden 1992

Darkow, I., Logistik-Controlling in der Versorgung, Wiesbaden 2003

Deming, W. E., Out of the crisis. Massachusetts Institute of Technology, Massachusetts, USA 1986

Deming, W. E., Quality, Productivity, and Competetive Position. MIT, Massachusetts, USA 1982

Dück, O., Materialwirtschaft und Logistik in der Praxis, Augsburg 2000

Ebel, B., Produktionswirtschaft, 9. Auflage, Ludwigshafen 2009

Ebel, B., Kompakt-Training Produktionswirtschaft, 2. Auflage, Ludwigshafen/Rhein 2008

Ehrmann, H., Logistik, 6. Auflage, Ludwigshafen 2008

Ehrmann, H., Kompakt-Training Logistik, 4. Auflage, Ludwigshafen/Rhein 2008

Eschenbach, R., Erfolgspotenzial Materialwirtschaft, Wien/München 1990

Esser, W.-M., Die Wertkette als Instrument der Strategischen Analyse, Stuttgart 1994

Fischer/Dittrich, Materialfluß und Logistik, Berlin/Heidelberg 1997

Freitag/Weidner, Organisation in der Unternehmung, 6. Auflage, München/Wien 1998

Gausenmeier, J., Produktinnovation – Strategische Planung und Entwicklung der Produkte von morgen, München 2001

Goldratt/Cox, The Goal – Excellence in Manufacturing, New York 1984, in: Goldratt/Cox, Das Ziel. Ein Roman über Prozessoptimierung, Frankfurt 2002

Grochla, E., Grundlagen der Materialwirtschaft, 3. Auflage, Wiesbaden 1992

Grothe/Weber, Operations Management, in: Handwörterbuch der Produktionswirtschaft, 2. Auflage, Stuttgart 1996

Grupp, B., Materialwirtschaft mit EDV, 5. Auflage, Grafenau 1997

Grupp, B., Materialwirtschaft mit EDV im Mittel- und Kleinbetrieb, 5. Auflage, Grafenau 1997

Hahn/Lassmann, Produktionswirtschaft-Controlling industrieller Produktion, 3. Auflage, Heidelberg 1999

Härdler, J., Material-Management, München 1999

Hartmann, H., Materialwirtschaft, 8. Auflage, Gernsbach 2002

Hauschild/Salomo, Innovationsmanagement, 4. Auflage, München 2007

Hertel/Zentes/Schramm-Klein, Supply-Chain-Management und Warenwirtschaftssysteme im Handel, Berlin u. a. 2005

Heydt, von der A., (Hrsg.), Handbuch Efficient Consumer Response, München 2000

Ihde, G. B., Transport, Verkehr, Logistik, 3. Auflage, München 2001

Imai, M., Gemba Kaizen von Masaaki Imai, München 1997

Imai, M., Kaizen, 11. Auflage, München 1993

Imai/Nitsch, Kaizen. Der Schlüssel zum Erfolg der Japaner im Wettbewerb, München 1992

Jünemann, R., Steuerung von Materialflußsystemen und Logistiksystemen, Berlin/Heidelberg u. a., 2. Auflage 1998

Juran, J. M., Der neue Juran, Qualität von Anfang an, Landsberg/Lech 1993

Juran, J. M., Upper Management and Quality, New Yoirk 1980

Kaluza/Trefz/Barth, Herausforderung Materialwirtschaft, Berlin 1997

Kluck, D., Materialwirtschaft und Logistik, 3. Auflage, Stuttgart 2008

Kopsidis, R.M., Materialwirtschaft, 3. Auflage, München/Wien 1997

Lensing/Sonnemann, Materialwirtschaft und Einkauf, Wiesbaden 1995

Lunau, S. (Hrsg), Six Sigma + Lean Toolset. Verbesserungsprojekte erfolgreich durchführen, 2. Auflage, Berlin 2006

Martin, H., Transportlogistik und Lagerlogistik, 3. Auflage, 2000

Mertens, P., Integrierte Informationsverarbeitung, Administrations- und Dispositionssysteme, 12. Auflage, Wiesbaden 2000

Ohno, T., Das Toyota-Produktionssystem, Frankfurt/Main 2005

Oeldorf/Olfert, Materialwirtschaft, 12. Auflage, Ludwigshafen/Rhein 2008

Olfert, K., Kompakt-Training Kostenrechnung, 5. Auflage, Ludwigshafen/Rhein 2006

Olfert, K., Kostenrechnung, 15. Auflage, Ludwigshafen/Rhein 2008

Olfert, K., Investition, 10. Auflage, Ludwigshafen/Rhein 2006

Olfert, K., Organisation, 14. Auflage, Ludwigshafen/Rhein 2006

Olfert/Rahn, Kompakt-Training Organisation, 5. Auflage, Ludwigshafen/Rhein 2009

Olfert/Reichel, Kompakt-Training Investition, 5. Auflage, Ludwigshafen/Rhein 2009

Pahlitzsch, W., Aufgaben der Materialwirtschaft, 2. Auflage, Wiesbaden 1997

Pfaff, D., Praxishandbuch Marketing, Frankfurt am Main 2004

Pfohl, H.C., Logistiksysteme, 6. Auflage, Berlin/Heidelberg u. a. 2000

Pfohl, H.C., Logistikmanagement, Berlin/Heidelberg u. a. 1994

Porter, M., Wettbewerbsstrategie (Competitive Strategy), München 1999

Porter, M., Wettbewerbsvorteile (Competitive Advantage), Spitzenleistungen erreichen und behaupten, München 2002

Rahn, H .J., Unternehmensführung, 6. Auflage, Ludwigshafen/Rhein 2005

Scheer, A. W., Wirtschaftsinformatik, Berlin/Heidelberg u. a. 1995

Schulte, C., Logistik, 3. Auflage, München 1999

Specht/Ahrens/Wolter, Material + Fertigungswirtschaft, 2. Auflage, Ludwigshafen/Rhein 1996

Spohrer, H., Controlling in Einkauf und Logistik, Gernsbach 1995

Steinbeck, H.-H., Das neue Total Quality Management, Landsberg/Lech 1995

Tempelmeier, H., Material-Logistik, 4. Auflage, Berlin/Heidelberg i. a. 1999

Tempelmeier, H., Bestandsmanagement in Supply Chains, 2. Auflage, Norderstedt 2006

Tempelmeier/Günther, Produktion und Logistik, 7. Auflage, Berlin 2007

Thonemann, U., Operations Management, München 2005

Ulrich/Fluri, Management, 6. Auflage, Bern/Stuttgart 1992

Weber, J., Logistik-Controlling, 4. Auflage, München 1995

Westkämper/Schraft, Fraunhofer-Institut für Produktionstechnik und Automatisierung – IPA –, TQM im Mittelstand, Wie kleine und mittlere Unternehmen (KMU) ihre Prozesse fit für das nächste Jahrtausend machen, Stuttgart 1999

Wildemann, H., Lean Management, 2. Auflage, München 1995

Wildemann, H., Kontinuierliche Verbesserung, 12. Auflage, München 2004

Womack/Jones/Roos/Stotko, Die zweite Revolution in der Autoindustrie, 8. Auflage, Frankfurt am Main 1994

Zentrum Wertanalyse (Hrsg.), Wertanalyse, 5. Auflage, Berlin/Heidelberg 1995

Ziegenbein, K., Controlling, 8. Auflage, Ludwigshafen/Rhein 2004

Ziegenbein, K., Kompakt-Training Controlling, 2. Auflage, Ludwigshafen/Rhein 2004

Zollondz, H., Grundlagen Qualitätsmanagement. Einführung in Geschichte, Begriffe, Systeme und Konzepte, 2. Auflage, München 2006

B. Materialbedarf

Abele/Kluge/Näher, Handbuch Globale Produktion, München 2006

Arndt, H., Supply Chain Management, 2. Auflage, Wiesbaden 2005

Arnolds/Heege/Tussing, Materialwirtschaft und Einkauf, 11. Auflage, Wiesbaden 2008

Arnold/Knoblich/Treis, Lexikon der Beschaffung und Materialwirtschaft, München 1996

Baumgarten/Darkow/Zadek, Supply Chain Steuerung und Services, Logistik-Dienstleister managen globale Netzwerke – Best Practices, Berlin 2004

Bleymüller/Gehlert/Gülicher, Statistik für Wirtschaftswissenschaften, 15. Auflage, München 2008

Binner, H., Prozeßorientierte Arbeitsvorbereitung, München/Wien 1999

Bücker, R., Statistik für Wirtschaftswissenschaftler, 4. Auflage, München/Wien 1999

Corsten/Gössinger, Einführung in das Supply Chain Management, Fallstudien Oldenburg 2001

Ebel, B., Produktionswirtschaft, 9. Auflage, Ludwigshafen/Rhein 2009

Ebel, B., Kompakt-Training Produktionswirtschaft, Ludwigshafen/Rhein 2002

Eschenbach, R., Erfolgspotenzial Materialwirtschaft, Wien/München 1990

Grochla, E., Grundlagen der Materialwirtschaft, 3. Auflage, Wiesbaden 1992

Grupp, B., Aufbau einer optimalen Stücklistenorganisation, 1995

Grupp, B., Materialwirtschaft mit EDV im Mittelbetrieb und Kleinbetrieb, 4, Auflage, Grafenau 1997

Hartmann, H., Materialwirtschaft, 8. Auflage, Gernsbach 2002

Jacob, H. (Hrsg.), Industriebetriebslehre II, 4, Auflage, Wiesbaden 1990

Kopsidis, R. M., Materialwirtschaft, 3. Auflage, München/Wien 1997

Lensing/Sonnemann, Materialwirtschaft und Einkauf, Wiesbaden 1995

Melzer-Ridinger, R., Materialwirtschaft und Einkauf, Bd. 1, 5. Auflage, München/Wien 2008

Mertens, P. (Hrsg.), Prognoserechnung, 5. Auflage, Würzburg 1994

Mertens, P., Integrierte Informationsverarbeitung, Administrations- und Dispositionssysteme, 12. Auflage, Wiesbaden 2000

Oeldorf/Olfert, Materialwirtschaft, 12. Auflage, Ludwigshafen/Rhein 2008

Pepels, W., E-Business-Anwendungen in der Betriebswirtschaft, Herne/Berlin 2002

Roth, M., Materialbedarf und Bestellmenge, 2. Auflage, Wiesbaden 1993

Schneeweiss, C., Einführung in die Produktionswirtschaft, 8. Auflage, Berlin 2002

Schwarze/Schwarze, Electronic Commerce, Herne/Berlin 2002

Specht/Ahrens/Wolter, Material + Fertigungswirtschaft, 2. Auflage, Ludwigshafen/Rhein 1996

Wildemann, H., Kontinuierliche Verbesserung, Leitfaden zur Innovation und Verbesserung im Unternehmen, München 1995

C. Materialbestand

Arndt, H., Supply Chain Management, 2. Auflage, Wiesbaden 2005

Arnolds/Heege/Tussig, Materialwirtschaft und Einkauf, 11. Auflage, Wiesbaden 2008

Arnold/Knoblich/Treis, Lexikon der Beschaffung und Materialwirtschaft, München 1996

Bauer/Hayessen, Controlling für Industrieunternehmen, Wiesbaden 2006

Baumgarten/Darkow/Zadek, Supply Chain Steuerung und Services, Logistik-Dienstleister managen globale Netzwerke – Best Practices, Berlin 2004

Bornemann, H., Bestände Controlling, Wiesbaden 1998

Corsten/Gössinger, Einführung in das Supply Chain Management, Fallstudien Oldenburg 2001

Ditges/Arendt, Bilanzen, 11. Auflage, Ludwigshafen/Rhein 2005

Eschenbach, R., Erfolgspotenzial Materialwirtschaft, Wien/München 1990

Grefe, Kompakt-Training Bilanzen, 4. Auflage, Ludwigshafen/Rhein 2005

Grochla, E., Grundlagen der Materialwirtschaft, 3. Auflage, Wiesbaden 1992

Grupp, B., Materialwirtschaft mit EDV, 5. Auflage, Grafenau 1997

Hartmann, H., Materialwirtschaft, 8. Auflage, Gernsbach 2002

Kopsidis, R. M., Materialwirtschaft, 3. Auflage, München/Wien 1997

Lensing/Sonnemann, Materialwirtschaft und Einkauf, Wiesbaden 1995

Melzer-Ridinger, R., Materialwirtschaft und Einkauf, Bd. 1, 4. Auflage, München/Wien 1994

Mertens, P., Integrierte Informationsverarbeitung, Administrations- und Dispositionssysteme, 12. Auflage, Wiesbaden 2000

Oeldorf/Olfert, Materialwirtschaft, 12. Auflage, Ludwigshafen/Rhein 2008

Olfert, K., Kompakt-Training Kostenrechnung, 5. Auflage, Ludwigshafen/Rhein 2006

Olfert, K., Kostenrechnung, 15. Auflage, Ludwigshafen/Rhein 2008

Radke, M., Die große betriebswirtschaftliche Formelsammlung, 10. Auflage, München 1999

Schulte, G., Material-und Logistikmanagement, München 1996

Specht/Ahrens/Wolter, Material + Fertigungswirtschaft, 2. Auflage, Ludwigshafen/Rhein 1996
Tempelmeier, H., Materiallogistik: Modelle und Algorithmen für die Produktionsplanung und -steuerung in Advanced Planning-Systemen, 6. Auflage, Berlin/Heidelberg 2006
Wannenwetsch, H., Intergrierte Materialwirtschaft und Logisitk, 2. Auflage, Berlin 2003
Zschenderlein, O., Kompakt-Training Buchführung, 4. Auflage, Ludwigshafen/Rhein 2007

D. Materialbeschaffung

Alicke, K., Planung und Betrieb von Logistik-Netzwerken, 14. Auflage, Berlin 2003
Arcache, A., Einsatz von E-Procurement-Systemen im Beschaffungsprozess der Abnehmer-Zulieferer-Kooperation, Düsseldorf 2003
Arnold/Kasulke, Praxishandbuch Einkauf, Köln 2003
Arnold/Knoblich/Treis, Lexikon der Beschaffung und Materialwirtschaft, München 1996
Arnolds/Heege/Tussing, Materialwirtschaft und Einkauf, 11. Auflage, Wiesbaden 2009
Bichler, K., Beschaffungs- und Lagerwirtschaft, 6. Auflage, Wiesbaden 1992
Binner, H. F., Unternehmensübergreifendes Logistikmanagement, München/Wien 2002
Bösenberg/Metzen, Lean Management, Vorsprung durch schlanke Konzepte, 4. Auflage, Landsberg/Lech 1993
Boutellier/Corsten, Basiswissen Beschaffung, 2. Auflage, München 2002
Brettschneider, G., Beschaffung im Handel unter besonderer Berücksichtigung der Auswirkungen von Efficient Consumer Response, Frankfurt/M. 1999
Buck, T., Konzeption einer integrierten Beschaffungskontrolle, Wiesbaden 1998
Cordts/Lensing, ABC-Analyse, Preisanalyse für Einkäufer, 3. Auflage, Wiesbaden 1992
Dolmetsch, R., eProcurement, München 2000
Dolmetsch, R., Elektronischer Handels- und Informationsaustausch, München 2000
Eichler, B., Beschaffungsmarketing und -logistik, Herne 2003
Eicke/Femerling, Modular sourcing, 2. Auflage, München 1991
Ellerkmann, F., Horizontale Kooperation in der Beschaffungs- und Distributionslogistik, Dortmund 2003
Engelhard, C., Balanced Scorecard in der Beschaffung, 2. Auflage, München 2002
Eschenbach, R., Erfolgspotenzial Materialwirtschaft, Wien/München 1990
Friedl, B., Grundlagen des Beschaffungscontrollings, 2. Auflage, Berlin 1990
Grap, E., Produktion und Beschaffung, München 1998
Grochla, E., Grundlagen der Materialwirtschaft, 3. Auflage, Wiesbaden 1992
Grundwald, H., Kosten senken im Einkauf, Freiburg 1994
Harlander/Blom, Beschaffungsmarketing, Einkaufsgewinne konsequent realisieren, Renningen 1997
Hartmann, H., Materialwirtschaft, 8. Auflage, Gernsbach 2002
Hartmann, H., Optimierung der Einkaufsorganisation, Gernsbach 1996
Hellberg, T., Einkauf mit SAP MM, Bonn 2004
Hirschsteiner, G., Beschaffungsmarketing und Marktrecherchen, München 2003
Hirschsteiner, G., Einkaufs- und Beschaffungsmanagement, Ludwigshafen/Rhein 2002
Hirschsteiner, G., Materialwirtschaft und Logistikmanagement, Ludwigshafen 2006
Hoffmann/Barding, Supply-Management als Beschaffungsstrategie, Siegen 1997
Kastreuz, G., Management von Qualität und Zuverlässigkeit im Einkauf, 1994
Kaufmann, L., Internationales Beschaffungsmanagement, 4. Auflage, Wiesbaden 2001
Kluck, D., Materialwirtschaft und Logistik, 3. Auflage, Stuttgart 2008
Koppelmann,/Lumbe (Hrsg.), Prozeßorientierte Beschaffung, 1994
Kopsidis, R. M., Materialwirtschaft, 3. Auflage, München/Wien 1997
Krampf, P., Strategisches Beschaffungsmanagement in industriellen Großunternehmen, Lohmar 2000
Landeka, D., Optimierung des Beschaffungsprozesses durch E-Procurement, Hamburg 2002
Large, R., Strategisches Beschaffungsmanagement, 2. Auflage, Wiesbaden 2000
Lensing/Sonnemann, Materialwirtschaft und Einkauf, 2. Auflage, Wiesbaden 1995
Melzer-Ridinger, R., Materialwirtschaft und Einkauf, Bd. 2, München/Wien 1995

Melzer-Ridinger, R., Materialwirtschaft und Einkauf, Bd. 1, 4. Auflage, München/Wien 1994

Mertens, P., Integrierte Informationsverarbeitung, Administrations- und Dispositionssysteme, 12. Auflage, Wiesbaden 2000

Mindach, U., Qualitätsmanagement im Einkauf, Gernsbach 1997

Möhrstädt/Bogner/Paxian, Electronic Procurement planen – einführen – nutzen, Stuttgart 2001

Oeldorf/Olfert, Materialwirtschaft, 12. Auflage, Ludwigshafen/Rhein 2008

Olfert, K., Investition, 10. Auflage, Ludwigshafen/Rhein 2006

Olfert, K., Kompakt-Training Kostenrechnung, 5. Auflage, Ludwigshafen/Rhein 2006

Olfert, K., Kostenrechnung, 15. Auflage, Ludwigshafen/Rhein 2008

Olfert/Reichel, Finanzierung, 14. Auflage, Ludwigshafen/Rhein 2008

Olfert/Reichel, Kompakt-Training Finanzierung, 6. Auflage, Ludwigshafen/Rhein 2008

Pepels, W., E-Business-Anwendungen in der Betriebswirtschaft, Herne/Berlin 2002

Reese/Sporer, Vorteilhafte Vertragsgestaltung für erfolgreiches Einkaufen, Gernsbach 1993

Roth, M., Materialbedarf und Bestellmenge, 2. Auflage, Wiesbaden 1993

Sackstetter/Schottmüller, C-Teile-Management, Gernsbach 2001

Schulte, G., Material-und Logistikmanagement, München 1996

Schwarze/Schwarze, Electronic Commerce, Herne/Berlin 2002

Spohrer, H., Controlling in Einkauf und Logistik, Gernsbach 1995

Steckler, B., Kompakt-Training Wirtschaftsrecht, 2. Auflage, Ludwigshafen/Rhein 2003

Steiner, M., Beschaffungsmanagement, Altstätten 1999

Straube, F., e-Logistik, Berlin 2004

Tempelmeier, H., Bestandsmanagement in Supply Chains, 2. Auflage, Norderstedt 2006

Tempelmeier/Günther, Produktion und Logistik, 7. Auflage, Berlin 2007

Vry, W., Beschaffung und Lagerhaltung, 6. Auflage, Ludwigshafen/Rhein 2003

Walter/Bund, Supply Chain Management, Frankfurt 2001

Wannenwetsch, H., Intergrierte Materialwirtschaft und Logisitk, 2. Auflage, Berlin 2003

Wannenwetsch, H., E-Logistik und E-Business, Stuttgart 2002

Wannenwetsch/Nikolai, E-Supply-Chain-Management, Wiesbaden 2004

Weber, R., Kanban-Einführung, Das effiziente, kundenorientierte Logistik- und Steuerungskonzept für Produktionsbetriebe, 2. Auflage, Renningen 2003

Weber, R., Zeitgemäße Materialwirtschaft mit Lagerhaltung; Flexibilität, Lieferbereitschaft, Bestandsreduzierung, Kostensenkung – Das deutsche Kanban, 8. Auflage, Renningen 2006

Weis, H.C., Kompakt-Training Marketing, 5. Auflage, Ludwigshafen/Rhein 2007

Weis, H.C., Marketing, 14. Auflage, Ludwigshafen/Rhein 2007

Wildemann, H., Produktionssynchrone Beschaffung, 3. Auflage, München 1995

Wildemann, H., Das Just-in-Time-Konzept, 5. Auflage, München 2000

Zibell, R.M., Just-in-Time, München 1990

E. Materiallagerung

Arnolds/Heege/Tussing, Materialwirtschaft und Einkauf, 11. Auflage, Wiesbaden 2008

Arnold/Knoblich/Treis, Lexikon der Beschaffung und Materialwirtschaft, München 1996

Bichler, K., Beschaffungs- und Lagerwirtschaft, 5. Auflage, Wiesbaden 1990

Ehrmann, H., Kompakt-Training Logistik, 4. Auflage, Luwigshafen/Rhein 2008

Ehrmann, H., Logistik, 6. Auflage, Ludwigshafen/Rhein 2003

Eichner, W., Lagerwirtschaft, Wiesbaden 2003

Eichner/Braun/König, Lagerwirtschaft, Wiesbaden, Nachdruck 2000

Eschenbach, R., Erfolgspotenzial Materialwirtschaft, Wien/München 1990

Fischer/Dittrich, Materialfluß und Logistik, Berlin/Heidelberg 1997

Grochla, E., Grundlagen der Materialwirtschaft, 3. Auflage, Wiesbaden 1992

Grupp, B., Materialwirtschaft mit EDV, 4. Auflage, Grafenau 1997

Hartmann, H., Materialwirtschaft, 8. Auflage, Gernsbach 2002

Hirschsteiner, G., Materialwirtschaft und Logistikmanagement, Ludwigshafen 2006

Kluck, D., Materialwirtschaft und Logistik, 3. Auflage, Stuttgart 2008

Koether, R., Technische Logistik, München/Wien 1993

Kopsidis, R.M., Materialwirtschaft, 3. Auflage, München/Wien 1997

Isermann, H., Logistik, Landsberg/Lech 1998

Martin, H., Transportlogistik und Lagerlogistik, 3. Auflage 2000

Melzer-Ridinger, R., Materialwirtschaft und Einkauf, Bd. 1, 5. Auflage, München/Wien 2008

Mertens, P., Integrierte Informationsverarbeitung, Administrations- un Dispositionssysteme, 12. Auflage, Wiesbaden 2000

Oeldorf/Olfert, Materialwirtschaft, 12. Auflage, Ludwigshafen/Rhein 2008

Pfaff, D., Praxishandbuch Marketing, Frankfurt am Main 2005

Pfohl, H.-C., Logistiksysteme, Betriebswirtschaftliche Grundlagen, 6. Auflage, Berlin 2000

Rupper, P. (Hrsg.), Unternehmens-Logistik, Ein Handbuch für Einführung und Ausbau der Logistik im Unternehmen, 3. Auflage, Zürich 1991

Schulte, G., Material-und Logistikmanagement, München 1996

Sommerer, G., Unternehmenslogistik, München/Wien, 1998

Tempelmeier, H., Bestandsmanagement in Supply Chains, 2. Auflage, Norderstedt 2006

Tempelmeier/Günther, Produktion und Logistik, 7. Auflage, Berlin 2007

Vry, W., Beschaffung und Lagerhaltung, 6. Auflage, Ludwigshafen/Rhein 2003

Wannenwetsch, H., Intergrierte Materialwirtschaft und Logisitk, 2. Auflage, Berlin 2003

Weber, R., Zeitgemäße Materialwirtschaft mit Lagerhaltung, 5. Auflage, Renningen 2000

F. Materialverteilung

Arnolds/Heege/Tussing, Materialwirtschaft und Einkauf, 11. Auflage, Wiesbaden 2008

Binner, H. F., Unternehmensübergreifendes Logistikmanagement, München/Wien 2002

Dolmetsch, R., Elektronischer Handels- und Informationsaustausch, München 2000

Ehrmann, H., Kompakt-Training Logistik, 4. Auflage, Luwigshafen/Rhein 2008

Ehrmann, H., Logistik, 6. Auflage, Ludwigshafen/Rhein 2008

Eschenbach, R., Erfolgspotenzial Materialwirtschaft, Wien/München 1990

Fischer/Dittrich, Materialfluß und Logistik, Berlin /Heidelberg 1997

Grupp, B., Materialwirtschaft mit EDV im Mittel- und Kleinbetrieb, 5. Auflage, Grafenau 1997

Hartmann, H., Materialwirtschaft, 8. Auflage, Gernsbach 2002

Ihde, G., Transport, Verkehr, Logistik, 3. Auflage, Stuttgart 2001

Isermann, H., Logistik, Landsberg/Lech 1998

Jünemann, R., Steuerung von Materialflußsystemen und Logistiksystemen, Berlin/Heidelberg u.a., 2. Auflage, 1998

Kopsidis, R.M., Materialwirtschaft, 3. Auflage, München/Wien 1997

Kotler/Bliemel, Marketing-Management, 10. Auflage, Stuttgart 2001

Männel, W. (Hrsg.), Logistik-Controlling, Wiesbaden 1993

Martin, H., Transportlogistik und Lagerlogistik, 3. Auflage, 2000

Nieschlag/Dichtl/Hörschgen, Marketing, 18. Auflage, Berlin 1997

Pepels, W., E-Business-Anwendungen in der Betriebswirtschaft, Herne/Berlin, 2002

Pfohl, H.-C., Logistiksysteme, 6. Auflage, Heidelberg 2000

Pfohl, H.-C., Logistikmanagement, Berlin/Heidelberg u. a. 1994

Schulte, C., Logistik, 3. Auflage, München 1999

Schulte, G., Material-und Logistikmanagement, München 1996

Sommerer, G., Unternehmenslogistik, München/Wien 1998

Tempelmaier, H., Material-Logistik, 7. Auflage, Berlin/Heidelberg 2008

Wannenwetsch, H., E-Logistik und E-Business,Stuttgart 2002

Wannenwetsch/Nikolai, E-Supply-Chain-Management, Wiesbaden 2004

Weber, J., Logistik-Controlling, 4. Auflage, München 1995

Zäpfel/Piekarz, Supply Chain Controlling, Wien 1996

G. Materialentsorgung

Abel-Lorenz/Brönneke-Schiller, Abfallvermeidung – Handlungspotentiale der Kommunen, Taunusstein 1993

Arbeitsgruppe Entsorgung BME-AK Essen, Abfallwirtschaft – eine Aufgabe der Materialwirtschaft, Frankfurt/Main 1987

Arnolds/Heege/Tussing, Materialwirtschaft und Einkauf, 11. Auflage, Wiesbaden 2008

Beck-Texte, dtv-Band 5533, 14. Auflage, München 2002

Bloech, J., Die Abfallwirtschaft im Blickpunkt des Material-Managements – Eine neue Herausforderung, in: BA, 1987

Eschenbach, R., Erfolgspotential Materialwirtschaft, Wien/München 1990

Fieten, R., Integrierte Materialwirtschaft (Hrsg.), Schriftenreihe „wissen und beraten", 3. Auflage, Frankfurt/Main 1994

Franken, R., Materialwirtschaft: Planung und Steuerung des betrieblichen Materialflusses, Stuttgart/Berlin/Köln/Mainz 1984

Hartmann, H., Materialwirtschaft, 8. Auflage, Stuttgart 2002

Kleialtenkamp, M., Recyclingstrategien, Berlin 1985

Koch, T., Ökologische Müllverwertung, 4. Auflage, Karlsruhe 1992

Maier-Rothe, C., Logistik als kritischer Erfolgsfaktor, in: Little, A.D., International (Hrsg.), Management der Geschäfte von Morgen, 2. Auflage, Wiesbaden 1987

Möcker, V., Was Sie schon immer über Abfall und Umwelt wissen wollten, 3. Auflage, BUNR (Hrsg.), Stuttgart/Berlin/Köln/Mainz 1993

Oeldorf/Olfert, Materialwirtschaft, 12. Auflage, Ludwigshafen/Rhein 2008

Stahlmann, V., Umweltorientierte Materialwirtschaft, Das Optimierungskonzept für Ressourcen, Recycling und Rendite, Wiesbaden 1994

Tiltmann, K.O. (Hrsg.), Handbuch Abfallwirtschaft und Recycling 1993

Warnecke, H.-J., Der Produktionsbetrieb, 3. Auflage, Berlin/Heidelberg u. a. 1995

Wittl, H., Recycling, 1996

Stichwortverzeichnis

234 Stichwortverzeichnis